KB004847

ESG 세상을 위한 신박한 아이디어 21

불온한 발상, 흥미로운 상상, 도전적 과제

마인드큐브 책은 지은이와 만든이와 읽는이가 함께 이루는 정신의 공간입니다.

ENVIRONMENT
SOCIAL
GOVERNANCE

안치용 현예린 이윤진 지음

마인드큐브

[일러두기]

– 영화, 연극, 공연 제목, 책, 정기간행물, 보고서, 논문집은 〈 〉로, 논문은 “ ”로 표시했다.

– 정부, 기업, 조직, 협약, 법률, 규정, 지침 등은 [ ]로 표시했다.

서문

✦

막스 플랑크의 지혜와 런던 소호의 우물

독일 이론물리학자로 양자역학 성립에 결정적으로 이바지한 막스 플랑크(Max Planck, 1858~1947)가 다음과 같은 말을 남겼다고 전해진다.

"새로운 과학적 진실은, 그 진실을 부인하는 기존 반대자들을 설득해 믿게 만듦으로써 승리를 쟁취한다기보다는 그들이 결국 사망하고 대신 새 진실에 익숙한 새 세대가 성장함으로써 자리를 잡게 된다."

흔히 '플랑크 원리(Planck's Principle)'로 회자하는 단순하고 명료한 그의 주장은 현실을 냉철하게 직시하게 해준다는 측면에서 섬뜩한 통찰력을 엿볼 수 있다. '플랑크 원리'가 과학이나 학문 분야에만 적용되는 건 아니다. 노벨경제학상을 받은 저명한 미국 경제학자 폴 새뮤얼슨(Paul Samuelson, 1915~2009)이 '장례식'을 통해 사회·법률·과학이 진보한다고 '플랑크 원리'를 자기식으로 해석하였듯 오히려 다른 분야에서 '플랑크 원리'가 더 뚜렷하게 목격된다.

세상의 변화, 또는 하나의 폭발적 사건이 아닌 근본적 변혁을 뜻하는 혁명은, 과거를 장례 치를 때까지 기다려야 비로소 가능해진다는 이야기이다. 적잖게 수긍하게 되지만, 참을성이 부족한 사람에게는 짜증스럽기 그지없는 금언일 것이다. 만일 현실이 시급한 변화를 요구하는 긴급상황이라면 '플랑크 원리'라는 것을 별 의미 없는 헛소리로 치부하는 게 정신건강에 이로울뿐더러 유일하게 선택할 수 있는 길이라고 봐야 한다.

ESG가 환경(Environment)·사회(Social)·거버넌스(Governance)를 뜻한다는 것을 이제 많은 사람이 안다. "ESG=MSG?" 이런 반응은 적어도 내 주변에선 사라졌다. ESG의 핵심이 환경이라는 데에 토를 달 사람은 없다. 인류문명이 단기간에 대규모로 배출한 온실가스로 인한 지구온난화 문제가 우리 공동의 미래에 관한 인류 공동의 의제가 아니라고 할 사람 또한 거의 없다. ESG는 지구온난화를 축으로 복잡하게 얽혀 있는 환경 문제를 사회와 거버넌스라는 추가적인 틀을 적용해 더 효과적으로 더 효율적으로 또한 불가역적 개선을 만들어내자는 포괄적 방법론이자 보편적 철학이다. 물론 초기엔 자본시장에 국한하여 세상에 더 이로운 투자의 원칙을 모색한 협의(狹義)의 용어였지만 ESG가 자본시장을 벗어난 지가 제법 되었다. 일각에서 부정적으로 보는 시각이 없지는 않지만 나는 ESG가 시대변화의 침로가 되어야 한다고 믿는다. 동시에 많은 사람이 나와 같은 의견일 것이라고 믿는다.

방법론에 관해 이견이 존재하는지는 사실 부차적인 문제다. 더 큰 문제는 우리에게 시간이 얼마나 주어졌느냐이다. 시간이 얼마 남지 않았으니 변화를 서둘러야 한다는 의견이 개인적으로 대세로 느껴지지만, 괜한 호들갑 떨 이유가 없다고 반론을 펴는 이들이 적다고 할 수는 없다. '플랑크 원리'의 지혜를 받아들이며 점진적인 변화를 꾀하든 예외적으로 '플랑크 원리'를 무시하고 전격적으로 변화를 강제하든 아무튼 우리는 변해야 한다. 장차 어떤 결과를 마주하게 될지 모르지만, 현실론은 가능한 한 최선의 변화를 만들어내려고 지금 노력하는 수밖에 없다는 것이다. '플랑크 원리'의 역설적 시사점은 유효한 변화를 적기에 만들어내려면 변화를 거부하는 세력과 지금 더 치열하게 싸울 수밖에 없다는 사실이다. 변화에 우호적인 새로운 세대가 등장할 때까지 유유자적하게 기다리는 건 지금으로선 지혜라기보다 직무유기에 가깝다.

존 스노우(John Snow, 1813~1858)는 영국 빅토리아 시대 의사로 역학의 선구자로 알려져 있다. 스노우는 1854년 런던 소호에서 창궐한 콜레라가 오염된 물을 통해서 퍼졌다는 사실을 밝혀내어 역학 역사에서 전환점을 만들어냈다. 19세기 인구가 밀집한 대도시 런던에서는 상수도·하수도 체계가 엉망진창이어서 오물이 포함된 생활하수가 정화되지 않은 채 상수도로 유입되곤 했다. 그해 소호에서 콜레라가 유행하자 그는 발품을 팔아 콜레라 발병자와 사망자가 나온 집들을 지도에 표시함으로써 거리의 특정 우물을 중심으로 콜레라가 돌고 있다는 사실을 발견하였다. 콜레라가 수인성 전염병임을 스노우가 확인한 것이다.

그때까지도 전염병이 퍼지는 원인이 나쁜 공기 때문이라는 히포크라테스 시대의 장기설(瘴氣說, Miasma Theory, 독기설이라고도 한다)이 정설로 받아들여졌다. 장기설을 신봉하면 진원지로 찾는 것과 같은 역학조사가 불필요하다. 스노우 가설은 일종의 현장 검증을 통해 최종적으로 확인되었다. 최초 콜레라 발병자 집 정화조와 그 우물이 지하에서 가깝게 위치했고 정화조 벽이 부식돼 정화조와 우물 사이 토양이 상당히 오염돼 있었다. 이 우물의 물을 먹은 사람이 콜레라에 걸렸다는 사건의 진상이 밝혀진 것은 물론이고 역학 역사가 새로 작성된 순간이었다. 이후 많은 생명을 구할 수 있었고, 도시의 상수도·하수도 체계에 일대 전환이 일어났다.

이 책은 ESG를 광의(廣義)의 관점으로 받아들이며 ESG세상을 위해 필요한 변화를 제약 없이 급진적으로 상상하였다. 여성을 대신해 국가가 하는 임신, 서울대 폐지 및 새로운 대학제도 모색, 사회적 가치 계량화와 ESG 관점의 새로운 GDP 도입, 기업을 비롯한 다양한 조직의 ESG 보고 의무화, 기본소득과 대비되는 참여소득 가능성 타진, 다양한 가족 인정, 탄소중립 사회를 위한 기반 제도 검토, 순환경제 구상, 연기금의 ESG투자 의무화, 국가가 육아를 완전히 책임지는 사회, 주3일 근무제 가능성 검토, 성매매 합법화 및 성노동자 인권 보호, 추첨민주주의 시행 등 현 사회체제에서 아직 받아들이지 못하지만, 꼭 하지 못할 것이라고도 하기 힘든 도전적 과제를 21개 제시했다.

누군가는 불온한 발상이라고 일소에 부칠 것이고, 누군가는 흥미로운 상상이라고 박수를 보낼 직하다. 스노우가 한 정도로 공을 들이지는 못했지만 우리도 적잖은 발품을 팔았다. 스노우가 해낸 정도의 변화를 만들지는 못하겠지만 그 변화보다 더 중요하고 근본적인 변화의 아주 작은 몫을 감당해냈다고 자평하며 보람을 느낀다.

〈ESG 세상을 위한 신박한 아이디어 21〉은 ESG연구소와 대학생프로젝트팀이 협업해 2021년 12월~2022년 4월 주간경향에 "청년이 외친다, ESG 나와라"란 제목으로 연재한 기획물을 바탕으로 했다. 수정 및 보완 작업을 거쳐 책으로 나오는 데에 기획연재 종료 후 1년이 걸렸다. 많은 사람의 노고의 결과물이다. 감사드린다. 함께한 대학생들이 나중에 내 나이가 되었을 때 대면할 세상이 지금 예상보다 더 나은 것이기를 기도한다.

2023년 5월

안치용 적음

차례

1 ENVIRONMENT

3장. 보이지 않는 팬데믹 미세플라스틱에 대응하라

4장. A4 용지보다 작은 케이지에서 평생 알 낳는 기계로, 공장식 축산을 금지하라

5장. 탄소 라벨링, 칼로리 대신 탄소배출량을 볼 수 있도록

6장. 탄소를 줄이는 활동만으로도 먹고 살 수 있는 세상은 불가능할까

2
SOCIAL

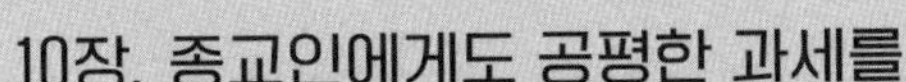

3 GOVERNANCE

1.

ENVIRONM

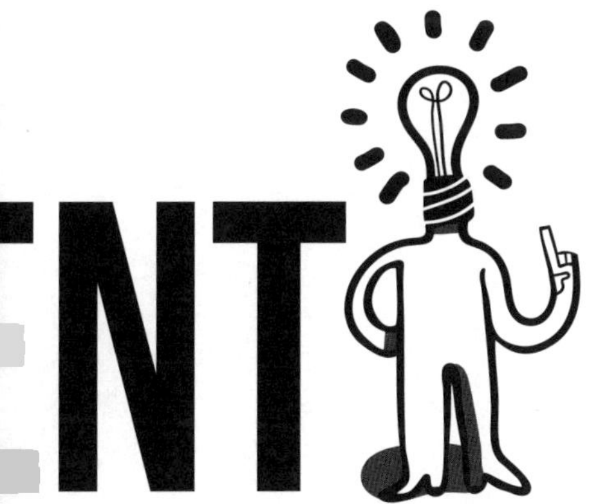
ENT

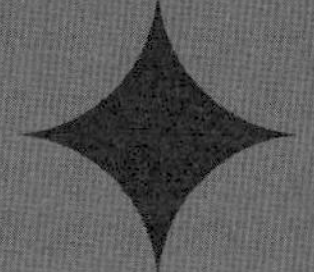
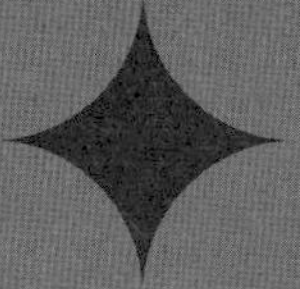

1장

유니버설디자인은 모두를 위한 디자인이다

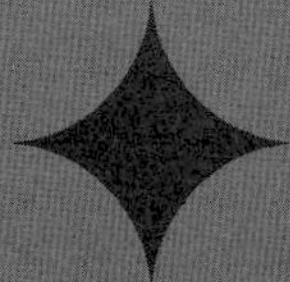

[그림 1-1] 배리어프리(Barrier free, 무장애) 디자인

1970년 미국 노스캐롤라이나 주립대학 로널드 메이스 교수가 처음 제안한 유니버설디자인은 "모든 사람을 위한 디자인"을 의미한다.[1] 1970년대 중반 미국에서 장애인을 위한 특수한 시설 설치와 공간조성에 따른 부가적인 비용과 문제점을 줄이고자 하는 노력의 일환으로 시작되었다. 현재는 연령, 성별, 국적 및 장애의 유무 등과 상관없이 누구에게나 공평하고 사용하기 편리한 제품, 건축, 환경, 서비스, 도시환경 그리고 사회제도 등 폭넓은 영역의 디자인을 가리킨다. 〔유엔 장애인권리협약〕(CRPD, 2006년)에 따르면 유니버설디자인은 "별도의 개조나 특별한 디

1 손석우, 정도성. (2015). [유니버설디자인 산업생태계 조성을 위한 연구]. 디지털디자인학연구, 15(1), (p 541).

[그림 1-2] 사회적 약자 접근 불가능

자인 없이 가능한 한 모든 사람이 사용할 수 있는 제품, 환경, 프로그램, 서비스 디자인"이다.[2]

유니버설디자인과 쓰임이 비슷한 말로는 모두를 위한 디자인(Design For All), 포괄적 디자인(Inclusive Design) 등이 있다. 국가별로 표현을 조금씩 달리 하지만 뚜렷한 차이는 없다. 반면에 배리어프리(Barrier-free, BF, 무장애)는 조금 다르다. 휠체어 이용자나 시각장애인 등에 초점을 맞춘 개념으로, 사회 전반에 걸쳐 존재하는 물리적·심리적·제도적 장벽(barrier)을 제거(free)함으로써 모두가 쾌적하고 안전하게 활동하고 생활

2 장애인 권리 협약 공식 번역문. (2006). 제4조 일반적 의무.

할 수 있도록 하자는 개념이다.[3] 구체적으로는 건축물, 공원, 보도 등의 턱을 없애고 휠체어 사용자를 위한 경사로를 설치하는 등 장애물을 없애고 생활환경을 정비하는 데 주안점을 둔 개념으로 여겨진다.[4] 유니버설디자인과 배리어프리는 현실에서 점차 방향성을 같이한다. 배리어프리가 장애인의 접근성 향상을 위한 최소한의 법적 기준과 표준을 제시하는 과정에서 만들어진 개념이라면 유니버설디자인은 장애라는 협소한 시각에서 벗어나 가능한 한 많은 사람의 요구를 만족시키기 위해 고안된 디자인 철학이자 접근 방법이라는 점에서 차이가 있다.[5]

국내는 정부 주도로

우리나라는 정부 주도로 관련 정책을 시행하고 있다. 국토교통부와 보건복지부가 정책적으로 유니버설디자인의 개념을 배리어프리, 즉 장애인 복지를 위한 시설의 편의성과 안전성 개선에 중점을 두어 발전시켰다. 이후 유니버설디자인의 중요성을 인지한 지방자치단체들이 점차 관련 조례를 제정하거나 가이드라인, 매뉴얼 등을 개발하기 시작했다.

가장 선도적으로 유니버설디자인 체계를 만들어나가고 있는 곳은 서울시다. 2007년에 〔공공디자인 가이드라인〕을 제정한 것을 시작으로

3 박태욱. 유니버설디자인과 배리어프리. (2005). [The monthly packaging world no.146 = no.146]. 포장계. (p 46).

4 최승철. (2013). [배리어프리 인증 건축물에 대한 유니버설디자인 적용 연구]. 국내박사학위논문 경희대학교.

5 [서울시 유니버설디자인 통합 가이드라인](https://news.seoul.go.kr/culture/archives/80023).

2010~2013년 〔복지시설 유니버설디자인 가이드라인〕을 개발했고, 2016년에 〔유니버설디자인 도시조성 기본 조례〕를 제정했다. 이후 2017년에 262쪽 분량에 이르는 〈유니버설디자인 통합 가이드라인〉을 발행하고 2021년부터 공공건축물 및 시설물 신축 또는 증·개축 시에 의무적으로 적용토록 하고 있다.[6]

[그림 1-3] 서울시 유니버설디자인 통합 가이드라인

이외에 경기도 등 많은 지자체가 2010년대 들어 조례 등을 제정하고 있지만, 유니버설디자인의 모법(母法)은 아직 존재하지 않는다. 국가의 상위법을 바탕으로 각 지자체가 상황을 고려해서 제정하는 것이 보통인 조례의 일반적 특성에 반하여, 국내 유니버설디자인 조례들은 상위법이 존재하지 않는 상태에서 산발적으로 제정되었다는 점이 특징이다.[7] 현재 유니버설디자인 관련 조례가 있는 지자체는 경기도, 경상남도, 광주광역시, 부산광역시, 서울특별시, 제주특별자치도, 경기도 과천시, 서울시 마포구, 충청남도 천안시 등 일일이 세기 힘들 정도로

---

6 서울특별시 유니버설디자인센터 > 유니버설디자인 정책 및 제도.

7 이성일. (2021). [만족도 및 중요도 분석을 통한 조례 기반 유니버설디자인 정책의 공공성 향상 지표 분석]. 국내박사학위논문 경기대학교 대학원.

많다. 이에 따라 유니버설디자인 기본법의 필요성을 제기하는 목소리도 꾸준히 있었는데, 2022년 1월이 되어서야 유니버설디자인 기본법이 국회에서 발의됐다.[8]

현재 우리나라의 유니버설디자인 정책의 또 다른 특징이자 한계는 건축, 공간, 제품 등 하드웨어 영역에 관심이 편중돼 있다는 점이다. 〔장애인복지법〕이나 〔교통약자의 이동편의증진법〕 〔보행안전 및 편의증진에 관한 법률〕 등 유니버설디자인과 관련 있는 법률을 들여다보면 장애인을 중심으로 한 생활환경디자인이 중점이 되어 있는 것을 알 수 있다. 유니버설디자인이 사회 안에서 지속하려면 물리적 영역의 개선과 더불어 다름을 이해하고 배려하는 시민 문화의 확산이 이루어지고 두 차원이 서로 선순환을 이루어야 하는데, 아직 국내의 제도는 '물리적 유니버설디자인 정책'에 그칠 뿐 '문화적 유니버설디자인 정책'의 차원으로 나아가지 못한 상태다.[9]

해외 운영 형태 및 제도 사례

해외에서는 공공 디자인의 주요 목적이 단순한 시설 개선이 아닌 국민 삶의 만족도 향상으로 변화하고 있다.[10] 디자인 경쟁력을 단순한 양

8 윤정환. (2022.1.7.). "최혜영 의원, 유니버설디자인 기본법 발의". 공감신문.

9 황동호. (2019). [국내 유니버설디자인 정책현황 연구].

10 이성일. (2021). [만족도 및 중요도 분석을 통한 조례 기반 유니버설디자인 정책의 공공성 향상 지표 분석]. 국내박사학위논문 경기대학교 대학원. (p 36).

이 아닌 질로서 판단하고 있기 때문이다. 실제로 해외 디자인 정책 중 의료와 교육, 커뮤니티의 질적 향상에 초점을 맞추고 있는 것이 많다.[11] 노르웨이는 '유니버설디자인 노르웨이 2025' 정책을 통해 국민 누구에게나 접근성이 뛰어난 환경을 조성하겠다는 장기적 정책을 발표하였다.[12] '반 차별 및 접근성 법(The Anti-Discrimination and Accessibility Act)'과 건축계획법(Planning and Building Act)을 기반으로 '유니버설디자인 노르웨이 2025'의 목표와 전략이 구성되었다.

노르웨이 아동평등부 주관 하에 16개의 정부 부처의 정책 영역 전반에 걸쳐 건축, 교통, 야외공간계획, 정보통신기술 분야에 초점을 맞추고 단계별 추진전략을 수립했다. 특히 2025년까지 사회 전반에 유니버설디자인 확립을 위해 앞선 영역의 전반에 유니버설디자인이 적용되어야 하는 구체적인 연도를 명시한 것이 특징이다.[13] 또한 노르웨이는 세부 영역 기본계획의 정확성을 높이기 위해 유니버설디자인 국가기본계획에 따라 정부 부처와 지방자치단체가 상호 협력한다. 지자체는 유니버설디자인의 실행을 위한 의사결정과 예산집행 등의 권한을 중앙정부로부터 많이 위임받았다.[14] 예를 들어 지자체는 건축물과 야외 공간, 교통 등의 영역에서 중앙정부와 함께 유니버설디자인 측정 지표 구축, 유니버설디

---

11 박연선, 이지영. (2014). [공공디자인 정책제안을 위한 기초연구]. 커뮤니케이션 디자인학연구, 48(0), (p 108).

12 이성일. (2021). [만족도 및 중요도 분석을 통한 조례 기반 유니버설디자인 정책의 공공성 향상 지표 분석]. 국내박사학위논문 경기대학교 대학원. (p 36).

13 손석우, 정도성. (2015). [유니버설디자인 산업생태계 조성을 위한 연구]. 디지털디자인학연구, 15(1), (p 543).

14 [서울 디자인 국제 포럼 제도와 만나는 유니버설디자인: 노르웨이와 호주의 추진사례를 중심으로].

자인 기준 개발, 유니버설디자인 체계화의 세 가지 법안을 만들어 이를 표준화하고 구체적으로 적용하는 데 참여하였다.[15]

미국은 장애인법이 1999년에 도입되고 난 후 장애인의 인권보장 및 편의 제고를 위한 기틀을 마련하기 시작했다. 고용, 정부 활동, 대중교통과 공공시설 이용 등에 있어 장애인과 비장애인의 차별을 금지하고자 했다. 특히 장애인의 이용이 편리하도록 건축물 건·개축 기준을 규정했고, 통신 사업자는 청각장애인과 비장애 인간의 통신을 위한 중계 서비스를 24시간 제공하도록 했다.[16] 미국 제도의 지향은 고용·행정서비스·공공건물 등의 시설 설치기준 일원화다.[17]

배리어프리 키오스크

음식점이나 카페 등 민간에서 널리 사용되는 키오스크는 운용상의 효율로 그 사용량이 꾸준히 증가하는 추세다. 외식 산업 중 패스트푸드 업계에서 키오스크 채택이 늘어 최근 도입률이 롯데리아 80%, 맥도날드는 70%에 달하고 있다. 프랜차이즈 매장의 키오스크 이용 주문은 매장 내 주문의 약 80% 이상을 차지하는 것으로 알려져 있다.[18]

---

15 [서울 디자인 국제 포럼 제도와 만나는 유니버설디자인: 노르웨이와 호주의 추진사례를 중심으로].

16 손석우,정도성. (2015). [유니버설디자인 산업생태계 조성을 위한 연구]. 디지털디자인학연구, 15(1), (p 543).

17 "유니버설디자인 조성과 확산을 위한 정책토론회" 2021.5.20. 한국복지대학교 박광재 교수 발제.

18 윤수현. (2021.8.24.). "늘어나는 유통업계 '키오스크' … '앞이 캄캄' 한숨 짓는 노령층". 프라임

문제는 키오스크가 제품 특성상 신체적으로 제약이 있는 여러 사용자층을 두루 고려하지 못한다는 것이다.[19] 특히 시각장애인은 키오스크 사용에 여러 제약이 따른다. 우리나라 시각장애인이 2020년 기준 25만 2325명이라는 사실을 고려할 때 대한민국 인구의 약 0.5%가 키오스크 사용에 어려움을 겪는 셈이다. 휠체어를 타고 있거나 신체적 장애가 있어 키오스크와 높이가 맞지 않는 사람, 새로운 기술에 익숙하지 않은 노년층까지 포함한다면 더 많은 사람이 키오스크 사용에 불편을 느낄 것으로 예상된다.

정부는 이러한 문제를 해결하고자 키오스크 전문업체 〔엘토브〕와 협력해 시각장애인, 지체장애인은 물론 노인과 어린이까지 사용하기 편리한 키오스크를 개발했다. 〔엘토브〕의 키오스크는 장애 유형별로 모드를 따로 구동할 수 있도록 개발되었다.[20] 시각을 선택하면 키오스크에서 나오는 정보가 바로 점자로 표시되며, 저시력자를 위해서는 화면과 키패드가 하얀 바탕에 검은 글씨로 표시되어 나온다. 청각을 선택하면 화면의 아바타가 수어로 안내를 시작한다. 현재까지 이 키오스크는 독립기념관이나 전남대병원, 수원시 코로나19 선별진료소에 보급되었고,[21] 이후 프랜차이즈 매장의 주문용으로까지 확대하는 방안을 논의 중이다.

국내 사회적기업 〔닷(Dot)〕 또한 점자를 표시하는 특허 기술을 손목시

경제.

19 조정제, 남궁연, 안성일, 유일선, 손소영. (2020). 「카노 모델과 컨조인트 분석을 이용한 키오스크의 유니버설디자인 개선 연구」. 한국품질경영학회 춘계학술발표논문집, 2020(0), (p 72).

20 조미덥. (2022.1.2.). "높이조절·음성·점자·수어 다 되는 배리어프리 키오스크 나왔다". 경향신문.

21 이길주(2021.9.3.). "엘토브, 지능형 배리어프리 키오스크 전남대병원에 설치", 정보통신신문.

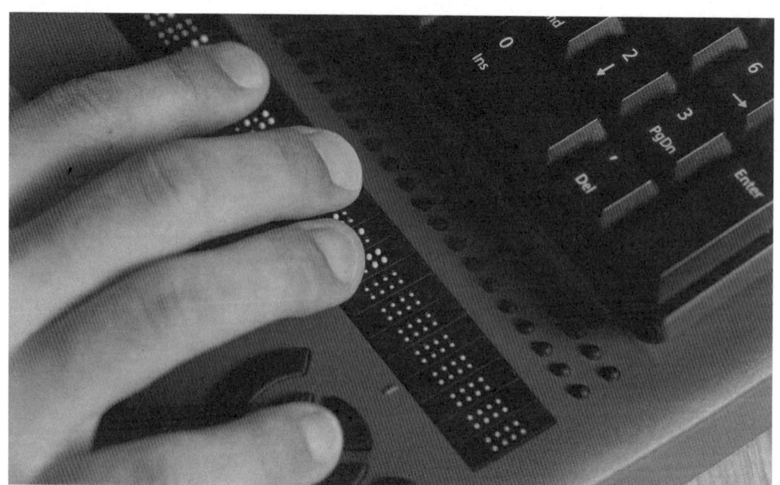

[그림 1-4] 닷 패드

계 '닷 워치', 교육용 촉각 표시장치 '닷 패드'에 차례로 적용하고 같은 기술을 키오스크에 확대했다. 닷의 점자 키오스크는 2020년 부산지하철 1호선 부산역에 시범 설치돼 긍정적인 평가를 받은 데 힘입어 2023년까지 부산지하철 전역에 설치될 예정이다.[22] 서울 강남구청과 전북 남원시청 민원실, 국립고궁박물관 등에도 닷의 키오스크가 설치됐다.[23]

키오스크에 대한 보편적 정보 접근성이 확보되지 않아 장애인과 노인 등 디지털 소외계층이 발생하고 있음에도 불구하고 이들을 위한 제도적 장치는 마련되지 않은 것이 현실이다. 장애인의 무인 단말기 접근성을

22 이길주. (2021.9.3.). 닷 김주윤 대표 "디지털 시대에 소외되는 장애인 없도록. 정보통신신문. 정두리. (2021.6.16.). "이룸센터에 배리어프리 키오스크 설치". 웰페어뉴스.

23 안옥희. (2022.1.12.). "소셜 벤처 닷, '배리어 프리 키오스크'로 장애 장벽 낮춘". 매거진한경.

보장하는 [공공 단말기 접근성 가이드라인](2016년 제정)은 단말기의 설계·제작 과정에서 "디스플레이에 표시되는 시각적 콘텐츠는 동등한 청각 정보와 함께 제공되어야 한다"고 명시하지만 말 그대로 '가이드라인'에 불과하기에 법적 구속력이 없어 현실에서 제대로 지켜지지 않았다.[24]

2021년에 정부는 [공공 단말기 접근성 가이드라인]을 개편한 [무인정보단말기 접근성 지침]을 제작했다. 미국과 유럽의 IT제품 규정에서 우리나라 상황에 맞는 부분을 뽑아 적용한 이 지침은 휠체어 이용자에게 불편함이 없도록 단말기의 높이를 낮추고, 노인이나 시각장애인이 식별하기 쉽게 화면의 글자 크기를 키우는 등의 내용을 포함했다. 카드를 바닥에 떨어뜨리지 않도록 카드 투입구에 달리는 받침대, 음성안내의 크기와 속도를 조절하는 기능, 노인이 이해하기 쉬운 용어를 사용하는 것 등 세부적으로 다양한 사항을 고려했다. 다만 단말기의 하드웨어 측면을 중점적으로 규정하고 있어, 소프트웨어 측면에서 사용자 경험을 개선하는 데 초점을 맞춘 작업은 2023년까지 추가로 진행된다. 이번 지침 역시 법적 강제력이 없다는 점에서 아직 갈 길이 멀다는 지적이다.[25]

---

24 김미진, 유채원, 박휘진, 우수빈, 이종우. (2020). [시각장애인을 위한 음성인식 키오스크 앱 개발]. 정보과학회 컴퓨팅의 실제 논문지, 26(7), (p 333).

25 조미덥. (2021.9.23.). " '버튼 높이는 120㎝ 아래에' 접근성 강화한 키오스크 표준 나온다". 경향신문.

모두를 위한 놀이터, '통합 놀이터'

2016년 서울 광진구 어린이대공원 안에 조성된 통합놀이터 '꿈틀꿈틀 놀이터'는 그 기획 의도뿐 아니라 추진 과정도 주목할 만하다. 2016년 1월 서울 어린이대공원에 문을 연 '꿈틀꿈틀 놀이터'는 국내 첫 통합 놀이터로, 휠체어를 탄 아동이 놀이터에 접근하고 놀이기구를 이용할 수 있도록 설계했다.[26] 기존 '장애인 전용 놀이터'와 달리 장애아동과 비장애 아동이 함께 이용하도록 만든 것이 특징이다. 예컨대 컵그네를 설치하여 비장애 아동, 보행장애 아동, 시각장애 아동 모두 쉽게 사용할 수 있도록 하였다.[27]

통합놀이터는 장애인과 비장애인이 동등한 권리를 가지며 사회 참여에 있어 장애인 차별이나 배제가 이뤄져서는 안 된다는 인식을 기반으로 한다. 따라서 놀 권리와 문화 향유권이 인정돼야 하며, 놀이터에서 놀이 배제 및 차별이 이뤄지는 것을 용인하지 않는다.[28] 비장애인이 사회에서 영위하는 것을 장애인도 동일한 수준으로 영위하는 것에 초점을 두어, 만약 비장애 어린이가 즐겁게 놀 수 있다면 장애어린이도 동일하게 즐겁게 놀 수 있어야 한다는 것이 통합놀이터가 추구하는 사회통합

---

26 김연금, 김하나, 맹수현. (2018). [통합놀이터 가이드라인의 특성]. 한국조경학회지, 46(6), (p 77).

27 장하영, 김나운, 강현주. (2018). [유니버설디자인 컨셉을 적용한 무장애통합놀이터 사례분석]. 한국디자인학회 학술발표대회 논문집, (p 311).

28 이영범, 배융호, 맹기돈, 김연금. (2017). [통합놀이터 계획 및 설계 - 서울어린이대공원 내 꿈틀꿈틀놀이터를 대상으로 -]. 한국조경학회지, 45(2), (p 103).

[그림 1-5] 꿈틀꿈틀 놀이터

의 개념이다.[29]

우리나라에 이 같은 무장애 통합놀이터는 전국 놀이터 4만2973곳 중 10여 곳에 불과하다. 그마저 주로 대기업 사회공헌 프로그램을 통해 장애아동을 위한 통합 놀이터로 만들어졌다.[30] 어린이 놀이터와 관련한 설치법규에서는 따로 장애아동을 위한 내용이 나와 있지 않다. [도시공원법]에 간단하게 장애에 관한 언급이 있는데, 신체장애인의 이용에 지장

29 이영범, 배융호, 맹기돈, 김연금. (2017). [통합놀이터 계획 및 설계 - 서울어린이대공원 내 꿈틀꿈틀놀이터를 대상으로 -]. 한국조경학회지, 45(2), (p 103).

30 남현경. (2017). [장애·비장애아동의 통합 환경으로서의 통합놀이터 평가 및 개선방향]. 국내석사학위논문 서울시립대학교 일반대학원. (p 24).

이 없는 구조로 할 것, 혹은 장치를 설치해야 한다는 기본적인 내용만 제시한다.

우리나라 〔어린이 놀이시설 안전 관리법〕은 제2조 놀이시설의 대상에서 장애 어린이에 관한 규정을 두지 않았다. 〔장애인, 노인, 임산부 등의 편의증진 보장에 관한 법률〕에도 어린이를 위한 편의시설 기준이 없다. 이에 따라 휠체어를 탄 채 탈 수 있는 그네는 장애인용 놀이기구에 관한 기준이 없어 안전 인증을 내 줄 수 없다는 이유로 철거되었거나 재설치되기도 하였다.[31]

장애아동과 비장애 아동을 넘어, 노인까지 포괄하는 개념으로 '유니버설놀이터'가 대안으로 제시된다. 우리에게는 아직 낯설지만, 외국에서는 노인 놀이터에 대한 관심이 꾸준히 높아지고 있다. 고령화 사회가 다가오면서 노인의 생활 반경 안에 휴식 및 여가 공간을 조성할 필요성이 높아졌고, 노인 전용 놀이터나 여러 연령대가 함께 시간을 보낼 수 있는 다세대 문화공간, 나이나 장애 여부 등과 관계없이 모두가 이용하는 유니버설놀이터 등의 형태로 구체화하고 있다. 노인 전용 운동기구가 설치된 노인 놀이터는 노인의 신체 상태에 최적화한 시설물로 구성된다. 균형성·유연성·민첩성·근력증진에 초점을 맞춰 설계하고, 그러면서도 신체 건강뿐 아니라 정신건강과 사회적 유대관계, 여가 활동과 참여 등을 강화하는 기능을 모색한다.[32]

사실 거창하게 생각할 것 없이, 유니버설디자인은 생활 속에 얼마간

---

31 김연금, 김하나, 맹수현. (2018). [통합놀이터 가이드라인의 특성]. 한국조경학회지, 46(6), (p 77).

32 고민정. (2019). [액티브 시니어 시대의 노인놀이터 도입 방안 연구]. 국내박사학위논문 상명대학교. (p 70-74).

이미 녹아 있다. 우리에게 익숙한 화장실 비데, 아래로 돌려서 여는 막대형 문손잡이, 냉온수가 하나의 손잡이로 합쳐진 레버식 수도꼭지, 손을 가까이 갖다 대면 자동으로 물이 나오는 광감지식 수도꼭지 등 〔서울시 유니버설디자인 통합 가이드라인〕에서 규정한 공중화장실 기준은 모두 유니버설디자인에 해당한다.[33]

'모두를 위한 디자인'이 모두에게 더 큰 효율은 아니다

유니버설디자인은 '모두를 위한 디자인'이지만 이것이 꼭 '모두에게 더 큰 편의, 더 큰 효율'을 의미하지는 않는다. 모든 사람에게 최상의 편리함을 제공하는 어떤 단일한 해결책은 현실에서 기대하기 힘들 뿐더러 기존 체계에서 불편을 겪은 사람들을 위해 개선책을 내놓고 그것을 실제로 적용하는 일련의 과정에는 그만한 비용이 따르기 마련이다.

유니버설디자인을 적용한 건물 및 실내를 설계하는 건축설계소 〔하나무설계소〕의 최하나 소장은 모두를 만족시키는 유니버설디자인은 없다고 강조했다. 최 소장은 "다수에게 당연한 사회 장치들이 소수의 사람들에게는 결코 넘을 수 없는 문턱이 될 수 있기 때문에 장애인과 약자를 위한 시설은 '사회적 인프라'로 구축되어야 한다"며 "다수의 세금이 소수를 위하여 투자되어야 한다면 그것은 '합리적'이거나 '효율적'이지 않기에 이러한 투자는 합리적 관점이 아니라 배려적 관점에서 이뤄져야

---

33 [서울시 유니버설디자인 통합 가이드라인](https://news.seoul.go.kr/culture/archives/80023).

한다"고 말했다. 그러므로 대부분의 사람이 '당연하게' 사용할 수 있도록 만들어지는 것이 아니라, 소수의 사람도 '반드시' 사용할 수 있도록 만들어야 한다는 합의가 필요하다. 최 소장은 "합의 가능한 경제적 투자와 감수 가능한 다수의 물리적 배려가 사회적 약자의 사회적 활동을 가능하게 만든다"고 덧붙였다.

세계적으로 노인의 수가 증가하는 가운데 선천적·후천적 장애가 있는 사람, 일시적으로 활동에 어려움을 느끼는 일시적 장애가 있는 사람 또한 늘어나고 있다. 일시적 장애가 있는 임산부, 아기를 동반한 부모만 하더라도 외부 장애물 제거와 주변 환경 장벽을 낮추는 것이 필수적이다. 하지만 이른바 평균적 사용자만을 위해 만들어진 환경은 그렇지 않은 사람에게 높은 추가 비용을 물게 했다. 즉 "다른 것(different)이 곧 고비용"이었다.[34] 그동안은 많은 사회적 약자가 제품 마련에 훨씬 더 큰 비용을 소모하며 추가 비용을 지불했다.

하지만 유니버설디자인은 디자인 계획과 설정 초기부터 여러 사회적 요구와 어려움을 수용함으로써 추가로 발생하는 비용을 막아 사회 전체로 경제적일 수 있다. 고령층을 포함한 소외계층 및 사회적 약자는 기본적인 소득보장, 질병에 따른 보호를 위한 의료보장, 일자리 확보를 위한 고용보장 등을 국가와 사회에 요구한다.[35] 이때 고령자를 포함한 사회적 소외 혹은 취약계층부터 평균적인 사람에 이르기까지 모두를 아우르는 유니버설디자인을 적용한다면 고령층, 장애인, 아동 등 사회 취약 계층

---

34 장은지. (16.1.14.). [무장애 도시를 위한 '유니버설(universal) 디자인' ①]. 도시미래신문.

35 남미경. (2013). [유니버설디자인 관점의 실버산업 활성화 방안 연구]. 한국디자인문화학회지, 19(1), (p 161).

[그림 1-6] 유니버설디자인 예

의 전반적인 복지증진에 이바지할 수 있다. 사회적인 비용을 감소시키고 부가가치를 창출하여 산업·경제·사회적 가치를 동시에 실현하는 것이 가능하다.[36] 유니버설디자인을 통해 환경적 제약이 사라져 더욱더 많은 사람이 교육받고 고용되어 사회 참여율이 높아진다면 사회에 긍정적인 영향을 줄 수 있을 것이다.

유니버설디자인은 경제적 지속가능성 측면에서도 유효하다. 특정 사용자층을 별도로 고려하여 설계된 디자인이 아닌 모든 사회구성원이 사용할 수 있게 설계된 디자인은, 얼핏 비효율적으로 보이지만 비용과 운

36 남미경. (2013). [유니버설디자인 관점의 실버산업 활성화 방안 연구]. 한국디자인문화학회지, 19(1), (p 161).

영 측면에서 큰 경제적 이익을 가져올 수 있다.[37] 다양한 영역의 고객 유치를 통해 기업은 기존보다 더 많은 이익을 얻을 수 있으며 사회는 경제적 투자 대비 더 큰 사회적 가치를 얻을 수 있으며 ESG사회 관점에서 또 장기적 관점에서 파악하면 유니버설디자인의 확대가 사회적으론 물론이고 경제적으로도 이익이 된다.

공공 시설물이나 건축물, 서비스 등에 유니버설디자인을 적용하는 것은 분명 중요하다. 다른 한편으로는 '유니버설디자인' 접근을 물리적 생활환경 너머로, 우리 사회 전반으로 확장하는 것이 가능하지 않을까.

기후 위기의 심화, 코로나19의 장기화라는 상황 속에서 지속가능성에 대한 국민적 관심이 높아지면서 플라스틱 일회용품 사용을 줄이자는 사회적 목소리도 커지고 있다. 플라스틱 빨대 대신에 종이 빨대를 주는 곳이 생겼다. 하지만 열에 강한 성질과 굽힐 수 있는 구조를 가진 기존의 플라스틱 빨대가 뇌병변장애인에게는 일상에서 음식물을 섭취하는 데 큰 도움을 주는 최선의 선택지다. 근육의 움직임이 자유롭지 않은 이들이 컵을 직접 들지 않고도 음료를 마실 수 있게 해주고, 사레에 들릴 위험도 낮춰 주기 때문이다.[38] 2021년 말 개정·공포된 〔자원 절약과 재활용 촉진에 관한 법률〕 시행 규칙에 따라 2022년 4월 1일부터 식당·카페 매장 내에서의 일회용 플라스틱 컵 사용이 금지되었다. 이어 2022년 11월 24일부터는 플라스틱 빨대와 종이컵으로 일회용품 사용 제한 대상 확대 규정이 시행될 예정이었다. 하지만 환경부가 1년간의 '참여형 계도기간'

---

37 장혜진. (2020). [사회변화에 따른 유니버설디자인 적용 방향성]. 한국디자인포럼, 25(1), (p 172).

38 한국장애바로알기센터. (20.5.3.). "[5월 에티켓] 빨대를 사용하면 마시기 편해요".

을 운영하기로 해 과태료 부과를 유예하며 시행이 미뤄졌다. 한편 환경부 규제에 따라 편의점 업계는 2022년 11월 24일부터 일회용 비닐봉지 사용이 금지되어 종이봉투, 다회용 봉투, 종량제 봉투 등으로 일회용 비닐봉지를 대체하고 있다.[39]

일회용품 사용을 줄이는 것이 '우리 모두'를 위한 노력인 건 맞지만, 그것이 법이 되고 정책이 될 때 '우리 모두'가 고려되는 것은 아니다. 적당한 대체재가 개발되지 않은 상황에서 플라스틱 빨대 지급이 금지되는 시점은 누군가에게는 새로운 구조적 차별이 한 꺼풀 더 드리우는 시점이다. 누구도 소외되지 않는, 모두를 위한 해법을 추구한다는 유니버설 디자인의 아이디어가 세심하게 사회 전반에 스며들게 하려면 결국은 숲과 나무를 함께 보는 통찰과 배려를 겸비해야 하겠다.

---

39 손차민. (22.11.23.). "빨대·종이컵 금지하되 요청시 제공…환경단체 "실효성 의문", 아시아투데이

ESG 세상을 위한
신박한
아이디어
21

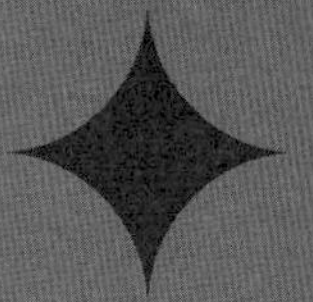

2장

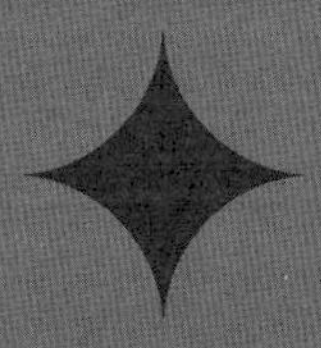

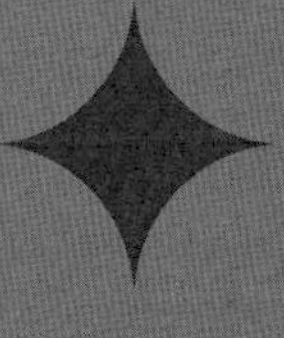

버려지는 플라스틱 없는 '플라스틱 선순환' 시대 열어야

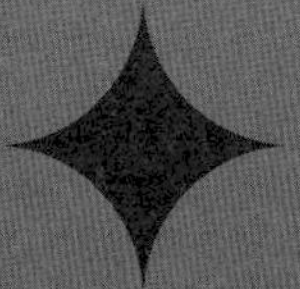

2019년 12월 25일 포장재의 재활용을 촉진하는 '포장재 재질 및 구조 평가제도(재활용 등급제)' 시행에 따라 분리배출 표시 예외 포장재를 제외한 모든 포장재는 '재활용 어려움' 등급을 받았을 때 제품 표면 한 곳 이상에 의무적으로 표기해야 한다. 소비자가 재활용이 용이한 제품을 구매하도록 유도하자는 취지다. 하지만 환경부는 화장품 용기에 대해 판매된 용기의 10%를 화장품 업체에서 회수한다는 조건 하에 2025년까지 '재활용 어려움' 표시를 면제해 주는 협약을 화장품 업계와만 맺어 논란을 빚었다.[1]

배신감과 분노를 느낀 시민들이 나서 '야합'을 응징했다. 시민사회가 강력한 캠페인을 벌인 결과 2021년 3월 24일부터 화장품 용기에 '재활용 어려움' 표시가 시행되었다. '재활용 어려움' 등급표시 의무 면제 기준은 2025년까지 회수율 30%, 2030년까지 70%로 상향 조정됐다.

〔여성환경연대〕 김이학영 활동가는 "화장품 회사 앞에서 벌어진 두 번의 '화장품 어택' 직접 행동, 1만 명이 넘는 서명 캠페인 등 6개월 동안 시민들이 화장품 용기의 '재활용 등급제' 적용을 요구하며 개선을 촉구한 결과"라고 말했다.

화장품 용기 회수만으로는 충분치 않아

의무생산자가 회수 체계를 갖춰 포장재의 회수율이 2023년까지 15%,

---

1 환경부, 포장재공제조합, 대한화장품협회. (2020). [화장품 용기 회수 촉진 및 재생 원료 사용 확대 업무협약 체결 알림].

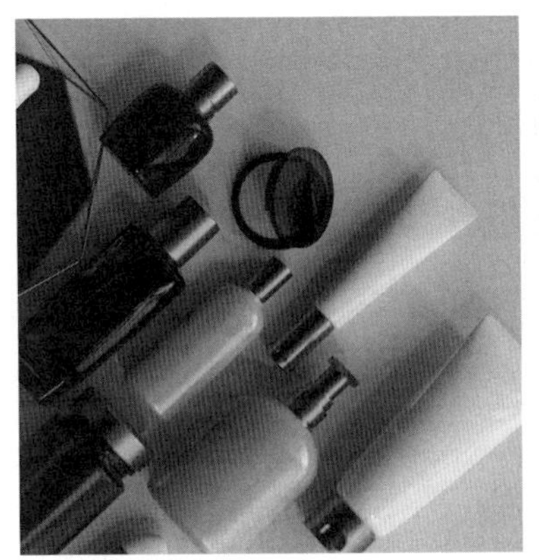

[그림 2-1] 다양한 화장품 용기

2025년까지 30%, 2030년까지 70%를 충족하면 '재활용 어려움' 표시를 면제받게 한 것은 이전 기준 '10%'와 비교해 진일보한 조치다. 환경부 관계자는 "(개별 화장품 회사가 제출한 역회수) 계획의 현실성과 적절성 등을 고려해 승인 여부를 결정하고 승인되었을 때 실제 계획대로 이루어지고 있는지를 모니터링하는 방식"이라며 "화장품 용기를 따로 회수함으로써 플라스틱 재활용 폐기물을 선별하는 과정에 들어가는 종합적인 비용을 줄일 수 있다"고 말했다. 재활용이 어려운 화장품 용기가 다른 플라스틱 폐기물과 섞여 전체적인 재활용 품질이 낮아지거나 재활용을 어렵게 만드는 문제를 예방할 수 있다는 설명이다.

현재 화장품 용기 역회수 제도에 참여 중인 기업 중에는 이 제도 시행 전부터 사용한 용기를 회수한 기업이 있는가 하면 환경부로부터 역회수 계획을 승인받는 것과 별개로 '재활용 어려움' 표시를 유지하겠다는 기업도 있다고 이 관계자는 전했다.

역회수 제도가 자리를 잡으려면 소비자가 용기를 쉽게 반납할 수 있도록 브랜드숍, 대형 유통 업체 등 판매점을 통하여 사용한 용기를 수거하도록 의무화하는 등 실효성 있는 사용 용기 수거 체계가 뒤따라야 한다고 환경단체들은 지적한다.

더 중요한 것은 사용한 용기 수거가 문제의 핵심이 아니라는 사실이다. 용기의 재질을 바꾸지 않는다면 아무리 역회수를 잘해도 재활용이 어려운 상황이 개선되지는 않는다. 복합재질의 포장재를 단일재질로 바꾸는 등 용기 소재를 단순화하는 방법 외에 생산 단계에서 애초에 재활용이 아닌 재사용이 가능한 용기를 만들어내는 근본적인 변화가 필요하다.

〔녹색연합〕이 2021년 6월 발표한 설문조사 결과에 따르면 화장품 용기 시민 모니터링에 참여한 100여 명의 시민이 자원 순환을 위해 가장 필요한 변화로 고른 것도 '재활용 가능한 재질로 용기 개선'이 80.2%로 가장 높았고, 그다음으로 '리필 활성화' 10.1%, '역회수 9.7%' 순이었다.[2]

기업의 대응

이미지에 민감한 화장품업계의 특성상 기업들이 발 빠르게 움직이고 있다. 2019년 기준 국내 화장품 업계 점유율 2위[3] 〔아모레퍼시픽〕은 전

2 녹색연합 허승은, 알맹상점 고금숙. (2021). 화장품어택 보도자료(최종).

3 신유원, 신민선, 조홍미, 김미희, 김태은. (2020). [2020년 화장품산업 보고서]. 한국보건산업진흥원.

문업체와 친환경 포장재 개발을 위한 업무협약을 체결하고[4] 실제 제품에 사탕수수 잔여물로 만든 포장재를 적용하였고,[5] 점유율 3위 〔애경산업〕은 2020년에 재활용률을 전년의 19%에서 25%로 끌어올렸으며 플라스틱 사용량은 전년보다 29% 줄였다.[6]

제주 삼다수를 생산하는 〔제주특별자치도개발공사〕는 2022년 10월 친환경 재생페트병(CR-PET)에 담은 생수를 출시했다.[7] 이 페트병의 원료가 되는 CR-PET는 수거한 투명 페트병을 화학반응을 통해 분해하고 새로운 원료로 재가공하여 만들어진 재료다. 이른바 '보틀 투 보틀' 형태로, 화학적 재활용을 통해 사실상 무한대로 반복하여 재활용이 가능한 페트병이다. '보틀 투 보틀(Bottle to Bottle)'은 수거된 음료 페트병을 세척한 후 파쇄 등의 절차를 거쳐서 다시 새로운 투명 페트병으로 제조하는 방식으로, 현재 많은 국가에서 주목받는 재활용 시스템이다. 2022년 9월 말 기준 〔제주특별자치도개발공사〕는 CR-PET 30%가 적용된 생수제품을 90만 병을 판매했고 2025년까지 재생 원료의 대량 공급 체계를 갖춰 제품 양산에 나설 계획이다.[8]

하지만 뚜렷한 변화라고 하기는 힘들어 보인다. 우려한 대로 기업이 제출한 계획에 비해 역회수 실적이 매우 부진한 상태다. 플라스틱 폐기물의 전반적인 상황을 피부로 접하는 재활용 선별업계에서는 전체적인

---

4 (21.4.5.). "아모레퍼시픽 한솔제지와 친환경 기술개발 업무협약 체결"(아모레퍼시픽 홈페이지).

5 (21.8.12.). "아모레퍼시픽사 제품, 2021 대한민국 올해의 녹색 상품 수상"(아모레퍼시픽 홈페이지).

6 애경 홈페이지. / Environmental Overview(http://aekyung.co.kr).

7 구은모, (2022.10.7.). 제주삼다수, 친환경 재생페트 생수 출시, 아시아경제.

8 같은 글.

재활용 플라스틱의 재질 개선이나 재활용품의 선별 용이성이 나아지지 않았다는 입장이다.

통계자료를 통해서 확인된다. 〔(사)한국포장재재활용사업공제조합〕에 따르면 2019년 화장품 용기 총 출고량의 74.5%인 4만 7700톤이 '재활용 어려움' 등급에 해당했다.[9] 화장품 용기 역회수 제도 시행 이후에도 상황이 달라지지 않았는데, 2021년 6월 〔화장품 어택 시민 행동〕은 전체 조사 대상 화장품 용기 중 재활용이 어려운 비율이 68.5%, 재활용 여부를 모르는 비율이 12.8%였다고 밝혔다.[10]

플라스틱의 생애

플라스틱을 재활용하기 어려운 현실은 비단 화장품 용기만의 문제는 아니다. 대부분의 플라스틱 폐기물은 재활용이 어려움에도 불구하고 여전히 많은 양이 생산, 사용된 후 폐기되고 있다. 2019년 〔그린피스〕가 발표한 보고서 〈플라스틱 대한민국, 일회용의 유혹〉에 따르면 2017년 국내 합성수지 생산량은 수입과 수출을 포함해 1442만 톤이다. 그중 국내에서 사용하고 폐기된 양은 전년도 축적량까지 합쳐서 총 796만 톤에 달한다. 2013년(604만 톤)과 비교하면 폐기량이 4년 사이 30% 넘게 증가

9 (사)한국포장재재활용사업공제조합. (2020). [포장재 재질·구조 평가 결과 표시 예외 적용을 위한 화장품 용기 역(逆)회수 제도 소개]. (p 4).

10 녹색연합 허승은, 알맹상점 고금숙. (2021). 화장품어택 보도자료(최종).

[그림 2-2] 플라스틱 대한민국, 일회용의 유혹 보고서

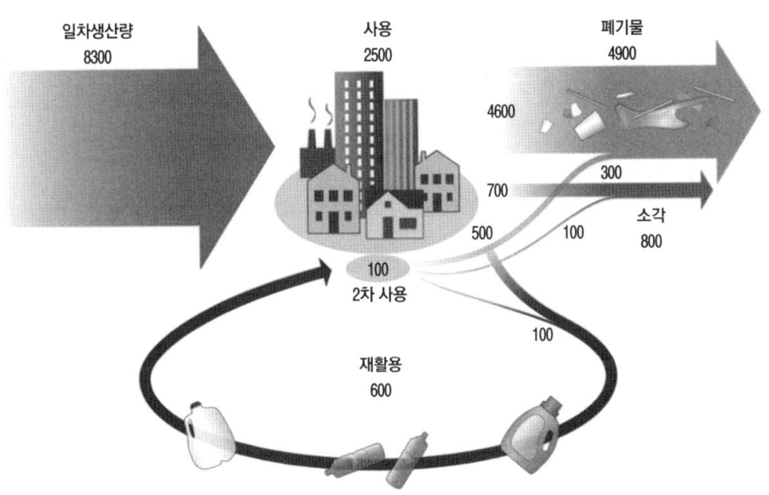

[그림 2-3] 폴리머 수지, 합성 섬유 및 첨가제의 글로벌 생산, 사용 및 운명
(1950 to 2015; in million metric tons)

하였고, 이 추세는 꺾이지 않고 있다.[11]

버려진 플라스틱은 배출에서부터 수거, 선별에 이르기까지 여러 사회문제를 일으킨다. 2018년엔 수도권 공동주택 폐비닐 수거 거부 사태로 쓰레기 대란이 발생하며 우리나라에도 폐플라스틱 문제가 사회 이슈로 불거졌다. 같은 해 중국의 폐플라스틱 수입 금지 조치로 재활용 쓰레기 수거 및 처리 문제가 거듭 도마에 올랐다. 〔국립환경과학원〕 전태완 자연순환연구과장은 "플라스틱은 과거부터 사용이 편리하고 다양한 용도로 활용이 가능하다는 이유로 지구상에서 가장 널리 사용되는 물질"이라며 "이러한 이유로 플라스틱은 무분별하게 사용되고 관리 미흡으로 환경에 오랜 시간 동안 축적돼 세계적으로 문제가 되고 있다"고 지적했다.

이렇게 오랜 시간 축적된다는 특성으로 인해 플라스틱 폐기물은 주요 해양쓰레기가 된다. 〔해양환경공단〕의 〈2020 국가 해안쓰레기 모니터링 최종보고서〉에 따르면 2019년 국내에서 발생한 해안쓰레기의 81.2%가 플라스틱 쓰레기인 것으로 드러났다.[12] 우리나라를 넘어 전 세계 플라스틱 폐기물 발생 및 재활용 추이를 보면 더욱 심각하다. 1950년에서 2015년까지 전 세계에서 생산된 플라스틱 제품은 83억 톤에 달하는데, 이 중 재활용된 양은 6억 톤으로 전체 양의 7% 수준에 불과하다.[13] 적절히 처리되지 못하고 바다로 흘러 들어간 플라스틱 폐기물은 '쓰레기 섬'을 형

---

11 김이서. (2019). [일회용의 유혹, 플라스틱 대한민국]. 그린피스 동아시아 서울사무소.

12 (사)해양환경공단. (2020). [2020 국가 해안쓰레기 일제·모니터링 조사 용역]. (p 34).

13 R. Geyer et al. (2017). [Production, use, and fate of all plastics ever made]. Science Advances .

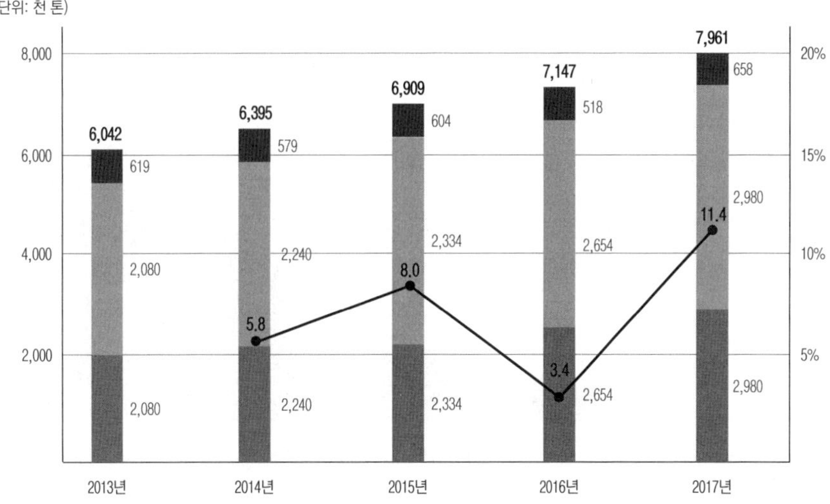

[그림 2-4] 2013년~2017년도 플라스틱 폐기물 발생량

성한다. 전 세계의 쓰레기 섬 중 가장 큰 규모인 태평양 거대 쓰레기 지대에는 현재 약 18억 개의 플라스틱 쓰레기가 모여 8만여 톤에 달하는 거대한 덩어리를 이루고 있다.[14]

바다로 흘러 들어가지 않고 적절히 수거된 국내 플라스틱 폐기물의 대부분은 소각 처리된다. 여기에는 '단순 소각'과 '에너지 회수'가 포함된다. '에너지 회수'란 소각의 일종으로 플라스틱을 고형 연료로 변환한 후 태워서 열에너지를 회수하는 방식이다. 우리나라 플라스틱 폐기물 재활용 처리 비율로 알려진 60%라는 수치에는 '에너지 회수' 방식이 포

---

14 The Great Pacific Garbage Patch 홈페이지(https://theoceancleanup.com).

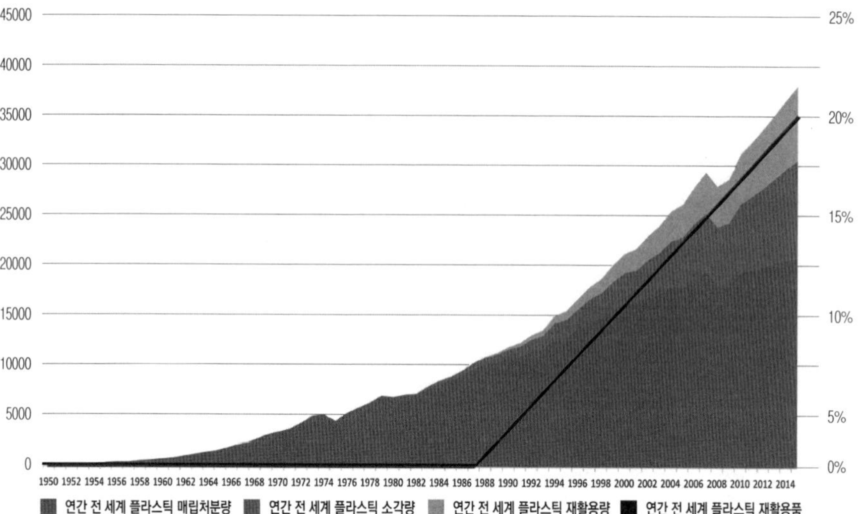

[그림 2-5] 연도별 전 세계 플라스틱 폐기물 처리방식별 발생량 추이

함된다. 플라스틱을 재활용하면 국민 대다수에게 떠오를 이미지와는 거리가 멀다.

플라스틱 재활용의 일반적인 이미지에 부합하는 처리 방식은 '물질재활용'에 해당한다. 물질재활용이란 플라스틱의 물성을 변화하지 않고 다시 플라스틱 제품으로 재생하여 이용하는 방법이다.[15] [그린피스]의 보고서에 따르면 국내 물질 재활용률은 20% 안팎에 불과하다. 이마저도 국내에 물질 재활용 공식 통계가 없어서 기존 자료를 기초로 추정한 결과이며, 전체 플라스틱 생산량이나 사용된 양의 20%가 아닌 플라

15 김이서. (2019). [일회용의 유혹, 플라스틱 대한민국]. 그린피스 동아시아 서울사무소.

스틱 수거·선별 시설에 회수된 양의 20%다.[16]

포장재 재질 및 구조 등급표시 제도가 시행된 이후에도 물질재활용률은 개선되지 않았다. 제도 시행 약 1년이 지난 2020년 12월 한국일보가 보도한 〈대한민국 재활용 보고서-플라스틱의 생로병사〉에 따르면 수집업체, 선별업체, 그리고 마지막 관문인 처리업체에서 각각 들어온 물량의 46%, 35%, 15%가 폐기된다.[17] 이 세 단계만 거쳐도 총 재활용 폐기물의 70%가 중도에 재활용되지 못하고 폐기처분되는 셈이다. 분리배출이 잘 이뤄지더라도 수거 및 선별 단계에서 재질의 다양성으로 재활용이 어려워지기 때문이다. 분리배출 이후 선별 단계에서 육안으로 해당 품목의 재활용 여부를 구분하기 어렵다는 게 현장의 목소리다.

[한국환경연구원 기후대기안전연구본부] 이소라 연구위원은 "선별장에 가면 페트처럼 보이지만 폴리프로필렌(PP) 재질로 만들어진 품목이 있다"며 "투명 PET와 투명 PP는 눈으로 봤을 때는 거의 구분되지 않는다"라고 말했다.

배출, 수거, 선별로 이어지는 플라스틱 선순환 구조

이렇게 낮은 물질재활용률을 높이기 위해서는 제품 설계 단계에서부터 재활용을 고민해야 한다는 데에 전문가들의 의견이 일치한다. 어느

---

16 김이서. (2019). [일회용의 유혹, 플라스틱 대한민국]. 그린피스 동아시아 서울사무소.

17 최다원. (2020.12.22.). "당신의 재활용 수고, 60%는 그대로 버려진다". 한국일보.

단계를 거치든 재활용이 용이하도록 제품을 설계하고 제도를 운용해야 한다는 것이다. [국립환경과학원] 전태완 과장은 "자원순환사회 전환의 첫 단계로서 폐플라스틱의 선순환 관리를 위해서는 폐기물 단계만이 아니라, 플라스틱 제품의 생산, 유통·소비, 폐기물의 배출·처리단계 등 전 과정(Life Cycle)이 관리돼야 한다"고 말했다. [한국환경연구원] 이소라 위원은 "생산 단계에서 제품을 설계할 때 재활용등급제 기준 '최우수 등급' 혹은 '우수 등급'으로 설계해야 그 제품이 어느 단계를 거치든 재활용이 가능해진다"고 설명했다.

재활용이 용이한 제품이 늘어난다고 해서 즉각적으로 물질재활용률이 높아지는 것은 아니다. 폐기 시에 재활용되지 않는 품목이 섞이면, 분리배출이 잘 이뤄지더라도 수거 및 선별 단계에서 재활용이 어려워지기 때문이다. 이 위원은 "배출 단계에서 재활용이 불가능한 제품들이 섞여 배출되는 것에 더해 수집 및 운반비가 많이 든다는 이유로 품목별로 나눠 수거하는 대신 한 번에 모두 수거해가는 사례가 많다"며 "이렇게 하면 다음 선별 단계에서 부하가 많이 걸리는 동시에 재활용이 안 되는 품목들이 계속해서 섞이는 문제가 발생한다"고 지적했다.

따라서 당장 물질재활용률이 높아지지 않더라도 꾸준히 재질 개선 노력을 기울이며, 동시에 수거 및 선별 시스템을 개선하는 수밖에 다른 방법은 없다.

유럽과 일본 사례에 견주어보니

생산·배출·수거·선별 단계로 이어지는 플라스틱 선순환 메커니즘을 구축하려면 정부의 플라스틱 관련 법률을 둘러싼 정책과 전략이 더욱 더 체계적이어야 한다는 지적이 나온다. 충남대학교 환경보건학과 박상우 교수(저탄소자원순환연구소 소장)는 "우리나라는 〔자원의 절약과 재활용 촉진에 관한 법률(이하 자원재활용법)〕의 일부 법률 조항에서만 플라스틱 문제를 다루고 있어 이를 실질적 자원으로 이용하기 위한 순환 체계가 잘 이뤄질 수 없다"고 말했다.

플라스틱 문제를 경제의 체계적 변화를 통해 해결하려는 국가 차원의 노력은 유럽연합(EU)이 선두에 있다. EU는 2018년 '순환경제 패키지'를 승인하면서 중장기적으로 지속가능하고 자원 효율적인 경제 패러다임으로의 전환 목표를 밝혔다.[18] 순환경제는 경제계에 투입된 물질이 폐기되지 않고 유용한 자원으로 반복 사용되는 순환(circular) 시스템으로 처음부터 폐기물이 생성되지 않는다. 순환경제의 세 가지 원칙은 폐기물 및 오염 제거, 제품 및 자재 순환, 자연 재생이다.[19] 순환경제 패키지와 함께 발표된 순환경제 가이드라인은 제품의 전체 생애주기에서 환경피해 최소화와 자원효율성 제고를 목표로 하며, 특히 제품의 설계가 재활용 제고 및 제품 사용주기 확대에 중요하다고 강조하고 있다.

---

18 오태현. (2019). [EU의 순환경제 전략과 플라스틱 사용 규제]. KIEP대외경제정책연구원.

19 엘렌맥아더재단 홈페이지(https://ellenmacarthurfoundation.org).

EU 집행위원회는 플라스틱을 순환경제의 리스크 요인으로 판단하고 적극적 대응으로 〔순환경제 EU 플라스틱 전략(A European Strategy for Plastics in a Circular Economy)〕 및 〔일회용 플라스틱 사용 제한 지침〕을 제시하였다. 2018년 1월 EU 집행위가 발표한 〔플라스틱 전략〕은 ① 플라스틱 제품 재활용 제고 ② 플라스틱 폐기물 발생량 감축 ③ 투자 및 혁신 유도 ④ 글로벌 대응으로 구성되며, 이를 통해 2030년까지 플라스틱 분리수거 및 재활용 산업 분야에서 20만 개의 일자리를 창출한다는 목표를 제시했다.[20]

2018년 5월에 EU 집행위가 제안한 〔일회용 플라스틱 사용 제한 지침〕은 정확히 '일회용 플라스틱 제품 및 어구(Fishing Gear) 등의 사용을 줄이기 위하여 제안한 지침(Directive on the reduction of the impact of certain plastic products on the environment)'으로 2021년부터 시행되고 있다. 이 지침은 EU 해안가에서 가장 흔하게 발견되는 10가지 일회용 플라스틱 제품 및 어구의 사용을 줄이기 위해 판매 금지, 생산자 책임 강화, 대중인식 제고 등의 정책을 도입하기 위해 제안되었다.[21]

우리나라는 2021년 12월 발표된 〔한국형(K)-순환경제 이행계획〕을 통해 탈(脫)플라스틱 및 순환경제 활성화 정책을 전개하고 있다. ① 석유계 혼합 바이오 플라스틱과 순수 바이오 플라스틱으로의 대체 추진 ② 플라스틱 제조업체에 대한 재생원료 사용의무 부과 ③ 지속가능한 제품

---

20 오태현. (2019). [EU의 순환경제 전략과 플라스틱 사용 규제]. KIEP대외경제정책연구원.

21 주벨기에 대사관. (18.12.19.). [[환경정책]일회용 플라스틱 제품 사용 규제를 위한 지침 제정안에 대해 EU이사회와 EU의회간 합의 등 동향 보고]. 주벨기에 유럽연합 대한민국 대사관 EU집행위원회 보도자료. (Dec.12.19). "Single-use plastics:commission welcomes ambitious agreement on new rules to reduce marine litter", EU commission.

[그림 2-6] 플라스틱의 저항

설계(에코디자인) 적용 강화 ④ 친환경 소비 촉진(화장품 리필 매장 활성화, 다회용기 사용 문화 조성) ⑤ 폐자원 회수·고품질 재활용 확대 등의 내용이 포함되었다.[22] 이에 앞서 2020년 12월 발표된 〔생활폐기물 탈(脫)플라스틱 대책〕에는 2025년까지 플라스틱 폐기물을 20% 줄이고, 분리 배출된 폐플라스틱 재활용률을 2020년 54%에서 2025년 70%까지 높인다는 목표가 반영되어 있다.[23]

유럽과 달리 우리나라는 플라스틱 문제를 별도의 입법으로 다루고 있

---

22 산업통상자원부 보도자료. (21. 12. 30). [탄소중립을 위한 한국형(K)-순환경제 이행계획].

23 환경부 보도자료. (20. 12. 24). [플라스틱 전주기 발생 저감 및 재활용 대책 수립].

지 않다. 충남대학교 박상우 교수는 〈SDGs시대의 폐기물 정책 : EU·일본의 플라스틱 법률 제·개정 동향〉이라는 논문에서 "EU와 일본이 포장재에 관한 별도 지침과 법률이 있음에도 각각 2019년 6월(EU)과 2021년 6월(일본)에 플라스틱 관련 지침과 법률을 별도로 제정하였다는 점은 정책적 의지를 표현했다고 볼 수 있다"며 "실제 정책이나 전략에 담긴 내용을 충실히 이행하려는 법제가 마련되었다는 점에서 우리나라에 시사하는 바가 있다"고 밝혔다. EU와 일본의 사례에 견주어보면, 플라스틱 자원순환을 위한 우리나라의 정책적 의지와 사회적 논의는 현저히 부족한 셈이다.

플라스틱 법률을 통해 자원순환사회의 토대 마련

'플라스틱 법률'의 부재 속에서 플라스틱 폐기물에 초점을 맞춘 시민사회의 목소리는 계속되는 중이다. 〔여성환경연대〕 김이학영 활동가는 "분리배출이 잘 되는 제품을 생산하고 (더 실질적인) 역회수 시스템을 구축하도록 기업에 요구해야 한다"며 "대용량 단위의 리필제품을 개발·보급하고 재사용하는 품목 역시 다양화하는 등 리필 재사용 체계 또한 마련돼야 한다"고 말했다. 이소라 위원은 "플라스틱 통계를 전과정으로 관리하는 '플라스틱 통합 정보체계'를 통해 소재나 재질, 제품의 개선이 다시 피드백돼서 전달되는 체계가 구축돼야 한다"고 강조했다.

전문가들은 플라스틱 선순환 구조를 바로 세우고 미래 사회의 토대를 마련하는 방향으로 플라스틱 폐기물에 관한 법률을 제정해야 한다고 입을 모은다. 전태완 과장은 "유럽과 미국을 포함한 OECD 37개 회원국 및 세계 모든 나라가 플라스틱으로 인한 환경 문제를 예민하게 인식하는 가운데 자원순환사회로 전환을 위해 가정 먼저 폐플라스틱 문제를 해결해야 하는 것이 공통된 입장"이라고 전했다. 박상우 교수는 "법률 제정으로 모든 것을 해결할 수 있는 것은 아니지만, 촘촘하게 법률 조항을 구성함으로써 체계적인 관리나 순환이 이뤄지는 토대를 마련할 수 있다"고 말했다.

ESG 세상을 위한
신박한
아이디어
21

3장

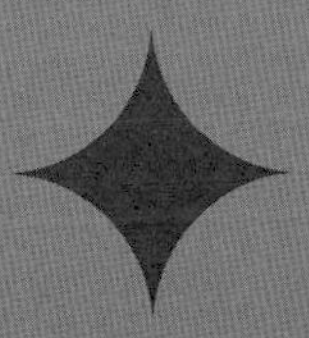

보이지 않는
팬데믹 미세플라스틱에
대응하라

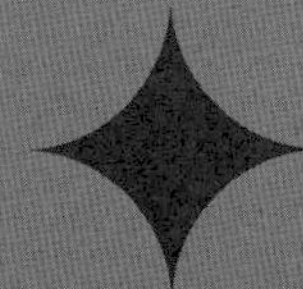

플라스틱 소재의 개발 이후부터 현재까지 플라스틱은 산업 및 일상 전반에 걸쳐 필수 불가결한 물질로 사용되며 전 세계적으로 소비가 지난 수십 년 급격하게 증가했다.[1]

〔세계자연기금(WWF)〕이 2020년 발표한 보고서에 따르면, 전 세계 플라스틱 생산량은 1950년 200만 톤에서 2015년 4억700만 톤으로 65년 동안 200배 이상 증가했으며, 2015년 한 해에만 전 세계에서 약 3억 톤의 플라스틱 폐기물을 배출했다. 1950~2015년 인류는 약 83억 톤의 플라스틱을 생산했고, 같은 기간 63억 톤의 플라스틱을 폐기한 것으로 추

[그림 3-1] 미국 체사피크 만 부근에서 발견된 미세플라스틱

1 R. Geyer, J. R. Jambeck, and K. L. Law. (2017). [Production, use, and fate of all plastics ever made], Science Advances, (p 3).

산됐다. 이 중 약 49억 톤이 매립되거나 버려졌고, 8억 톤이 소각되었으나, 재활용된 플라스틱은 약 6억 톤에 불과하다.[2]

바다는 '플라스틱 수프'

전 세계 플라스틱 포장재 중 32%가 해양으로 유입된다.[3] 국내 해안 쓰레기의 70%는 어구, 부표, 그물 등 어업활동에서 발생한다. 미세플라스틱은 대기와 물에 있는 잔류성 유기 독성물질을 흡착하는데 이 과정을 반복하면 미세플라스틱에 독성물질이 축적될 수 있다.

바닷물이 미세플라스틱으로 오염되어 바닷물을 햇빛에 증발시켜 채취하는 천일염에 미세플라스틱이 흘러 들어가게 된다. 천일염뿐만 아니라 생수 등 다른 식음료에서도 미세플라스틱이 검출되었다. 2018년 해양수산부 의뢰로 작성된 보고서에 따르면 국내산과 외국산 천일염 6종류에서 미세플라스틱이 검출되었다.[4]

2021년 10월 유엔환경계획(UNEP)에서 발표한 〈해양쓰레기 및 플라스틱 오염에 대한 글로벌 평가〉 보고서에 따르면 플라스틱은 해양쓰레기 중 가장 장기간 지속되는, 유해한 폐기물로 전체 해양 폐기물의 85% 이상을 차지하고 있다. 2040년까지 매년 배출되는 플라스틱 오염물질양은

---

2 WWF. (2020). [플라스틱 비즈니스 가이드라인: 한국 기업사례를 중심으로]. WWF Korea.

3 McKinsey& company. [Ellen MacArthur Foundation 2016 Report].

4 심경호, 박지혜. (2018). [미세플라스틱 오염현황 및 주요 국가의 관리방안과 시사점]. 저널 물정책·경제, 31(0), (p 77-88).

2300만~3700만 톤으로 지금보다 세 배 가까이 증가할 것으로 보인다.[5]

미세플라스틱의 섭취와 그 악영향

미세플라스틱은 해산물 섭취와 일상생활 속 일회용품 사용으로 인체 내로 유입되는데, 평균적으로 한 사람이 일주일에 미세플라스틱을 섭취하는 양은 약 5g으로 신용카드 1장만큼 섭취한다고 한다.[6] 〔세계자연기금(WWF)〕이 2020년 발표한 〈플라스틱의 인체 섭취 평가 연구〉에 따르면 1인당 매주 평균 2000여 개의 미세플라스틱을 먹는다.[7] 미세플라스틱은 공기 중, 옷(합성섬유), 물, 갑각류, 소금, 맥주 등에 존재하며, 종이컵에 뜨거운 물을 넣을 때도 미세플라스틱이 나온다.[8] 플라스틱 원료를 사용해 만든 의류도 세탁할 때마다 수천 개의 합성 플라스틱을 배출하는데, 〔Our World in Data〕의 조사에 따르면 해양 생태계를 파괴하는 주범이 세탁 시 섬유에서 나오는 미세플라스틱으로 밝혀졌다.[9] 미국과 중국 공동연구진이 2021년 9월 사람이 미세플라스틱에 얼마나 노출됐는지를 확인하기 위해 뉴욕에서 신생아 3명과 한 살 유아 6명, 30~55세 10

---

5 김다인. (2021.12.21.). "글로벌 해양 플라스틱 오염 문제 : 중국의 플라스틱 산업 동향은?", KOTRA 해외시장 뉴스.

6 M. Jefferson. (2019). [Whither Plastics?—Petrochemicals, plastics and sustainability in a garbage-riddled world], Energy Res. Soc. Sci., (p 56).

7 정연훈. (2021.12.28). "코로나의 역설 미세플라스틱". 기호일보.

8 www.etnews.com. (2021.6.27). "[과학핫이슈] 작지만 큰 위협 '미세플라스틱' ". 이티뉴스.

9 전유진. (2021.9.9.). "미국 의류업계의 친환경 트렌드". KOTRA 해외시장뉴스.

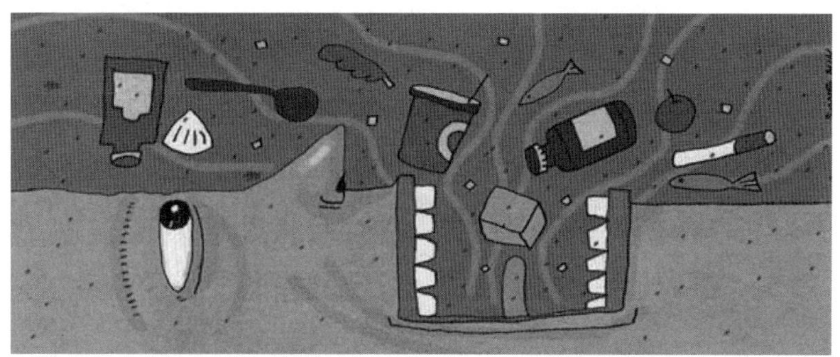

[그림 3-2] 우리에게 돌아오는 미세플라스틱

명을 무작위로 선정해 대변을 검사한 결과 생수병 등 우리가 가장 흔히 쓰는 페트와 플라스틱 농도가 성인보다 유아에게서 10배 이상 높은 것으로 나타났다.[10]

미세플라스틱은 크기가 큰 플라스틱이 주는 영향과는 다른 형태로 환경과 생물체에 악영향을 미친다. 큰 플라스틱이 이동할 수 있는 장소는 바다, 토양, 강 정도로 제한적이지만, 미세플라스틱은 바다, 토양, 강뿐만 아니라 지하수, 대기 중으로 이동할 수 있으며, 생활 속의 소금, 해산물, 심지어 생수, 수돗물에서까지 발견될 정도로 광범위하게 이동하여 환경을 오염시킨다. 또한 미세플라스틱은 장폐색, 영양분 섭취 부족으로 인한 에너지 할당 감소, 먹이 오인으로 인한 섭식 습관 변화, 성장과 번식의 감퇴와 같은 미시적인 악영향을 준다고 보고가 되었다.[11] 미세플

10 양훼영. (2021.11.25.). "[사이언스 취재파일] 미세플라스틱, 1시간이면 전신에 퍼져…신생아 태변에서도 검출", YTN 사이언스.

11 S. Park. (2016). "숨통을 조이는 미세플라스틱 - 세면대에서 바다까지, 마이크로비즈 규제의

라스틱이 마이크로 이하의 작은 크기로 인해 체내 깊숙한 곳까지 침투할 수 있으며, 나노 크기의 미세플라스틱은 뇌, 태반 장벽을 통과할 수도 있기 때문이다.[12] 플라스틱 제조 당시에 첨가된 비스페놀 A, 프탈레이트 등의 화학물질이 침출되어 생물체 내장액으로 배출되어 나오거나, 바닷속 잔류성 유기 오염물질이 미세플라스틱 표면에 흡착된 상태에서 이를 섭취하는 경우 악영향을 미칠 가능성이 있다.[13] 해양생물의 미세플라스틱 섭취는 소화기 손상, 포만감으로 인한 아사 등을 불러일으킨다. 먹이 사슬의 최상위에 있는 인간에게도 미세플라스틱은 영향을 미칠 수 있다. 잔류기간이 길기에 체내에 축적될 수 있으며, 뇌 안에서 세포를 죽이는 신경독성 물질로 작용할 수 있다.

아직 미세플라스틱이 어떤 생물학적 영향을 미치는지에 대해서는 잘 알려지지 않았지만, 최신 연구들은 미세플라스틱이 생물에게 악영향을 끼칠 수 있음을 규명해내고 있다. 2016년 프랑스와 벨기에 과학자들의 실험에서 성체 굴을 2개월 동안 미세플라스틱에 노출시킨 결과 굴의 난모세포 수는 38% 감소했으며, 지름도 5% 줄고 정자 속도도 23% 떨어졌다.[14] 〔한국소비자원〕의 〈먹는 샘물 내 미세플라스틱 안전 실태 조사〉 보고서는 미세플라스틱 크기가 150㎛ 이하이면 소화관 내벽을 통과할 수 있고 0.2㎛ 이하이면 체내 조직으로 흡수되어 국부적 면역체계 이상, 장

필요성", Greenpeace.

12 EFSA Panel on Contaminants in the Food Chain (CONTAM). (2016). [Presence of microplastics and nanoplastics in food, with particular focus on seafood], EFSA Journal., (p 14).

13 M. Amalia. (2018). [Microplastics - Focus on food and health]. European Union.

14 김기범, 조해람. (21.1.21.). "[플라스틱 중독사회 ②] 옷을 빨고, 음식을 먹을 때도 … 우린 '미세플라스틱' 피해자이자 가해자". 경향신문.

염증 등을 일으킬 수 있다는 연구 결과를 도출했다. 미세플라스틱이 간, 심장, 폐, 뇌 등으로 갈 수 있다는 분석도 있다.[15]

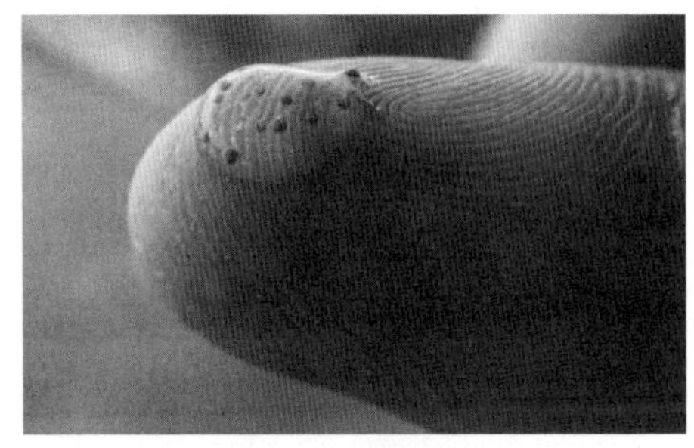

[그림 3-3] 손가락과 비교한 미세플라스틱의 크기

〔대구경북과학기술원〕의 바이오 융합연구부 최성균·이성준 박사 연구팀은 2021년에 섭취된 미세플라스틱이 뇌 안에 축적돼 신경독성 물질로 작용한다는 사실을 확인했다. 연구팀은 생쥐에게 미세플라스틱을 7일 동안 경구 투여해 미세플라스틱이 신장과 장에 축적되고 위험물질이 뇌 안으로 침투하는 것을 막는 보호막인 '혈액-뇌 장벽'까지도 통과해 뇌까지 축적되는 것을 확인했다. 최성균 박사는 "미세플라스틱이 단기간 섭취에도 뇌에 축적이 시작되는 것을 확인했다"며 "미세플라스틱이 일정 시간 이상 축적될 경우 뇌 안에서 신경독성 물질로 작용할 수 있음을 뜻한다"고 밝혔다.[16, 17] 〔한국생명공학연구원〕 이다용 박사팀은 미세플라스틱이 세대 간 전이되어 자손의 뇌 발달에 악영향을 끼칠 수 있다는 사실을 최초로 규명했다. 연구팀은 생쥐의 모체가 섭취한 미세플라스틱이 출산 후 모유 수유를 통해 자손으로 전달되어 뇌 조직과 여러 장기에 축

---

15 김민제. (22.2.16.). "모른 채 먹는 '미세플라스틱' 공포 … 국회·기업 압박 시민행동 본격화". 한겨레신문.

16 (21.10.28). "미세플라스틱, 뇌에 쌓여 신경독성 물질로 … DGIST 연구". 사이언스타임즈.

17 (21.10.27.). "뇌로 유입된 미세플라스틱으로 인한 세포 사멸의 원인과 과정 규명". DGIST 경북과학기술원.

적된 것을 확인하였으며, 자손에서 학습과 기억에 중요한 영역인 해마 영역의 손상과 뇌 신경세포 형성을 담당하는 신경줄기세포의 감소를 확인하였다.[18, 19, 20, 21, 22]

우리나라는 미세플라스틱 문제에 어떻게 대응하고 있을까

우리나라에서는 아직 미세플라스틱에 대한 인식이 낮다. 따라서 해결책이 아직 초기 단계에 있지만, 미세플라스틱의 위험성이 점점 밝혀짐에 따라 정부와 산업계에서 미세플라스틱에 대응하는 움직임을 보이고 있다. 〔삼성전자〕는 2022년 9월 2일 독일에서 개막한 〔국제가전전시회(IFA) 2022〕에서 패션브랜드 〔파타고니아〕와 공동 개발한 미세플라스틱 저감 세탁기를 공개했다. 〔삼성전자〕는 세탁 시 '미세플라스틱 저감 세탁 코스'를 이용하면 미세플라스틱 발생량을 일반 세탁 대비 54% 저감하는 효과가 있다고 밝혔다.[23] 국회 보건복지위원회의 이용호 의원은 "의약외품과 화장품에는 미세플라스틱을 사용할 수 없는 규제가 있음에

18 정홍채. (22. 2. 9). "플라스틱 팬데믹은 어떻게 극복할 것인가?". 충청투데이.

19 한국생명공학연구원. (2021). [초미세플라스틱에 의한 자손의 뇌 발달 이상 규명]. BRIC 동향.

20 Bohyeon Jeong & others. (2022). [Maternal exposure to polystyrene nanoplastics causes brain abnormalities in progeny]. Journal of Hazardous Materials. 426(2022.127815).

21 (21.12.15). "엄마가 섭취한 초미세플라스틱, 모유 통해 자녀에게 전달". 사이언스타임즈.

22 한국생명공학연구원. (2021). [초미세플라스틱에 의한 자손의 뇌 발달 이상 규명]. BRIC 동향.

23 이정훈. (22.8.28.). "미세플라스틱 54% 줄이는 삼성 세탁기...버블로 옷감마찰 줄여". 한겨레.

도 생활 화학제품에는 아직도 미세플라스틱이 광범위하게 활용되고 있다"며 생활 화학제품에 미세플라스틱 함유량 등 관련 안전기준을 마련하는 내용의 〔생활 화학제품 미세플라스틱 규제법〕을 대표 발의했다.[24]

〔식품의약품안전처〕가 2016년 〔화장품 안전기준 등에 관한 규정〕의 개정안을 통해 미세플라스틱을 새로 정의하고 2017년 미세플라스틱이 함유된 화장품의 제조 또는 수입을 금지한 바 있다. 그러나 〔식품의약품안전처〕는 이때 규제하는 화장품의 범위를 세정과 각질 제거 제품으로 제한하는 개정 고시를 발표해 규제 대상이 전체 화장품의 0.56%밖에 되지 않을 정도로 축소되었다.[25, 26] 환경부는 2020년 6월 세정제, 제거제, 세탁세제, 표백제, 섬유유연제에 대해 미세플라스틱을 함유 금지물질로 지정했다.[27]

2022년 9월에는 해양·대기로 배출되는 미세 플라스틱 저감을 위한 〔전기·전자제품 및 자동차의 자원순환에 관한 법률 일부개정법률안〕이 더불어민주당 이수진 의원 등에 의해 발의됐다. 개정안에는 전기·전자제품 사용 또는 자동차 주행 과정에서 미세 플라스틱을 포함한 유해물질이 발생하지 않도록 재질 및 구조 개선을 할 수 있도록 하는 내용이 담겼다.[28]

---

24 이정윤. (21.6.13). "미세플라스틱 사용규제 법안 발의". 의학신문.

25 그린피스 서울사무소. (17.1.12.). "[성명서] 식약처, 미세플라스틱 규제 제품군 2% 남짓으로 제한". 그린피스 코리아.

26 식품의약품안전처. (17.2.23.). [화장품 내 미세플라스틱 사용금지 안내]. (http://Mfds.go.kr)

27 안정성 평가솔루션. (20.6.8). [법령정보] 안전 확인 대상 생활 화학제품 지정 및 안전·표시기준 고시 일부개정 [환경부 고시 제2020-117호].

28 의안정보시스템 의안검색, likms.assembly.go.kr.

미세플라스틱 저감을 향한 국제적 움직임

해외에서는 유럽연합(EU)이 발 빠르게 나서 미세플라스틱 규제에 가장 적극적인 움직임을 보이고 있다. EU는 1차 미세플라스틱과 해양환경을 해치는 합성수지 생산을 제한하고 있으며, 2020년 비OECD 회원국에 〔유해 폐플라스틱 수출을 금지하는 폐기물 선적 규정 개정안〕을 발표하고 2021년 재활용이 불가능한 플라스틱 포장재 폐기물에 1kg당 0.8유로의 세금을 부과하는 플라스틱세 시행에 들어갔다. 독일에서는 2019년 1월 〔신 포장재법〕에 따라 모든 소매점에서 일회용 및 재사용 음료 포장에는 선반 근처에 'EINWEG(일회용)'과 'MEHRWEG(재사용)' 표기를 부착하는 것을 의무화하고 있다. 대부분의 일회용 유리병 혹은 플라스틱병에는 'Einwegpfand(반환보증금)'이나 'PET-CYCLE' 등의 안내 문구도 붙어 있어 소비자에게 폐기 대신 재활용을 유도한다.[29] EU는 지난해 3월 플라스틱의 폐기 대신 폐기물 관리와 재활용으로 구성되는 순환경제를 구축해 지속가능한 경제성장을 도모하겠다는 계획을 발표했다.[30]

2021년 7월부터 〔일회용 플라스틱에 관한 지침(Directive EU 2019/904)〕을 통해 두께가 15~50㎛거나 과일 및 채소용 얇은 플라스틱 봉투를 제외한 일회용 플라스틱 식사용 도구, 플라스틱 빨대, 플라스틱 음식 용

29 (2019.12.14.), "So erkennen Sie Mehrwegflaschen", T-online.

30 정홍채. (22.2.9). "플라스틱 팬데믹은 어떻게 극복할 것인가?". 충청투데이.

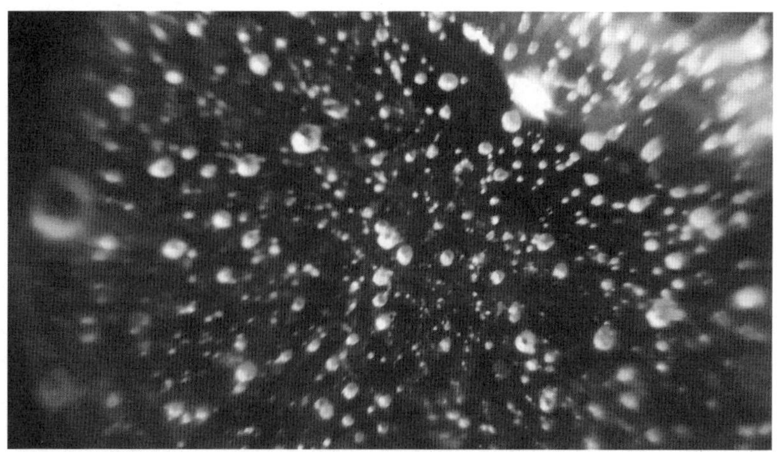

[그림 3-4] 아동용 치약에서 발견된 사람의 눈에는 보이지 않는 미세플라스틱

기 등 대체 가능한 소재가 있는 일회용 플라스틱 사용을 금지하는 규제를 시행하고 있다. EU 일부 회원국 내에서는 화장품과 세제에 사용되는 미세플라스틱의 사용이 금지되고 있으며, 이에 관한 EU 차원의 규제 수립 역시 추진 중이다.[31] 프랑스에서는 〔낭비 방지 및 순환경제에 관한 법률〕에 따라 2022년 1.5kg 미만의 채소와 과일을 비닐 포장하는 것을 금지한 데에 이어 2025년부터 자국에서 생산되는 모든 세탁기에 미세플라스틱 배출을 막는 합성섬유 필터 장착을 의무화하는 규정을 시행하기로 했다.[32]

미국에서는 2015년 〔마이크로비드 제거 수자원법(Microbead-Free Waters

---

31 KOTRA. (2021). [유럽 주요국의 탈 플라스틱 정책 및 시사점]. KOTRA GLOBAL MARKET REPORT. (p 30-86).

32 임병선. (22.1.1.). "덴마크와 스웨덴 2030년 국내선 항공편 화석연료 0으로". 서울신문.

Act)〕을 제정하여 2017년 7월부터 자국 내 모든 제조업체를 대상으로 미세플라스틱이 포함된 화장품의 생산을 금지했으며, 2018년 7월부터는 미세플라스틱이 포장된 화장품의 도입까지도 금지했다.[33, 34] 캐나다는 2016년 미세플라스틱을 유해 물질로 지정해 2018년 7월부터 미세플라스틱이 들어있는 샤워젤, 치약 및 세안 스크럽 등의 화장품 제조, 수입과 판매를 전면 금지하고 있다.[35, 36] 이러한 법제적 흐름에 따라 유럽과 미국에서는 이미 미세플라스틱 저감장치가 달린 세탁기 출시 경쟁이 벌어지고 있으며 유럽에서는 세탁기의 특수 필터와 세탁물 보호 주머니 등 미세플라스틱 저감 제품들이 속속 등장하고 있다.

하지만 미세플라스틱 문제는 일반 플라스틱의 문제와는 달리 그 해결을 위해 개별 국가의 노력과 책임뿐 아니라 국제적 노력이 필요하다.[37] 〔유엔환경계획(UNEP)〕은 2014년 미세플라스틱 오염을 전 세계 10대 환경문제 중 하나로 발표하고 2017년 〔해양쓰레기에 대한 국제적 파트너십(The Global Partnership on Marine Litter)〕을 설립했다. UNEP의 총회이자 세계 최고 수준의 의사결정 기관인 〔유엔환경총회(UNEA)〕는 미세플라

33 김민경, 정서용. (2020). [미세플라스틱에 의한 해양오염의 규율을 위한 국제적 대응 방안에 대한 검토 : 국제법을 통한 규범적 접근을 중심으로]. 서울 국제법 연구, 27(1), (p 168).

34 H.R.1321 Microbead Free Waters Act (2015), Sec. 2. [Prohibition against sale of distribution of rinse-off cosmetics containing plastic microbeads].

35 John Wiley & Sons Ltd. (2017.6). [Microbeads in Toiletries Regulations]. Canada Gazette, Part II: 151(12).

36 김민제. (22.2.16.). "모른 채 먹는 '미세플라스틱' 공포 … 국회·기업 압박 시민행동 본격화". 한겨레신문.

37 김민경, 정서용. (2020). [미세플라스틱에 의한 해양오염의 규율을 위한 국제적 대응 방안에 대한 검토 : 국제법을 통한 규범적 접근을 중심으로]. 서울 국제법 연구, 27(1), (p 143).

스틱과 해양쓰레기에 관한 세 가지 결의안을 채택하기도 했다. G20 또한 2017년 이탈리아 볼로냐에서 개최된 환경장관 회의에서 해양쓰레기 중 미세플라스틱 문제에 대한 우려를 표하고 대응을 확인했다.[38]

이 외에 우리나라의 〔여성환경연대〕를 포함한 수백 개의 비정부기구가 참여하여 미세플라스틱 저감을 위한 다양한 캠페인을 진행하고 스마트폰 애플리케이션을 통해 미세플라스틱에 대한 정보를 알리는 〔비트 더 마이크로비즈 재단(Beat the Microbeads Foundation)〕 등 NGO와 국제단체들이 전 세계 곳곳에서 움직이고 있다.[39, 40]

탈(脫) 플라스틱 사회로의 전환과 그 대안

미세플라스틱은 일단 자연환경에 배출되면 회수가 거의 불가능해 플라스틱의 생산과 소비를 줄이지 않는 한 저감이 어려워 플라스틱 사용 금지 등의 철저한 발생 억제가 필요하다.[41] 미세플라스틱이 해양으로 유입되면 현재 기술로는 완전한 제거가 불가능하기 때문에, 미세플라스틱을 생성하지 않는 것이 최고의 방법이다. 따라서 미세플라스틱, 폐플라스틱의 문제를 해결해 나가기 위해서, 자연적으로 분해가 되는 생분

38 김민경, 정서용. (2020). [미세플라스틱에 의한 해양오염의 규율을 위한 국제적 대응 방안에 대한 검토 : 국제법을 통한 규범적 접근을 중심으로]. 서울 국제법 연구, 27(1), (p 144).

39 Beat the Microbead Policy. (2019.6.25). Beat the Microbead (https://www.beatthemicrobead.org/policy/).

40 조병욱. (16.8.17). "바다 떠도는 '죽음의 알갱이'…경고 신호에도 뒷짐진 한국". 세계일보.

41 박상우. (18.9.21.). "미세플라스틱의 현상과 국제적 동향". 국가환경산업 기술정보 시스템.

해성 고분자 소재에 대한 연구와 이 문제를 효과적으로 개선할 수 있는 3R(Reduce, Recycle, Reuse)와 폐플라스틱을 필요한 화합물로 재생산하는 업사이클링(upcycling) 운동의 활성화가 필요하다.[42, 43] 하지만 이보다 더 근본적인 대책으로 국제사회에서는 '자원채취-대량생산-폐기'의 구조를 띠는 지금의 선형경제에서 제품의 생산과 소비 단계에서 폐기물을 줄이고 발생한 폐기물을 다시 생산과정에 투입하는 순환경제로 옮겨가야 한다는 목소리가 높아지고 있다.[44] EU가 대표적이다.

아예 새로운 플라스틱으로의 전환 움직임도 있다. 기존의 플라스틱은 분해가 더딜 뿐만 아니라, 분해가 되더라도 플라스틱의 성질을 가진 미세플라스틱으로 쪼개져 문제가 됐다. 이에 대안으로 나온 것이 '썩는 플라스틱'인 생분해 플라스틱이다. 생분해 플라스틱은 물과 이산화탄소, 또는 메탄 등으로 분해된다.[45] 생분해성 고분자란 토양 매립 시 자연계에 존재하는 미생물(조류, 박테리아 및 곰팡이 등)의 활동에 의해 물과 이산화탄소 혹은 메탄가스로 완전히 분해가 되는 고분자를 의미한다.[46] 국내 생분해성 고분자 시장은 낮은 물성, 높은 생산 비용, 정부지원금의 저조

---

42 류광현, 김현중. (2019). [미세플라스틱의 현황과 대체재 연구 동향 및 저감 대책]. 공업화학전망, 22(6), (p 62)

43 임현규. (21.10.21.). [미생물을 활용한 플라스틱 생물학적 분해 동향]. 생물학 연구정보센터(BRIC) 동향.

44 이소라, 오세천, 김만영, 장용철, 고인철, 김영희. (2020). [자원순환 분야 관리 전략 수립을 위한 기획연구]. 기본 연구보고서, 2020(0), (p 94-100).

45 박기묵 & 임진희. (20.3.23.). "[지속가능한환경] 플라스틱 쓰레기 문제, 대안이 없을까?", CBS 노컷뉴스.

46 한정우, 허필호. (2019). [생분해성 고분자 소재 연구 및 선진 연구개발 동향]. KEIT PD Issue Report.

로 인해 성장이 매우 더딘 상태였으나, 정부, 산업체, 학계에서 기존 생분해성 고분자의 단점을 개선하여 상업화하려는 연구와 노력이 점차 일어나고 있다. 국내 시장에서도 〔CJ제일제당〕이 해양에서도 작용하는 생분해 플라스틱인 폴리히드록시 알카노에이트(PHAs) 생산 시설을 구축하고 〔LG화학〕이 옥수수 성분의 생분해성 신소재를 개발하는 등 다수의 기업이 생분해 플라스틱 시장을 공략하고 있다.[47, 48]

하지만 급증하는 생분해 플라스틱 사용량에도 불구하고 현재 우리나라에는 적합한 제도와 환경이 미비해 생분해 플라스틱이 제 역할을 할 수 없는 상황이다.

현재 우리나라에서는 생분해 플라스틱이 본래의 목적대로 분해될 수가 없다. 생분해 플라스틱은 기존 플라스틱 분류 체계에서 기타(other)로 분류돼 종량제봉투에 넣어 버려야 하는데, 이렇게 버려지는 쓰레기의 52%가 소각된다.[49] 게다가 정부는 쓰레기를 처리하는 방법으로 매립보다 소각을 늘려나갈 계획이다. 매립돼야만 분해되는 생분해 플라스틱이 다른 폐기물처럼 타서 사라지고 있는 것이다.

어쩌다 매립된다고 해도 생분해 플라스틱을 그냥 자연 상태의 흙에 묻으면 분해되지 않는다. 현재까지 개발, 상용화된 생분해 플라스틱의 대부분은 일정 조건에서만 자연 분해된다. 따라서 생분해 플라스틱이 분해될 수 있는 매립 시설이 갖춰져야만 하는 것이다.

---

47 김현홍. (20.11.3). "CJ 제일제당, 100% 해양 생분해 플라스틱 소재 대량생산". 채널 CJ.

48 LG화학 웹진. (21.10.26.). "미국에 생분해성 플라스틱, PLA 공장을 짓는다? 글로벌 곡물 기업과 100% 생분해성 플라스틱 만드는 LG화학". LG케미토피아.

49 전국 폐기물 발생 및 처리 현황(환경부), 2017.

이처럼 생분해 플라스틱이 제 역할을 할 수 없는 상황에서 그 수량이 늘면 오히려 분리수거를 방해한다는 우려도 생겼다. 생분해 플라스틱과 일반 플라스틱은 외관상 구분이 어려워 두 종류의 플라스틱이 섞여 배출될 가능성이 크기 때문이다. 만약, 두 플라스틱이 마구 섞여 배출된다면 플라스틱 재활용 자체가 불가능해질 수 있다. 플라스틱 쓰레기를 줄이려다 오히려 플라스틱 재활용까지 막는 셈이다.

법의 사각지대에 놓인 생분해 플라스틱

이처럼 생분해 플라스틱 사용이 급증하는 데 비해, 인프라가 미비한 상황이 이어지자, 생분해 플라스틱의 법의 사각지대에서 환경에 악영향을 끼치는 일도 일어나고 있다.

이 외에도 미세플라스틱의 제품과 성분을 환경정보공개제도 또는 환경마크에 포함하여 친환경적인 소비를 유도해야 한다는 제안과 국내 플라스틱 생산과 소비 현황에 맞는 배출계수를 개발해 미세플라스틱의 정확한 발생원과 발생량을 추적하는 모니터링 체계를 확립해 실효성 있는 정책을 수립해야 한다는 의견 등 정부가 미세플라스틱 저감을 위해 더욱 적극적으로 나서야 한다는 목소리가 커지고 있다.[50, 51]

---

50 안대한, 김정인. (2018). [미세플라스틱으로 인한 해양오염 방지 정책]. 환경정책, 26(3), (p 77-102).

51 박정규, 서양원, 조지혜, 주문솔, 박하늘, 한선영. (2020). [미세플라스틱의 건강 피해 저감 연구(Ⅱ)]. 한국환경연구원. 2020(0), (p 35).

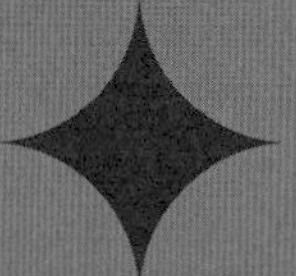

4장

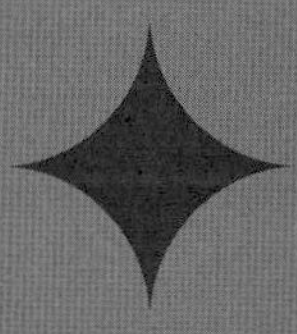
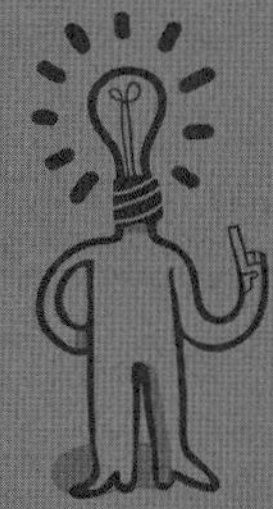
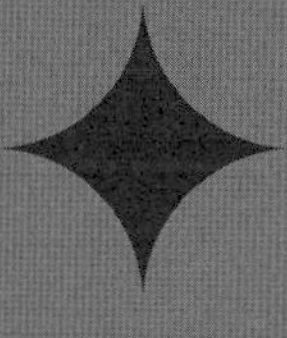

A4 용지보다 작은 케이지에서 평생 알 낳는 기계로, 공장식 축산을 금지하라

공장식 축산은 최소 비용으로 달걀, 우유, 고기 등 축산물의 생산량을 최대화하기 위해 동물을 한정된 공간에서 대규모로 밀집 사육하는 축산의 형태다. 인건비를 줄이기 위해 동물 사육 및 축산물 생산 공정을 기계화·자동화하였기에 '공장식 축산'이라 불린다.

우리나라는 높은 인구밀도와 농지 부족으로 농업에서 집약적 생산구조를 취했다. 농지 부족에도 축산업이 성장할 수 있었던 배경에는 사육밀도의 급격한 증가가 자리한다. 2006년 이래 축산업은 한국의 농업 총생산액에서 차지하는 비중이 쌀을 넘어서며 사실상 가장 중요한 '식량산업'이 되었다. 한국인의 육류 소비는 1인당 1970년 5.2kg에서 2020년 무려 54.3kg으로 증가하였다.

2022년 국내에서 닭 10억 2457만 마리, 오리 6012만 마리, 소 101만 마리, 돼지 1855만 마리 등 약 11억 425만 마리[1]의 동물이 식용으로 도축되었으며, 대부분 공장식 축산으로 사육되었다. 유사한 농업조건 또는 경제수준의 다른 어떤 나라보다 밀집성이 큰 한국의 축산현장에서는 재활용 또는 재순환하지 않는 축산폐기물이 넘쳐나서 수질오염의 원천이 되고 있다. 항생제 오남용이 주로 축산에서 이뤄져 한국인의 항생제 내성률은 OECD 국가의 5~7배에 이른다. 농장 내 만성화한 가축 질병에 더해 구제역, 조류독감 같은 대규모 동물 전염병이 점점 빈발하는 추세다.

오늘날 가축의 삶은 본래의 모습에서 매우 멀어져 있다. 축산동물은 인간의 필요에 따라 개량되고 분화하여 산업적 효율성을 극대화하는 데

1 축산물안전관리시스템 도축 기간별실적(2022년 1월~12월).

가장 적합한 형태가 되었으며 동시에 생산성 제고를 위해 인위적으로 조작된 환경에 노출된다. 닭은 원래 자연 상태에서는 1년에 6~12개의 알을 낳았으나, 현재는 1년에 300개까지도 낳는다.[2]

〔그린피스〕는 "공장식 축산이 효율적으로 식량을 생산하는 방법이라고 기업들이 주장하지만, 실상은 그렇지 않다"며 "현재 지구상 토지의 4분의 1 이상이 가축 사료를 생산하기 위해 사용되고 있는데, 이 땅은 사람들이 먹을 식량을 생산할 수 있는 땅이며, 1kg의 닭고기를 생산하기 위해서는 3.2kg의 사료가 들어간다"고 지적했다.[3]

높아진 '반려동물' 인식과 대비되는 비윤리적 축산환경

공장식 축산의 대명사는 '스톨(stall)'과 '배터리 케이지(Battery Cage)'다. 스톨은 돼지를 사육할 때 사용되는 매우 좁은 우리를 말하는데, 주로 임신한 돼지를 가두어두는 폭 70cm, 높이 120cm, 길이 190cm 정도의 케이지를 가리킨다.[4] 스톨은 돼지의 몸 크기에 꼭 맞아서, 스톨 안에 있는 돼지는 몸을 돌릴 수 없이 늘 같은 방향을 바라봐야 한다.

---

2 카를로 페트리니. (2003). 김종덕, 이경남(옮김). 『슬로푸드』. 나무심는사람. (p 270-271). 박종원 (2017). [우리나라 동물복지축산의 현황과 법적 과제]. 환경법과 정책, 19, (p 138) 재인용. 김명식. (2014). [산업형 농업 시대의 동물윤리]. 환경철학, 18(0), (p 96) 재인용.

3 그린피스코리아. (2022. 1. 20.). 서면 인터뷰.

4 함태성 (2021). [대규모 집약형 축산으로 인한 복합적·누적적 리스크와 법적대응 방안]. 환경법과 정책, 26, (p 116).

[그림 4-1] 스톨 안의 돼지

[그림 4-2] 배터리 케이지 안의 닭

어미돼지를 이런 스톨에 가두는 이유는 좁은 공간에서 최대한 높은 생산성을 끌어내기 위해서로, 임신이 가능한 암컷 돼지는 스톨 안에서 임신과 출산을 반복한다. 새끼들이 젖을 뗀 후 일주일이 지나면 바로 다시 임신이 가능하므로 스톨 안에서 돼지는 3~4년 동안 임신과 출산을 6~7회 반복하고 도축 당한다. 자연 상태에서 돼지의 수명은 15년가량이다.[5]

비좁은 철창에 갇혀 옴짝달싹 못하면서 극도로 스트레스를 받은 돼지는 정면에 보이는 다른 돼지의 꼬리를 물어뜯는 이상 행동을 보인다. 이 때문에 스톨 사육을 위해서는 돼지의 이빨과 꼬리를 새끼 때 미리 자른다.[6] 2020년 우리나라는 임신한 돼지의 스톨 사육을 교배 후 6주 이내로 제한하고 그 후에는 다른 개체와 어울릴 수 있는 군사 공간을 제공할 것을 의무화했지만, 이마저 즉시 적용은 신규 농가에 대해서이고 기존 농가는 10년 적용 유예를 받았다.[7]

'배터리 케이지'는 계란을 얻기 위한 공장식 축산에서 닭을 키우는 공간이다. 일반적으로 케이지 한 개의 크기는 가로 50cm, 세로 50cm, 높이 30cm인데 축산법 시행령에 따라 최대 9단까지 쌓아서 사용할 수 있다. 한 케이지에 산란계(産卵鷄) 6~8마리를 사육하며, 보통 한 마리당 사육 면적이 A4 용지의 5분의 4 남짓할 정도로 과밀한 사육 형태다. 좁은 공간에서 닭의 활동량을 최소화하여 사료 섭취량을 줄일 수 있다는 것이 배터리 케이지의 이점으로 꼽힌다.

---

5 김현대. (2018.9.14.). "교배·임신·분만 그리고 도태 '공장돼지'의 일생". 한겨레21.

6 고은경. (2014.10.2.). "돼지에게 '꼬리'를 돌려주세요". 한국일보.

7 농식품부. (2020.1.14.). [2020~2024년 동물복지 종합계획]. 대한민국 정책브리핑. (p 45).

배터리 케이지 안의 닭은 스톨 안의 돼지처럼 극도의 스트레스를 받아 서로를 공격하기 때문에, 돼지의 이빨을 잘라내듯이 닭의 부리 또한 잘라낸다.[8] 배터리 케이지를 쓰는 양계장에서는 고질적인 진드기 문제를 해결하기 위해 다반사로 닭에게 살충제를 직접 뿌린다.[9] 2017년 살충제 달걀 파동은 이러한 맥락에서 발생했다.

2018년 9월부터 산란계 및 종계 케이지의 적정사육면적을 마리당 0.05m²에서 0.075m²로(대략 A4용지 0.8배 넓이에서 1.2배 넓이로) 상향 조정한 축산법 시행령 개정안이 신축 계사에 적용되고 있지만, 기존 농장은 2025년 8월 31일까지 적용을 유예 받았다.[10]

항생제 과용과 침묵의 팬데믹

공장식 축산은 항생제 오남용이라는 문제를 필연적으로 수반한다. 동물이 스트레스로 면역력이 저하한 데다 좁은 공간에 밀집되어 감염병이 쉽게 전파되기 때문이다.

2016년 영국의 한 연구에서는 슈퍼박테리아(항생제 내성균)에 의한 전 세계 사망자가 연간 70만 명에 이른다고 분석하면서, 2050년이 되면 한 해 1000만 명이 슈퍼박테리아 감염으로 사망할 것으로 예측했다. 암이

---

8 국립축산과학원. (2015). [축산현장 애로기술 해결을 위한 닭 기르기 100문 100답집]. (p 105).
9 오원석. (2017.8.17.). "닭 농장주 방독면 쓰고 살충제 '샤워'... 전수조사 못 믿어". 중앙일보.
10 축산법 시행령 [시행 2021. 3. 25.] [대통령령 제30974호, 2020. 8. 26., 일부개정].

[그림 4-3] 가축 항생제 남용

나 다른 주요 질병으로 인한 사망자 예측 수치를 넘어선다.[11] 아시아권은 전 세계적으로 항생제 내성이 다른 지역에 비하여 월등히 높은 지역에 속하는데, 그중에서 한국의 항생제 내성률은 세계적으로 손꼽을 수 있을 정도로 높은 상황이다.[12] 우리나라는 2019년 기준 1인당 인체 항생제 사용량이 OECD 국가 중 3위이고, 인구 대비 항생제 매출은 OECD 국가 중 2위다.[13] 축산분야에서 사용되는 항생제가 인간을 비롯한 생태

---

11 이윤정. (2016.5.19.). "2050년, 항생제 내성 '슈퍼박테리아'로 3초에 1명 죽을 수도". 경향신문.

12 pmg지식엔진연구소. (2018.12.26.). 항생제 내성. 네이버 지식백과 시사상식사전.

13 OECD. (2022.3.18.). Pharmaceutical Market. OECD.Stat.

계에 미치는 영향이 아직은 명확하게 파악되지 않았지만,[14] 항생제 내성균은 '침묵의 팬데믹(The Silent Pandemic)'이라고 불리며 유엔, 세계보건기구(WHO), G20 등 여러 국제기구와 국제회의에서 다뤄질 만큼 이미 전 지구적인 이슈가 됐다.

가축 전염병의 상시화·토착화의 가장 큰 이유는 바로 공장식 축산이다. 이은환 경기연구원 생태환경연구실 연구위원은 "공장식 축산에서 이루어지는 밀집 사육은 가축 개체 간의 거리가 짧다는 점뿐 아니라 바로 그때문에 가축이 스트레스를 받고 면역력이 저하한 채로 있다는 점에서 바이러스나 병원균이 확산하기에 최적의 조건을 제공한다"며 "가축전염병의 상시화·토착화는 농장주에게는 경제적 손실을, 정부에게는 세출 부담을, 국민에게는 보건상의 위험을 안긴다"고 말했다.[15]

살처분은 동물 살해라는 윤리적 문제를 일으키지만 문제는 윤리 차원에 한정하지 않는다. 2010년부터 2019년까지 가축 전염병으로 인한 살처분 비용은 4조 원에 육박한다.[16] 세금이다. 이렇게 되니 정작 중요한 사전예방 방역체계 구축에는 예산이 충분히 투입되지 못한다. 예산 및 자원의 효율적인 배분이 왜곡되는 상황이 벌어져 국가 재정 측면의 문제가 되고 있다.[17]

2017년 고병원성 조류인플루엔자로 전국의 산란계 32.9%가 살처분되

---

14 조재성. (2018). [OECD 축산분야 항생제 사용 현황 및 전망과 경제 분석]. 세계농업, 215(0), (p 85).

15 이은환. (2022.1.17.). 서면 인터뷰.

16 이대혁. (2019.10.2.). "2010~2018년 가축전염병 살처분 비용 3조7461억 원". 한국일보.

17 함태성. (2018). [예방적 살처분에 대한 동물법적 고찰]. 공법연구, 46(4), (p 507).

는 동안 동물복지 인증 농장에서는 103만3000마리 가운데 1만3000마리(1.1%)만이 살처분됐다. 89개 농장 중 단 한 곳이었다는 사실을 눈여겨봐야 한다.[18]

햄버거 하나를 먹을 때마다 아마존 열대우림 1.5평이 사라진다

축산분야의 물 사용량은 전 세계적으로 인간이 사용하는 양보다 8% 이상 많으며 이 중 대부분은 가축이 먹는 사료작물을 기르기 위한 것이다.[19] 알려진 대로 공장식 축산은 기후위기와 생태계 파괴에 큰 책임이

[그림 4-4] 소에게 부과하는 방귀세

18 조현숙, 이승호. (2017.1.5.). "살처분 32.9% vs. 1.1% … AI 참사 부른 밀집사육". 중앙일보.

19 송정은. (2017). [축산업의 환경적 영향과 한국 환경법의 대응 - 밀집형가축사육시설을 중심

있다. "햄버거 하나를 먹을 때마다 아마존 열대우림 1.5평이 사라진다"는 얘기는 중남미의 농장주가 소를 키울 공간을 확보하고 동물 사료로 쓸 곡물을 재배하기 위해 숲을 불태운다는 데서 나온 말이다. 공장식 축산은 전 세계 산림 벌채의 가장 주된 원인으로 꼽힌다.[20]

축산업은 전 세계 곡물 수확량의 3분의 1을 소비한다. 축산지와 가축의 사료로 쓰이는 농작물을 재배하는 면적을 합하면 지구상 가용 토지 면적의 30%가 된다. 〔그린피스〕 추산에 따르면 축산 부문의 온실가스 배출량은 전체 온실가스 배출 가운데 18~20% 정도다.

2021년에는 지구 온실가스 배출의 무려 87%가 축산업과 관련돼 있다고 주장하는 미국의 비영리단체 〔Climate Healers〕의 연구가 나왔다.[21, 22] 이 보고서가 내놓은 87%라는 값은 축산업의 온실가스 배출이 전체의

[그림 4-5] 자유롭게 뛰노는 동물복지 농장의 소

으로 -]. 환경법연구, 39(1), (p 50-51).

20 그린피스 서울사무소. (2020.10.21.). "육식이 환경에 나쁜 7가지 이유". 그린피스코리아.

21 Sailesh Rao. (2019.11). [Animal Agriculture is the Leading Cause of Climate Change]. Climate Healers.

22 Liam Giliver. (2021.5.4.). [Animal Agriculture Responsible For 87% Of Greenhouse Gas

51%라고 주장한 세계적 환경연구소 〔월드워치〕의 2009년 11·12월 보고서보다도 훨씬 더 나아간 주장이다.[23]

비대해진 축산업이 기후변화의 주요 원인이 되고 있다는 분석에 따라 소위 '방귀세'라고 하는, 일종의 탄소세 아이디어가 제안되었다. 실제로 에스토니아는 2009년 방귀세를 도입했고[24] 이외에 아일랜드는 소 한 마리당 18달러, 덴마크는 소 한 마리당 110달러의 방귀세를 부과하고 있다.[25]

EU, 미국, 공장식 축산 금지 확산 중

미국 캘리포니아주에서는 2022년부터 'CAFO(Concentrated Animal Feeding Operation, 밀집형 가축사육시설, 즉 공장식 축산시설)'에서 키운 축산물의 유통이 금지됐다. 2018년에 동물보호단체의 주도로 발의되어 유권자 63%에게서 찬성을 받은 '캘리포니아주 주민발의안 12호'의 시행이다. 이 법안에 따르면 기존 공장식 축산 농가는 사육공간을 두 배 가까이 넓혀야 한다. 지키지 않으면 캘리포니아주에서 축산물을 유통하지 못한다. 중요한 사실은 이 법안이 캘리포니아주 안에서 생산된 축산물에만

Emissions, Finds New Report]. Plant Based News.

23 고용석. (09.11.01). "축산업이 세계 온실가스의 51% 방출". 경향신문.

24 Sputnik International. (2008.5.8.). [Estonian farmers face flatulence tax on cattle]. Sputnik International. / 송정은. (2017). [축산업의 환경적 영향과 한국 환경법의 대응 -밀집형가축사육시설을 중심으로-]. 환경법연구, 39(1), (p 45)에서 재인용.

25 Karis Hustad. (2014.2.14.). "Top 12 weirdest tax rules around the world", The Christian Science Monitor.

적용되는 게 아니라 주 바깥에서 들여오는 것에도 적용된다는 점이다.[26] 캘리포니아주에 앞서 매사추세츠주도 공장식 축산을 통해 생산된 축산물의 유통과 판매를 금지한 상태다.[27]

유럽연합(EU)은 1999년부터 단계적으로 산란계의 배터리 케이지 사육을 금지해 2012년에 이르러 완전히 금지했고 2013년에는 임신한 돼지의 스톨 사육을 금지했다. 최근에는 2027년까지 가축을 우리에 가둬 사육하는 관행을 단계적으로 폐지해나가겠다고 밝혔다. EU는 향후 EU로 육류를 수출하는 나라에 같은 기준을 요구할 계획이다. 즉 가축을 방목하지 않고 우리에 가둬 키웠다면 EU로 육류를 수출할 수 없게 된다.[28]

강원대학교 비교법학연구소 환경법센터(동물법센터) 송정은 선임연구원은 "동물복지 관련 입법·정책의 생산에서 진통을 겪는 것은 유럽도 한국과 마찬가지지만, 유럽에선 동물보호단체 등에서 끊임없이 문제 제기하는 목소리가 있고, 계속해서 상황과 문제를 알리려는 노력이 있다. 그러한 노력이 축적되어 선진적인 동물보호 입법과 정책으로 나타나고 있는 것"이라며 "우리나라에서도 그러한 목소리들이 더 커지게 되면 친환경적이고 지속가능한 형

[그림 4-6] 동물보호단체의 목소리

26 강명윤. (21.8.17.). "캘리포니아주민들 '공장식 사육 농가 축산물 소비하지 않겠다!'". 조선일보.

27 친환경축산협회. "공장식 축산물, 더는 NO!". (사)친환경축산협회.

28 박진영. (2021.6.10.). "전 세계 동물복지 강화 '드라이브'…국내도 공장식 축산 벗어나야." 램인터내셔널.

태의 동물 관련법과 정책이 시행될 것"이라고 기대를 내비쳤다.[29]

고기 양극화?

공장식 축산 금지가 고기 가격을 급격히 상승시켜 고기 양극화 문제를 심화한다는 점이 가장 주요한 논쟁거리일 것이다. 공장식 축산을 금지하면 고기 양극화는 필연적이지만 지금의 공장식 축산이 장기적 관점에서 경제적으로나 윤리적으로나 지속가능한 해법이 아니라는 데서 논의를 시작해야 한다.

우리나라는 무항생제 축산, 친환경(유기) 축산, 동물복지 축산 인증제도를 시행하고 있지만, 장기적으로 유효한 대안은 식물성 대체육과 배양육이다. 우리에게 '콩고기'로 잘 알려진 식물성 대체육은 식물에서 추출한 단백질을 이용하여 식육과 비슷한 형태와 맛이 나도록 제조한 식품을 의미한다. 육류와 비교해 자원의 사용량과 온실가스 배출량을 줄일 수 있고, 동시에 대량 생산이 쉽고 가격이 저렴한 편이다. 제조 후 제품이 환경변화의 영향을 덜 받으며 품질 유지기한이 길고 상대적으로 가격이 안정적이어서 식품가공 산업에 적용하기에 용이하다.

식물성 대체육에 비해 아직은 생소한 배양육은 살아있는 동물의 줄기세포를 채취한 뒤 배양하여 생산하는 동물성 단백질을 의미하며, 1999년 네덜란드에서 연구가 시작되어 현재 실험실에서 시제품을 생산할 수 있는 단계까지 왔다. 배양육은 기존 축산보다 토지 사용량, 온실가스 배

29 송정은. (2022.1.17.). 서면 인터뷰.

[그림 4-7] 대체육

출량, 에너지 소비량을 대폭 줄일 수 있어 친환경적이다. 장기적으로 축산업을 일정 부분 대체할 잠재력을 가지고 있다.

우리도 이제 공장식 축산을 금지하는 데 적극적으로 속도를 내야 한다. 공장식 축산을 금지하는 나라가 빠른 속도로 늘고 있다. 지금의 공장식 축산 대신 어떤 형태가 축산업의 새로운 표준이 되어야 할지는 앞으로 더 논의할 필요가 있다. 분명한 것은 현재의 공장식 축산은 절대로 유지될 수 없다는 사실이다. 가야 할 방향은 이미 정해져 있다. 문명 설계를 변경하는 거시적인 접근이 시급하게 꼭 필요하지만 시민 차원에서는 세계시민의 각성 아래 할 수 있는 작은 일을 실천하고 알리고 실천의 작은 연대를 수행하는 게 중요하다.

5장

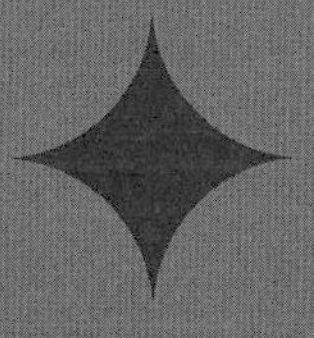

탄소 라벨링, 칼로리 대신 탄소배출량을 볼 수 있도록

간만에 주말 저녁에 온가족이 모여 밥상을 차렸다. 밥상에는 흰 쌀밥과 소고기 뭇국이 올라왔다. 반찬까지 포함하면 진수성찬이다. 밥과 국만 해도 약 2kgCO_2e의 온실가스가 발생했다.

여기서 CO_2e는 메탄, 산화이질소 등 여러 온실가스를 탄소배출량으로 환산한 탄소환산량을 뜻한다. 반찬까지 계산한다면 당연하게도 더 많은 탄소를 배출한다. 〔농업기술실용화재단〕의 '밥상의 탄소발자국' 계산 프로그램을 이용하면 우리 밥상에 올라오는 음식의 탄소발자국을 알 수 있다. 한식 중 가장 많은 온실가스를 만들어내는 음식은 설렁탕이다. 무려 10kgCO_2e를 배출한다. 온실가스 배출량이 많은 음식은 모두 소고기가 들어간 음식이다.[1]

그렇다면 고기 섭취만 멈추면 될까. 음식의 탄소발자국은 이동거리가 길어질수록 커진다. 식재료를 포함한 식품이 재배지에서 출발하여 유통 과정을 거쳐 소비자의 식탁에 오르기까지 수송 거리를 '푸드 마일(Food Miles)'이라고 하고, '푸드 마일리지(Food Mileage)'는 식품 수송량(톤)에 수송 거리(Km)를 곱한 것이다. 푸드 마일리지가 길수록 식품 생산, 소비, 폐기에 이르는 전 과정에서 발생하는 이산화탄소 배출량이 늘어나게 된다. 운반을 위해 석유나 석탄 등 에너지원 사용이 늘어나기 때문이다.[2]

---

1 농업기술실용화재단 밥상의 탄소발자국 프로그램.

2 오윤정, 민주영, 류희욱, 조경숙. (2016). [푸드 마일리지와 식물공장을 활용한 저탄소 환경교육 프로그램의 개발과 적용]. 환경교육, 29(4), (p 401).

찾아온 기후 위기, '넷제로'로 나아가는 세계

2021년을 기점으로 향후 2년까지 전염병과 생계 위기가 우리 사회의 지배적인 위험이다. 이후 3년은 버블 붕괴와 채무 위기 등 경제적 위험이 두드러지며, 그 후에는 생물 다양성이 파괴되고, 천연자원의 위기가 찾아오고, 기후대응이 실패해 결국 환경적으로 위험이 찾아올 것이다. 〔세계경제포럼(WEF)〕이 〈2021 세계위험보고서〉에서 전망한 미래상이다.[3]

현재의 탄소 배출 추세가 계속된다면 인류는 돌이키기 힘든 기후재난에 직면한다. 많은 국가, 지방정부, 시민사회에서 기후비상을 선언하고 적극적인 기후위기 대처를 모색하고 있다. 주지하듯 지구 표면의 평균 기온은 산업화 시기 이전보다 이미 1°C가량 상승하였으며, 지구온난화로 전 세계적으로 폭염, 가뭄, 태풍의 강도와 빈도가 심해지고 있다. 이산화탄소 농도는 해마다 최고치를 경신하고 있고 2022년에 420ppm을 돌파했다. 이는 산업화 이전 수준의 약 150%였다.[4] 산업화 이전 수준의 약 150%였다.

지구 평균 기온이 높아질수록 기상이변은 더욱 빠르고 강력하게 발생한다. 1980년대 중반 이후 북극의 지표면 대기 온도는 지구 평균보다 적어도 3°C 이상 빠르게 따뜻해졌고, 해빙, 그린란드 빙하는 같은 기간 동

---

3 WorldEconomicForum(2021). / The Global Risks Report 2021.

4 현인아, (2022.6.13.), 이산화탄소 농도 420ppm 돌파‥"410만 년 만의 기후위기", MBC NEWS.

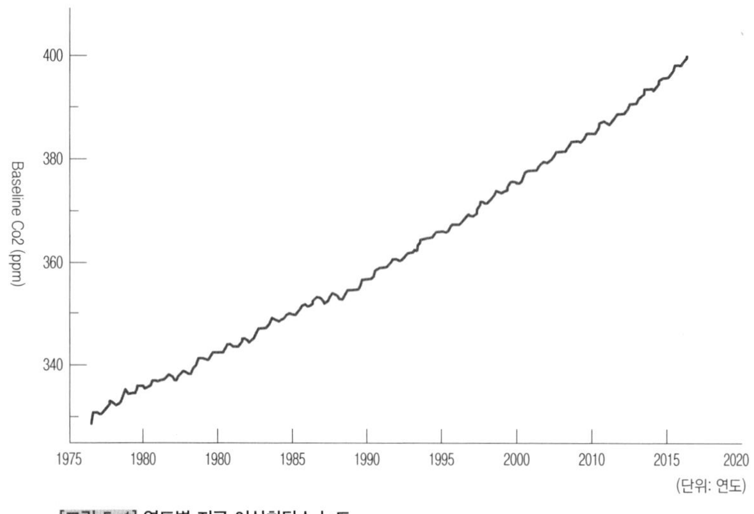

[그림 5-1] 연도별 지구 이산화탄소 농도

안 감소했으며 영구 동토층 온도는 상승했다.[5]

폭염, 홍수, 가뭄, 산불, 폭풍 등 이상 기후를 경험하면서 탄소 중립에 세계적인 관심이 더욱 높아지고 있다. 파리기후협정은 지구온도를 산업화 이전 대비 2°C 이하로 억제하는 노력을 촉구했고, 2018년 기후 변화에 관한 정부간 패널(IPCC)은 제48차 총회에서 〈지구온난화 1.5°C 특별보고서〉를 만장일치로 채택하며, 지구 표면 평균 온도 상승 억제 목표를 1.5°C 이하로 해야 한다고 선언했다. 더불어 이 목표를 달성하려면 2050년까지 넷제로(Net Zero)를 달성해야 된다고 권고했다. '넷제로'란 탄소중립으로 대기 중에 추가적으로 배출되는 온실가스가 없는 상태다.

---

5 WMO Statement on the State of the Global Climate in 2020.

탄소배출량을 최대한 줄이면서 배출된 탄소는 어떤 방법을 통해서라도 흡수하거나 제거해 순 배출량을 0으로 만드는 것을 뜻한다.[6]

2016년 파리협정이 발효된 뒤 2017년에 스웨덴이 세계 최초로 2045년까지 탄소중립 달성을 법제화했다. IPCC의 〈1.5°C 특별보고서〉가 나온 후엔 많은 국가가 연이어 탄소중립을 선언했다. 2019년에 G7 국가 중에서 영국이 최초로 '2050 탄소중립'을 선언하고 2008년에 세계 최초로 제정한 〔기후변화법(UK Climate Change Act)〕을 개정해 2050 탄소중립을 법제화했다.[7] 유럽연합(EU) 집행위원회도 2019년 '기후·환경 비상사태'를 선언하고 2050년까지 탄소 중립을 목표로 하는 '유럽 그린 딜(European Green Deal)'을 발표하였다.[8]

2021년 우리나라 온실가스 잠정 배출량은 6억7960만 톤으로 최고치를 기록한 2018년(7억2760만 톤)보다 6.5% 줄었으며 전년보다는 3.5% 증가했다.[9] 2020년 세계에서 이산화탄소를 가장 많이 배출한 나라는 중국으로 배출량이 106억6788만 톤이다. 전 세계 배출량(348억725만 톤) 중에서 중국이 차지하는 비중은 30.6%였다. 미국이 47억1277만 톤으로 2위(13.5%)였고 유럽연합(EU)(7.5%), 인도(7%), 러시아(4.5%), 일본(3%) 등의 뒤를 이어 한국은 1.7%로 10위였다. 1인당 온실가스 배출량 순위는 전체 배출량 순위보다 높다.

---

6 윤순진. (2021). [2050 탄소중립 사회로의 전환: 의미와 과제]. 환경논총, 68, (p 51).

7 gov.uk 보도자료. (Jun. 27. 2019.), "UK becomes first major economy to pass net zero emissions law".

8 유정민, 황인창, 김정아. (2020). [2050 서울시 탄소배출 중립 위한 정책과제]. 서울연구원 정책과제연구보고서. (p 5).

9 환경부 보도자료. (2. 22. 6. 28.). "2021년 국가 온실가스 배출량, 6억 7,960만 톤 예상". 환경부.

한국은 유럽연합(EU), 스웨덴, 영국, 프랑스, 독일, 덴마크, 스페인, 뉴질랜드, 캐나다, 일본 등에 이어 세계에서 14번째로 탄소중립을 법제화(2021년)한 국가가 됐다. 2050년 탄소중립을 달성하기 위한 국가전략, 중장기 온실가스 감축 목표, 기본계획 수립 및 이행점검 등의 법정절차도 체계화했다. 또한 2050년 탄소중립으로 나아가기 전 중간단계 목표를 설정했다. 2030년 국가 온실가스 감축목표(NDC)를 2018년 대비 35% 이상 범위에서 사회적 논의를 시작하도록 명시된 법률에 따라 40% 감축으로 최종 확정되었다.[10]

영국 글래스고에서 2021년 10월 31일~11월 13일 열린 제26차 유엔 기후변화협약 당사국총회(UNFCCC COP26)에서 영국 기후 및 에너지 싱크탱크 〔엠버〕가 석탄발전을 토대로 한 G20 국가별 1인당 온실가스 배출량을 분석한 결과는 호주가 연간 5.34톤으로 1위였다. 2위는 놀랍게도 한국으로 3.18톤이었다. 석탄 기반 1인당 온실가스 배출량의 세계 평균 1.06톤의 세배가량이다. 세계 최대 온실가스 배출국인 중국(3.06톤), 미국(2.23톤)보다 많았다.

과거와 비교해 배출량은 소폭 감소했으나 G20 국가 내 순위는 변함없었다. 한국의 2015~2020년 석탄 발전으로 인한 1인당 온실가스 배출량의 평균은 3.81톤이다. 2021년 3.18톤으로 배출량이 감소했으나 다른 국가들의 감축 속도에 비하면 전환 속도가 느려 순위는 여전히 2위에 머물렀다. 2021년 기준 한국의 태양광·풍력 발전 비중은 4.7%로 2020년 3.9%과 비교해 소폭 상승했다. 〔엠버〕는 "G20의 아시아 경쟁국인 일본

---

10 외교부 기후환경과학외교국 보도자료, (2021.12.23.), 상향된 2030 국가 온실가스 감축목표(NDC)유엔기후변화협약 사무국 제출_최종_완료. 외교부.

(10%), 중국(11%)은 물론 아시아 신흥국인 베트남(11%), 인도(8%)와 비교해도 낮다"라고 지적했다.

석탄발전에 기반한 1인당 온실가스 배출량이 세계 최고 수준이지만 현실적 대안인 한국의 재생에너지 확대 정책은 불확실성에 빠져 있다. 2030년까지 재생에너지 비중을 30%까지 확대하겠다는 기존 전환 정책은, 원전을 앞세우며 재생에너지 확대 기조를 조정하겠다는 윤석열 정부의 출범에 따라 차질을 빚고 있다. 새 정부는 '에너지 정책 방향'에서 원전 비중을 30% 이상으로 상향하겠다는 의지를 밝혔고, 2022년 11월엔 '에너지 환경 변화에 따른 재생에너지 정책 개선방안'에서 신재생에너지 목표를 2030년 21.6%로 잠정 설정하고 2036년 30% 초반대까지 확대한다는 방침을 밝혔다. 재생에너지를 확대하는 세계적 흐름과 상반된다. EU 집행위원회의 '리파워 EU' 정책은 2030년까지 재생에너지 비중을 기존 40%에서 45%로 확대했다.

소비자에게 신뢰성 있는 라벨을 위해서

일반적으로 소비자는 자신의 욕구에 맞는 제품을 합리적으로 구매하고 소비한다. 이때 경제적 합리성을 추구하면서 환경적 지속성 및 사회적 건전성과 조화를 추구하는 소비를 할 때도 있다. 이렇게 환경 부담을 최소화하는 방식의 소비를 '녹색소비'라고 한다. 녹색소비가 가능해지려면 소비자의 이해를 돕고 품질의 신뢰도를 쉽게 파악하는 실천 정보

로써 표시가 필요하다.[11]

소비자에게 제품의 정보를 즉각적으로 전달하는 방법으로 '라벨링'이 있다. 라벨링은 물품의 용기에 부착된 서면, 인쇄 또는 그래픽 자료의 표시를 의미하고, 탄소 배출·에너지·식품 안전성 등 제품의 정보를 소비자에게 알려주기 위한 목적을 갖는다.[12] 소비자는 라벨에 적힌 관련 정보를 종합적으로 평가하면서 제품을 구매할 수 있다. 라벨링은 소비자와 생산자 모두에게 행동 변화를 일으킬 수 있다.[13]

가끔 라벨이 진짜 정보를 담았는지 의문이 들기도 한다. 다큐멘터리 〔씨스파라시(Seaspiracy)〕에서는 돌고래의 안전을 입증하기 위한 '돌고래 안전(Dolphin Safe)' 라벨이 실제로 돌고래를 안전하게 보호하고 있는지 확인되지 않는다고 주장했다. 이 다큐멘터리는 부수어획, 플라스틱 오염, 강제 노동 등을 포함해 전 세계 수산물 산업이 자행하는 나쁜 행태와 환경에 미치는 부정적인 영향을 보여주면서 '돌고래 안전' 인증 체계의 허점도 고발했다.

'돌고래 안전' 라벨은 어로작업 중 돌고래 등 해양 포유류를 죽이는 것을 최소화하기 위해 고안된 마크다. '돌고래 안전' 라벨이 붙은 참치 통조림은 통조림 안의 참치를 잡을 때 돌고래에게 해롭지 않은 어로방법을 사용했음을 주장하는 기호다.[14]

---

11 황수정. (2015). [녹색소비생활 환경라벨링 디자인 표현연구 : 탄소성적표지 제도를 중심으로], (p 5).

12 고태원. [환경표지제도에 대한 이해와 효율적인 운영 방향]. 한국환경산업기술원, (47), (p 2).

13 박지은, 이양기, 김영림. (2021). [TBT협정하의 탄소 라벨링에 관한 충돌가능성 검토 -WTO 분쟁사례를 중심으로-]. 통상정보연구, 23(2), (p 171).

14 Code of Federal Regulation Subpart H - Dolphin Safe Tuna Labeling.

돌고래는 주로 큰 참다랑어와 같이 헤엄치기 때문에 동부 열대 태평양과 지중해에서 참치 어업의 부수어획으로 돌고래가 많이 죽거나 다친다.[15] 에콰도르에서는 매년 2500~5000마리의 작은 고래가 부수어획으로 살처분된다고 추정된다. 말레이시아 소규모 어장에서도 부수어획으로 돌고래 개체 수를 유지하기 어려워졌다.[16]

1972년 〔해양포유류보호법〕을 제정한 미국은 1988년에 돌고래 안전 보장을 담은 내용으로 이 법을 개정했다. 이에 따라 해양포유류 어획을 제한하는 미국 수준의 프로그램이 있거나 돌고래 등 부수적 해양포유류의 평균 어획률이 미국 어선과 비교가능한 수준이라고 인정되지 않는 국가로부터 참치 수입을 1990년 8월 금지했다. 미국의 수입금지 대상국이 된 멕시코와 유럽은 미국의 조치에 반발해 각각 1990년과 1992년에 '관세 및 무역에 관한 일반협정(GATT)'에 제소했고, 미국이 졌다.

GATT 분쟁의 와중인 1990년 미국은 '돌고래 안전' 라벨링의 표준을 정비하고 어로방법 등 관련 규제를 강화할 목적으로 〔돌고래 보호 소비자 정보법(DPCIA, Dolphin Protection Consumer Information Act)〕을 제정했다. 참치어업으로 인한 돌고래 희생에 국민적 공분이 일자 미국 참치업계는 자체적으로 '부수

[그림 5-2] 돌고래 안전 라벨

15 NOAA Fisheries, 'Frequent Questions: Dolphin-Safe'.

16 Maria João Cruz & others. (2012) [Estimating common dolphin bycatch in the pole-and-line tuna fishery in the Azores].

어획' 회피 등 '돌고래 안전' 조치를 취했고 그 표시로 '돌고래 안전' 마크를 사용하기 시작했다. 미국은 '돌고래 안전' 라벨에 공신력을 부여하려는 취지에서 DPCIA를 통해 기존 업계 차원의 라벨링을 통합하고 표준화하게 된다.[17]

돌고래 등 해양포유류를 보호하려는 노력이 민관 양쪽에서 조금씩 모색된 가운데 1980년대 참치어업의 부수어획으로 돌고래의 희생이 사회문제로 비화하면서 참치업계가 자체적으로 '돌고래 안전' 라벨을 만들어 사용한 데 이어 정부 차원에서 아예 라벨링을 도입해 시장을 돌고래를 보호하는 방향으로 제도화한 것이 1980년대 중반~1990년대 미국의 상황이었다.

멕시코는 미국의 '돌고래 안전' 라벨링이 멕시코산 참치 제품의 수입을 막는 차별적인 기술규정이라고 판단하여 2008년 10월 이번에는 GATT의 후신인 세계무역기구(WTO)에 제소했다. WTO 상소기구는 미국의 '돌고래 안전' 라벨링이 멕시코산 참치 제품을 차별하여 WTO 비차별 의무를 위반하였다고 판결했다. 2013년에 미국이 '돌고래 안전' 라벨링 규정을 일부 수정했지만 WTO는 조치가 충분하지 않다고 판단했다.[18] 미국은 2016년에 라벨링 규정을 다시 고쳤고 WTO가 2016년의 미국 개정안이 타당하다고 결정하여 약 30년에 걸친 미국과 멕시코 사이의 참치분쟁이 종결됐다. 그러나 해당 기간에 멕시코산 참치제품은 미국시장에서 배제됐고, 멕시코는 2017년 WTO에서 연간 1억6000만 달

---

17 박지은, 이양기, 김영림. (2021). [TBT협정하의 탄소 라벨링에 관한 충돌가능성 검토 -WTO 분쟁사례를 중심으로-]. 통상정보연구, 23(2), (p 159-178).

18 WTO 판결문 모음(https://www.wto.org/).

러 규모로 미국에 대한 보복관세를 승인받은 것으로 만족해야 했다. 미국은 무역분쟁까지 감수하며 자국의 '돌고래 안전' 라벨링을 사수했고, 미국만큼은 아니지만 세계 전역에서 '돌고래 안전' 라벨이 통용되고 있다. 일국 표준이 세계 표준으로 확산하는 양상이다.

그러나 '돌고래 안전' 라벨링이 해양포유류를 보호하는 유효한 수단은 아니라는 고발이 새롭게 나오면서 '돌고래 안전'이 다시 국제적 논란의 대상이 되고 있다.

DPCIA에 따르면 라벨을 받기 위해서는 선장 또는 국가/국제프로그램에 참여하는 감시관(observer)이, 조업 동안 의도적인 건착망 설치 및 사용을 하지 않았고 돌고래의 심각한 사상이 없었다고 서면으로 인증해야 한다.[19] 다큐멘터리 〈씨스파라시〉에 따르면 '돌고래 안전' 라벨은 보기 좋은 마크일 뿐, 정말 돌고래를 보호하는 라벨은 아니다. 감시관이 있지만 매번 승선하지 않았고, 선장이 그랬다고 하면 믿는 방식이거나 은밀한 뒷거래로 라벨을 판매하기도 했다. 인증의 진실성을 개인의 양심에 맡기는 수준이라는 고발이었다.

라벨링 제도가 확산해 소비자가 윤리적인 소비를 하도록 돕는 것은 중요한 일이다. 그러려면 라벨을 믿을 수 있게 라벨 운용에 엄격한 체계가 적용돼야 한다. 라벨 신뢰도와 가치를 함께 높이는 방법이다.[20] 라벨 제도가 정착해 소비문화로까지 이어지기 위해서는 신뢰할 수 있는 제3의 기관의 보증, 꾸준한 관리·감독 등 지속적인 제도적 보완이 필요하다.[21]

---

19 Dolphin Protection Consumer Information Act.

20 윤선희, 나건.(2015). [환경라벨링 제도의 사례연구 및 통합 필요성과 적용방안]. 디지털디자인학연구, 15(3), (p 467-476).

21 김광석, 박경원, 박기완. (2014). [탄소 라벨링 브랜드 충성도를 결정하는 요인: 가치-태도-행

우리나라 탄소 라벨링

환경 정보를 라벨링하는 것처럼 탄소배출 관련 정보도 라벨링하고 있다. 탄소 라벨링은 단위 제품과 서비스의 전과정(Life Cycle)에서 발생하는 온실가스 배출량을 표시하는 제도다. 우리나라에서는 〔탄소성적표지제도〕라는 명칭으로 시행되다가 현재 〔환경성적표지제도〕에 통합되어 시행되고 있다. 이 제도를 통해 특정 제품이나 서비스를 사용함으로써 기후변화에 얼마나 영향을 미쳤는지 평가할 수 있다.[22]

탄소성적표지는 〔환경기술개발 및 지원에 관한 법률〕 제18조에 근거하여 2009년 2월 시행됐다. 2011년 11월엔 저탄소제품 인증을 시작했다. 생활용품, 소모품, 식음료품, 건설자재, 가전기기 등과 관련된 제품 전반의 탄소 배출량 정보를 공개하고 시장주도의 저탄소 소비문화를 확산하는 데 목적이 있다. 2014년 9월엔 탄소중립 인증제를 도입했으나, 2017년 4월 〔환경성적표지 인증업무 규정〕 개정으로 탄소중립 인증은 폐지돼 현재 우리나라 탄소발자국 인증제도는 총 2단계로 구성된다. 1단계는 탄소발자국이 포함된 환경성적 인증, 2단계는 저탄소제품 인증이다.[23]

탄소성적표지제도는 2016년 7월에 환경성적표지 제도로 통합됐다.

동 모형의 적용]. 환경정책연구, 13(3), (p 111-112).

22 남재작. (2010). [탄소성적표지제도 시행 및 발전방향]. 포장계. (p 52).

23 김문태, 이세미, 김성현. (2019). [탄소성적표에 의한 저탄소제품인증이 기업가치에 미치는 영향]. 국제회계연구, 85, (p 30).

[그림 5-3] 환경성적 표지 인증

환경성적표지는 제품 및 서비스의 원료채취, 생산, 수송·유통, 사용, 폐기 등 모든 과정의 환경영향을 계량적으로 표시하여 라벨 형태로 제품에 부착하는 제도다. 탄소발자국(기후변화에 미치는 영향), 물발자국(수질 및 수자원에 미치는 영향), 자원발자국(폐기물발생 및 자원순환에 미치는 영향), 오존층영향(대기질에 미치는 영향), 산성비(토양환경에 미치는 영향), 부영양화(수질 및 수자원에 미치는 영향), 광화학 스모그(대기질에 미치는 영향)의 7가지 영향범주를 포함한다. 범주별 환경 정보를 7개의 성적표로 발급해 환경에 미치는 정도를 보여준다.[24]

저탄소제품은 〔녹색제품 구매촉진에 관한 법률〕에 따라 온실가스 배출량을 줄였음을 인증받은 제품이다. 환경성적표지 인증을 받은 제품 중 저탄소제품 기준 고시에 적합할 때 인증받을 수 있다. 저탄소제품 인증은 대상 제품의 환경성적표지 환경성 정보 중 탄소발자국 값이 최대허용 탄소배출량 이하이거나 최소 탄소감축률 이상이어야 한다. 최대허용 탄소배출량은 저탄소제품 신청일의 이전 분기부터 과거 6년 이내 동종제품 환경성적표지 탄소배출량의 평균값이고 최소 탄소감축률은 저

24 (2015). [Hot Issue - ISO 14000s와 탄소성적표지]. 포장계, 268, (p 107).

탄소제품으로 인정받기 위해 감축해야 할 탄소배출량의 최소비율(3.3%)이다.

현재 우리나라 탄소 라벨링 제도는 환경부가 총괄 운영하고 〔한국환경산업기술원〕과 〔환경보전협회〕가 지침과 교육, 인증 및 사후 관리를 하는 등 세부 운영을 담당한다.

탄소 라벨링 해외 사례

탄소 라벨링 제도는 이산화탄소 배출 저감을 위한 국가 정책인 동시에 제품의 소비자 선호도를 향상하는 기업 전략이다. 기업은 제품의 온실가스 배출량 정보를 공개하여 소비자가 저탄소제품을 구매하도록 유도하고, 이러한 소비자 선택은 궁극적으로 제조업의 생산구조 변화를 가져오게 한다. 탄소 라벨링은 저탄소 생산과 소비를 연결하여 저탄소 녹색성장을 유도할 수 있도록 다양한 나라에서 시행 중이다.[25]

영국

영국은 2008년 세계 최초로 탄소성적표지 제도를 도입한 나라다. 이 제도는 2001년 영국 정부가 설립한 비영리법인 〔카본트러스트(CarbonTrust)〕가 운영하고 있다. 기업이 자발적으로 참여하는 방식으로, 인증을 받은 제품에 한해 2년간 탄소 라벨을 부착할 수 있다. 하지만 2년이 지나고 제품의 온실가스를 이전보다

25 김광석, 박경원, 박기완. (2014). [탄소 라벨링 브랜드 충성도를 결정하는 요인: 가치-태도-행동 모형의 적용]. 환경정책연구, 13(3), (p 112).

줄이지 않으면 다시 라벨을 부착할 수 없게 규정했다.[26]

영국의 탄소 라벨 유형은 총 7가지다.

① 탄소 측정 라벨(CO2 Measured label)

② 탄소저감 라벨(Reducing CO2 label)

③ 탄소 패키징 감소 라벨(Reducing CO2 Packaging label)

④ 카본 뉴트럴 라벨(Carbon Neutral label)

⑤ 탄소 중립 포장 라벨(Carbon Neutral Packaging label)

⑥ 낮은 탄소 라벨(Lower CO2 label)

⑦ 100% 재생 가능 전기 라벨(100% Renewable Electricity label)

그중 '탄소 측정 라벨'은 제품의 탄소발자국을 측정하고 인증됐음을 보여주며, PAS2050, GHG 프로토콜 제품 표준 또는 ISO14067과 같이 국제적으로 인정받는 표준에 부합해야 한다. '탄소저감 라벨'은 제품의 탄소발자국이 해마다 감소하고 있고, 회사가 지속적인 탄소 배출 감소를 달성하기 위해 최선을 다하고 있음을 보여주는 인증 표지이다. '낮은 탄소 라벨'은 제품의 전과정에서 발생하는 탄소가 같은 종류의 제품이 배출하는 탄소발자국보다 낮을 때 받을 수 있다.[27]

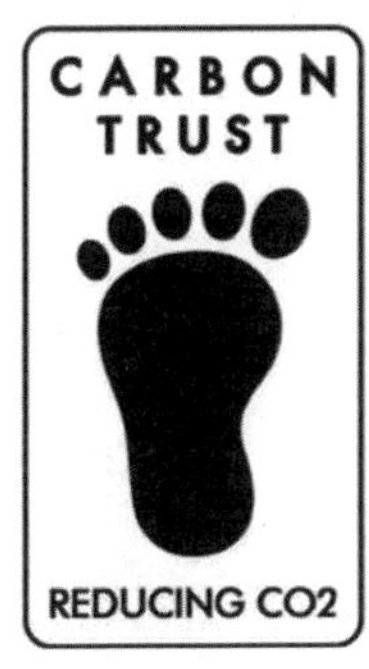

[그림 5-4] 카본트러스트 탄소저감 라벨

〔삼성전자〕의 차세대 메모리 반도체 제품 20종이 2021년 11월 〔카본 트러스트〕로부터 '탄소

26 황수정. (2015). [녹색소비생활 환경라벨링 디자인 표현연구 : 탄소성적표지 제도를 중심으로]. (p 22).

27 CarbonTrust 홈페이지(https://www.carbontrust.com/).

발자국 인증'을 받았다. 2020년에 '탄소발자국' 인증을 받은 메모리 반도체 5종의 후속 제품은 '탄소저감 인증'을 받았다. 이 5개 제품의 생산 과정에서 저감한 탄소 배출량을 환산하면 약 68만 톤으로, 30년생 소나무 약 1억 그루가 한 해 흡수하는 탄소량과 동일하다는 게 〔삼성전자〕의 설명이다.[28]

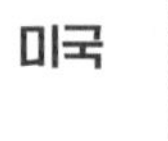

미국의 탄소 라벨 중 하나는 미국의 민간 기관인 〔카본 펀드(The Carbon Fund)〕가 2007년에 도입한 탄소 프리 인증 라벨(Carbon Free Certified label)이다. 이 라벨을 인증받기 위해서는 탄소 프리(Carbon Free) 제품 인증 프로그램을 통해 온실가스 배출량에 관한 전과정 평가(LCA)를 받아야 한다. 라벨 사용을 승인받은 업체는 특정 제품과 관련된 온실가스 배출을 줄여야 한다. 탄소 프리 인증 라벨은 소비자가 저탄소제품을 식별하도록 돕는 것보다 기업의 사회적

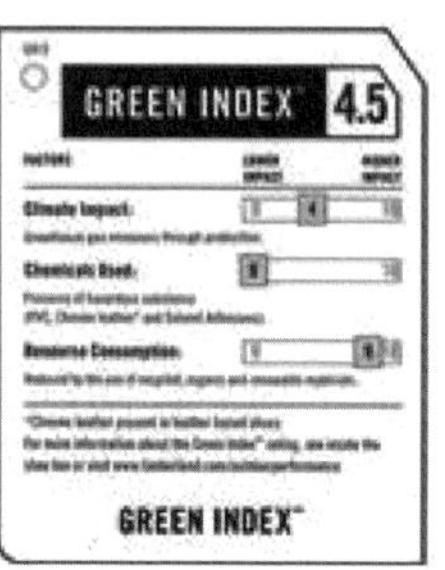

[그림 5-5] 카본 펀드의 탄소 프리 인증 라벨(좌), [팀버랜드] 그린 지수 라벨(중), 기후양심제품 라벨(우)

---

28 김상윤. (21.11.22.). "30년생 소나무 1억 그루 심은 효과 낸 … 비결은?". 이데일리.

책임에 대한 제조업체의 기여도를 입증하는 데 더 중점을 둔다.

미국 회사 〔팀버랜드〕는 탄소 LCA에 기초한 〈팀버랜드 그린 지수(Timberland Green Index)〉를 도입했다. 이 그린 지수는 〔팀버랜드〕가 생산하는 제품이 환경에 미치는 영향을 측정한 것이다. 원자재에서 완제품까지 환경 발자국을 측정하기 위해 만들어진 시스템을 사용해 1에서 10까지의 등급으로 제품을 구분한다. 점수가 낮을수록 환경발자국이 더 낮다. 온실가스 배출뿐 아니라 유해물질의 유무, 재활용 가능성, 혹은 재생가능 재료의 비율 등을 종합적으로 평가한다.[29]

미국 스탠포드 대학의 연구원(研究員)들이 설립한 〔The Climate Conservancy(TCC)〕는 2008년부터 기후양심제품(Climate Conscious Product) 라벨을 운영하고 있다. 이 라벨은 녹색 소비주의에 대응하고 구매자들의 환경 양심을 높이기 위해 고안됐다. 미국 GDP를 기준으로 제품 가격에 대한 탄소 배출량을 산정해 등급별로 라벨을 부착한다. 배출량 정도에 따라 플래티넘, 실버, 골드 등급으로 나누어 라벨을 부여한다. 동일 제품군 비교를 통해 전과정의 온실가스 배출량을 10~40% 감축하면 실버, 41~70% 골드, 71% 이상 플래티넘 라벨을 부여하는 방식으로 차별화하였다.[30]

---

29 Tiantian Liu a, Qunwei Wang, Bin Su. (2016). [A review of carbon labeling: Standards, implementation and impact]. (p 73-74).

30 남재작. (2010). [탄소성적표지제도 시행 및 발전방향]. 포장계. (p 56).

태국

미국과 유럽에서 비영리 단체가 탄소발자국 제도를 주도하는 반면 아시아에서는 정부가 주도하거나 정부 지원 아래 운영된다. 태국은 탄소성적표지제도를 안정적으로 운영하는 나라 중 하나다. 태국은 2008년에 설립된 천연자원·환경부 산하의 정부 기관인 〔태국온실가스관리기구(TGO)〕에서 탄소 라벨링 제도를 시행하고 있다. 〔TGO〕는 태국의 청정개발체제(CDM) 국가지정기구로 온실가스 감축 관련 업무를 담당하는 기관이다.[31]

〔TGO〕에서는 태국환경연구원과 협력하여 탄소감축라벨(Carbon Reduction Label) 제도를 담당한다. 온실가스 배출량 10% 감축, 바이오매스나 폐기물로 생산된 전기 사용, 에너지 효율이 높은 기술 채택 중 하나의 기준을 충족하면 탄소감축라벨 워킹그룹 평가를 거쳐 라벨을 사용할 수 있다.[32] 태국의 탄소감축라벨은 제품의 연료채취, 생산, 운송, 사용, 폐기되기까지 전과정이 아닌 생산과정에서 탄소 배출량을 낮췄다는 것을 증명해야 한다.[33]

[그림 5-6] 태국의 탄소감축 라벨

31 홍은아. (2012). [세계의 탄소발자국 현주소와 향후 과제]. 한국환경산업기술원. (p 6-7).

32 홍은아. (2012). [세계의 탄소발자국 현주소와 향후 과제]. 한국환경산업기술원. (p 6-7).

33 Tiantian Liu a, Qunwei Wang, Bin Su. (2016). [A review of carbon labeling: Standards, implementation and impact]. (p 74).

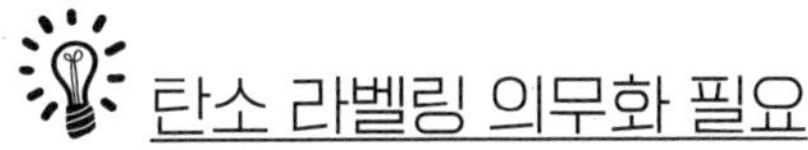

탄소 라벨링 의무화 필요

현재 탄소 라벨링은 법적 강제 인증제도가 아니라 기업의 자율적인 참여에 의한 임의 인증제도다. 제안서를 작성하여 〔한국환경산업기술원〕에 접수하면, 〔한국환경산업기술원〕이 검토 후 대상제품을 선정한다. 만약 칼로리나 영양정보를 표기한 식품영양정보처럼 일부 제품군부터 탄소 배출량을 의무적으로 표기하게 하면 어떨까.

탄소 라벨 의무화가 실현 불가능한 이야기는 아니다. 우리나라에서 시행하고 있는 라벨 중 하나인 축산물안전관리인증기준(HACCP)은 2002년에 도축업 등에 의무적용됐다. 축산물 안전을 위해 HACCP 인증 대상을 점차 확대하여 관리한다. HACCP은 식품의 원재료부터 제조, 가공, 보존, 유통, 조리단계를 거쳐 최종소비자가 섭취하기 전까지 각 단계에서 발생할 우려가 있는 위해요소를 규명하고, 식품의 안전성을 확보하기 위한 자율적인 위생관리체계다. 우리나라는 1995년 식품위생법에 HACCP 규정을 신설하고, 1997년부터 축산물의 생산·사료·가공·유통의 모든 분야에 적용하였으며, 위해 발생 가능성이 크고 국민이 많이 소비하는 식품의 안전성을 사전에 확보하기 위해 전술한 대로 2002년 HACCP 의무적용 품목을 규정했다.

2003년 어묵류, 냉동수산식품, 냉동식품, 빙과류, 비가열음료, 레토르트 등 6개 식품, 2006년 배추김치로 의무적용 대상을 확대했다. 연 매출액과 종업원 수에 따라 총 4단계에 걸쳐 단계적으로 HACCP 의무적

용 범위를 넓히고 있다.[34]

[그림 5-7] 에너지효율등급

에너지소비효율 등급처럼 동종업계에서 탄소 배출량을 단계별로 구분해 라벨링을 하는 방향을 생각해볼 수 있다. 에너지소비효율 마크는 오랫동안 사용됐기에 소비자에게 친숙하며, 거의 모든 가정용 전기제품에서 찾아볼 수 있다. 단순히 합격·불합격이 아니라 다양한 정보를 제공하는 마크이기 때문에 소비자의 알고자 하는 욕구를 채워주며, 구매에 영향을 미칠 수 있다. 탄소 배출량이 등급제로 표시되면 동종제품 내에서 비교하며 구매할 수 있기 때문에 저탄소 소비에 기여할 수 있다.[35]

에너지소비효율 등급표시제는 에너지를 많이 소비하고 보급률이 높은 제품에 대해 에너지 소비효율 등급표시를 의무화해, 소비자 선택을 통한 에너지 절약형 제품의 생산 및 판매를 유도할 목적으로 1992년부터 시행되고 있다. 국내 제조업자와 수입업자는 표시대상 제품을 만들 때 에너지소비효율 또는 에너지 사용량에 따라 1~5등급으로 나눠 에너지소비효율 등급 라벨을 부착해야 한다. 에너지효율 기준의 하한선인 최저 소비효율 기준을 충족하는 건 의무사항이다.[36]

에너지소비효율 등급표시제처럼 등급화 탄소 라벨제를 도입하기 위

---

34 구경민 외. (2021). [HACCP 인증 현황 및 발전방안]. 식품과학과 산업, 54(2), (p 64-65).

35 나동규 외. (2017). [소비자 신뢰도를 높인 친환경 인증마크의 등급제 제안]. 한국의류학회지, 41(5), (p 792).

36 임기추. (2015). [에너지소비효율등급제 사후관리 개선방안 연구]. 에너지공학, 24(2), (p 180).

해서는 먼저 탄소 배출량이 측정된 제품의 수가 현재보다 많아져야 한다. 등급화를 위해서는 통계적으로 유의미한 수준의 유사 제품군별 인증제품이 존재해야 하기 때문이다. 2022년 2월 8일 기준 총 324개 기업의 1464개 제품이 환경성적표지 인증을 받았다. 그중 102개 기업의 324개 제품이 저탄소제품이다. [환경산업기술원] 나주희 연구원은 "인증제품의 탄소발자국 값 기반 등급별 기준을 설정하기 위해서는 환경성적표지 및 저탄소제품이 우선적으로 확산돼야 한다"고 말했다.

인증을 위한 데이터 분석과 전과정평가(LCA) 및 검증에 따른 시간과 비용이 소요되기 때문에 정부는 기업참여를 이끌 정책을 마련해야 한다. 의무화에 참여하지 않으면 벌금을 물리거나 반대로 의무화 참여 시 인센티브를 제공하는 방안을 검토할 수 있다.

탄소 라벨, 저탄소 소비문화 조성의 촉매

탄소 라벨은, 제품이 인체에 미치는 영향을 전하는 식품영양 정보와 유사하게 앞으로 소비자에게 제품이 환경에 미치는 영향을 알려주는 역할을 할 것이다. 영국의 육류 대체 브랜드인 [퀀 푸드]는 자사 제품의 60%에 대해 탄소발자국을 제공한다. [퀀 푸드]의 이사 샘 블런트는 언론 인터뷰에서 "건강을 위해 식품영양 정보를 확인하는 것처럼 소비자가 식품의 환경 영향을 관리할 수 있도록 탄소 배출량 데이터를 제공하는 것이 필수적이라 생각한다"라고 말했다.[37] [퀀 푸드]는 카본트러스트 인증을 받아 소비자가 제품을 구매할 때 탄소발자국 정보를 확인할 수 있도록 했다. 2021년 말까지 전 제품의 탄소발자국을 공개하는 것이 [퀀 푸드]의 목표다.[38]

탄소 배출량을 측정하거나 라벨을 제공하는 것은 비용이 많이 드는 작업이긴 하다. 안치용 ESG연구소장은 "저탄소, 혹은 탄소중립은 국가적으로나 세계적으로 사활적 의제가 된 만큼 탄소측정은 곧 경제와 사회의 기반 정보가 되지 않을 수 없다"며 "시장에서 이뤄지는 상품에 대한 다양한 평가 중에서 탄소발자국 평가는 최우선할 날이 그리 먼 미래는 아니다"라고 말했다. 소비와 생활에서 탄소를 절감하려면 탄소발자국 평가가 있어야 하고, 라벨링을 통해 평가결과를 소비자에게 전하는 게 가장 현실적이고 효과적인 수단이다.

---

37 Forbes. (2020.7). [Carbon Labels Are Finally Coming To The Food And Beverage Industry].

38 퀀 푸드 홈페이지(https://www.quorn.co.uk/carbon-footprint).

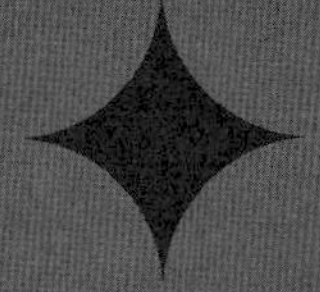

6장

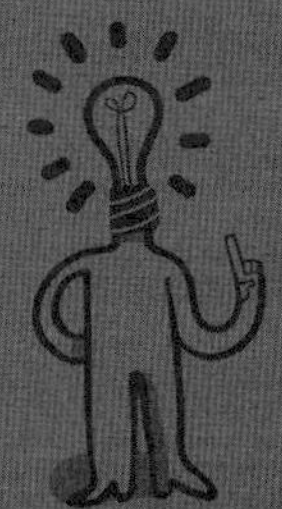

탄소를 줄이는 활동만으로도 먹고 살 수 있는 세상은 불가능할까

탄소저감은 기후변화에 대응하기 위한 가장 기본적 요소이며 시급한 실천과제이기 때문에 우리나라는 기후위기에 더욱 능동적으로 대응할 필요가 있으며, 특히 민간 부문의 적극적 참여, 행동 변화와 실천 노력이 필요하다. 개인의 탄소저감 활동을 공공근로로 도입하고, 지역화폐처럼 계량화하고 배출권처럼 산정하여 참여소득으로 지급하며, 탄소상쇄시장을 시민사회까지 포괄하여 연결하여 운영하는 등 다양한 형태의 탄소소득 도입과 확산을 적극적으로 검토할 시점이다.

참여소득이란 무엇일까

참여소득은 영국의 진보적 경제학자 토니 앳킨슨이 1996년 처음 제시한 소득보장 제도로, 공동체 내에서 사회적 기여 활동을 하는 모든 구성원에게 정부가 일정한 소득을 지급하는 모델이다.[1] 참여소득은 사회적 권리의 보장과 함께 사회적 의무와 참여의 의무를 통합적으로 고려한다. 비록 국가 혹은 공동체가 참여소득을 통해 사회적으로 요구된 필요 서비스를 모두 충족시킬 노동(혹은 의무)을 강제할 수는 없지만, 사회적 조정의 영역을 확장해 달성 가능성을 높일 수 있다.[2]

참여소득은 시민사회 활성화와 사회적 연대를 끌어낼 수 있다. 참여소득의 주요 특징 중 하나는 시민의 자율적 선택을 최대한 보장한다는

1 김정훈, 최석현. (2018). [사회적 시민권과 참여소득에 관한 소고]. 지역발전연구, 27(3). (p 121).

2 같은 글.

점이다. 국가가 사회적 기여노동의 범위를 상당히 폭넓게 설정하고 어떤 구체적 형태의 노동을 강제하지 않는다. 시민은 사회적으로 유용한 일이 무엇이고, 그것이 자신의 노동력과 결부될 가능성(선호도, 경력개발, 의미부여 등)을 자율적으로 판단하여 결정할 수 있다.[3] 더불어 사는 사회에서는 누군가의 배려와 협력으로 모자란 사람을 채워주는 일련의 일(work) 또는 참여가, 생산하고 보존하고 지속해야 하는 의무라는 윤리적 차원의 개념을 모두에게 적용할 수 있다. 일종의 공유지(commons) 개념 아래에서 그것이 우리 모두의 소유라는 전제가 성립한다면 그렇다.[4] 나아가 '모두에게 보편적이고 동시에 무조건적인' 기본소득 이상(理想)이 정치적 수용 가능성을 확보하기 어려운 데 반해, 참여소득은 더욱 빠른 사회적 합의를 통해 수월하게 도입할 수 있다는 장점이 있다.[5]

참여소득과 공공근로

공공근로 사업은 1997년 외환위기 이후 저소득 실직자에게 한시적으로 일자리를 제공하여 생활 안정을 도모하고 근로의욕을 유지해 재취업을 지원하고자 1998년 5월부터 실시하고 있는 사업이다. 사회안전망 바깥에 있는 저소득층에게 정부가 한시적이나마 제도적으로 일자리를 제

3 같은 글.

4 이상준. "참여소득, 캐퍼빌러티 그리고 적극적 노동시장 정책". 시민과세계. (2021): 107-160. (p 119).

5 조남경. (2017). [기본소득 전략의 빈곤 비판: 호혜성, 노동윤리, 그리고 통제와 권리]. 사회보장연구, 33(3), (p 259).

공해서 최소한의 생계를 보장해주는, 사회보장의 보완적 장치다. 생계에 필요한 비용을 정부가 거저 주는 것이 아니라, 아직 근로 능력과 의욕이 있는 사람이니만큼 일하게 하고 노동력의 대가 형태로 지급하는 정책이다.[6] 깨끗한 도시환경 조성사업, 데이터베이스 구축사업,[7] 시내버스 방역사업[8] 등 지자체 사업을 통해 최근까지 취약계층을 대상으로 활발히 운영되고 있다.

지자체에서 운영하는 공공근로 중 환경 부문 사업을 대폭 확장하여, 시민이 참여할 수 있는 탄소저감 활동과 참여소득을 연결 짓는 방안이 가장 손쉬운 탄소소득의 사례가 될 수 있다.

우리나라는 2018년에 '국민 참여 예산제도'를 도입했다. '시민의 사업제안 → 각 부처의 적정성 검토 → 예산국민참여단의 결정' 과정을 거치는데, 2019년부터는 사회의 난제 중에 '올해의 이슈'를 선정해 토론을 벌이는 과정이 추가되어 미세먼지, 취약계층 지원, 자살 등 생활 밀착형 사업이 제안되었다. 정부 예산에 대한 국민의 관심을 높이고 사회문제에 국민이 직접 참여하는 영역을 넓힌다는 측면에서 유용한 제도다. 이 제도를 참여소득과 연계한다면, 선정된 사업에 시민이 참여할 수 있도록 하여 참여소득을 지급할 수 있다. 이 밖에 노동조합, 협동조합 등의 활동은 '시민정치'를 촉진할 수 있으므로 사회참여 소득에 부합한다는

---

6 신명호. (1999). [기획특집 : 실업대책으로서의 공공근로사업; "공공근로"를 위한 변론]. 도시와 빈곤, 37(0), (p 46-49).

7 임충식. (2021.9.28.). "전주시, 4단계 공공근로사업 실시…취약계층 122명 참여", 뉴스1.

8 정예준. (2021.9.27.). "대전시 공공근로자 132명 시내버스 방역활동에 배치", 데일리한국.

견해가 있다.[9]

통영 선촌마을, 참여소득 모델의 국내 성공 사례

국내에는 이미 참여소득 모델을 환경 부문에 적용한 성공적인 사례가 있다. 경상남도 통영시 선촌마을의 '견내량 해양쓰레기 정화사업'은 참여자가 한 달에 약 10만 원의 참여소득을 벌 수 있어 지역 주민에게 호응을 얻었다.

이 사업은 〔통영거제환경운동연합〕이 〔사회복지공동모금회〕의 '나눔과 꿈' 사업 공모에 당선돼 5억 원의 예산을 받아 2018~2020년 약 3년에 걸쳐 통영시 용남면 주변 해역에서 진행됐다. 어구와 선상 무단투기로 바다를 오염시킨 가해자이자 동시에 해양 오염으로 수산물 생산 감소 손해를 입은 피해자인 어민의 의식과 행동의 변화를 꾀하자는 취지로 이 사업이 시작되었다.

환경연합은 핵심 참여자와 주변 참여자를 모집해 해변 및 침적 해양쓰레기 수거 활동을 벌였다. 핵심 참여자는 화삼 어촌계 소속의 선촌마을 어민이고, 주변 참여자는 인근 5개 지역의 어촌계, 마을회, 노인회, 부녀회, 통영지역 고교환경 동아리 등 직접 어업에 종사하거나 어촌에 사는 사람이다. 사업을 통해 매년 1톤 트럭 300대 분량의 해변 해양쓰레기와 60톤 분량의 침적 해양쓰레기가 수거되었다. 정화 활동 시간은 하

9 심현주. (2019). [기본소득과 노동소득 사이의 분배정의 : 공유재와 노동의 가치를 결합한 분배 방안 모색]. 윤리연구, 125(0), (p 121).

루 5시간으로 한정하여 노동 강도를 적절히 안배하였으며, 정화 활동을 통해 어민이 얻는 소득은 1년 8개월 동안 주 1회, 1일 5시간 일하여 1인당 200만 원 정도였다.

인상적인 사실은 이 사업을 통해 지역 참여자들의 의식 및 행동에 변화가 있었다는 점이다. 처음부터 이 마을 주민들이 해양쓰레기 문제에 관심이 있었던 것은 아니었다. 어민들은 조업을 나갔다가 발생한 쓰레기를 대충 바다에 버리곤 했다. 사업 참여 이후, 어민들이 해양쓰레기를 되가져오는 극적인 변화가 목격되었으며, 일당을 받지 않고 스스로 해변을 정화하는 주민이 생겨났다. 나아가, 통영시가 2014년과 2017년 두 차례 추진했으나 선촌마을 주민과 어민의 반대로 좌초됐던 해양보호구역 지정 안건이 주민 93%의 압도적 지지를 얻어 2020년 2월 14일 '경남 통영시 용남면 선촌마을 주변해역 해양생태계보호구역'으로 지정 고시되었다.[10] 바다를 보호하겠다는 주민의 의식이 크게 고양되었음을 보여주는 지표라고 할 수 있다. 그동안 정부가 관리한 해양쓰레기를 어민 당사자가 중심이 되어 관리한 데 이어 어민의 의식 변화까지 이루어 낸 것은 의의가 크다. 선촌마을 해변은 사업 이후 깨끗한 모습으로 변해 많은 사람이 즐겨 찾는 명소로 바뀌었으며, 법정보호종 잘피군락은 2017년 60,000㎡에서 2019년 100,000㎡까지 넓어졌다.[11]

이 사업에 참여한 주민은 시간당 1만 원을 받는다. 주민이 돌아가며

---

10 해양수산부 해양생태과 보도자료. (2020. 2. 13.). "통영시 선촌마을 앞바다, 해양보호구역으로 지정". 해양수산부.

11 정용재. (2020. 12. 31.). "견내량 해양쓰레기 정화사업, 해양보호구역 지정 성과 마무리". 문화마당.

일을 하므로 한 사람이 받는 돈은 한 달에 10만 원 남짓이다. 정부 사업에 참여해 돈을 받으니 얼핏 정부의 여느 공공일자리 사업처럼 보이지만, 중요한 차이점이 있다. 해양보호구역 지정이 이 마을 주민들의 자발적인 요청으로 이뤄졌고, 사업의 내용을 정부가 아니라 주민이 주도했다.[12]

선촌마을 사업은, 시민이 사회적으로 유용한 일과 자신의 노동력을 결부할 가능성을 자율적으로 판단하여 결정했으며, 공유지에 관한 윤리적 의무로까지 이어진 성공적인 사례다.

현행 탄소저감 활동의 참여소득화 제도

현재 탄소저감 활동을 소득화할 수 있는 프로그램은 〈탄소중립포인트 에너지제(구 탄소포인트, 이하 탄소중립포인트제)〉로, 2009년부터 정부와 지자체 차원에서 시행 중이다. 전기, 수도, 도시가스 등의 에너지 절감량에 포인트를 지급하고 이에 상응하는 인센티브를 제공하는 시민참여 온실가스 감축 프로그램이다. 환경부가 〈탄소중립포인트제〉를 총괄하고 각 지자체가 에코마일리지(서울시), 탄소은행(광주시), Carbon Down(과천시), 에버그린 환경인증제(안산시) 등의 이름으로 운영한다. 탄소포인트는 계량기로 산정한 전 분기 대비 절감량을 이산화탄소 감축량으로 환산하여 부여한다. 포인트는 개인과 법인(상업) 및 학교는 연 2

12 조혜정. (2021.5.29.). "쓰레기 주웠더니 '한 달 10만 원' 용돈까지… 통영, 참여소득 실험의 심장이 되다". 한겨레.

회 현금, 상품권, 교통카드, 쓰레기종량제 봉투, 그린카드 포인트 등으로 지급되고 단지(아파트 등 공동주택)는 연 1회 평가로 지급된다.

〈탄소중립포인트제〉는 인센티브의 규모가 작아 시민 체감효과가 크지 않고, 인식개선 효과가 작으며 생활양식의 변화를 유도하기 힘들다는 비판을 받고 있다. 또한 정부에서 단독으로 운영하는 〈탄소중립포인트제〉는 관리인력 부족, 정부 주도 프로그램 특유의 경직성, 재원 확보 등이 문제로 제기된다. 이에 따라 일각에서는 탄소저감 활동의 소득화 제도를 민간 주체와 역할을 분담하며 확대해야 한다는 대안을 내어놓는다.

현행 〈탄소중립포인트제〉는 가정 또는 빌딩용 계량기를 통한 사용량만을 산정해 포인트를 지급하지만 이외에 개인 단위에서 탄소발자국을 줄이기 위해 실천하는 다양한 방법을 통해 포인트를 제공하는 〈탄소중립실천포인트제〉도 2021년 말부터 도입되었다. 〈탄소중립실천포인트제〉는 6가지 항목에 대해 포인트를 인센티브로 제공한다. 전자영수증, 리필스테이션, 다회용기 사용, 무공해차 대여, 친환경 상품 구매 등 6가지다. 다양한 실천을 통해 회당 최소 100원부터 최대 5천 원까지 받을 수 있으며 연간 최대 7만 원의 포인트를 적립 받을 수 있다.[13] 나아가 IT 기술과 접목하면 얼마든지 탄소중립 실천의 다양한 계량화 방법론을 찾아낼 수 있다.

---

13 한국환경공단 홈페이지[기후변화대응 역량강화] www.keco.or.kr

우리나라의 탄소저감 활동을 어떻게 확대할 것인가

현재의 기술력과 스마트폰의 보급률을 감안하면 개인 수준에서 이뤄지는 포괄적이고 다양한 탄소저감 활동의 측정과 평가가 가능하다. 민관이 협력하여 탄소저감 활동 평가 알고리즘과 애플리케이션을 개발하여 개인의 탄소저감 활동을 해당 애플리케이션에 통해 파악하는 방식을 검토할 수 있다. 예를 들어 활동사진을 애플리케이션에 올려 이미지 인식 알고리즘을 통해 활동을 인증하는 식이다. 현재 기술 수준에서 딥러닝을 이용한다면 탄소저감 활동에 대한 이미지의 식별과 분류는 어려운 일이 아니다.[14]

API(Application Programming Interface) 기반의 이미지 분류 플랫폼을 이용한 이미지 분석 및 라벨링 애플리케이션은 이미 다수 개발되어 있다. 사용자가 이미지를 올리면 알고리즘에서 라벨을 할당하고 해당 데이터를 수집하여 분석하고 통계적으로 처리하여 사용자에게 결과를 전송하는 방식이다.[15] 이 애플리케이션은 단순히 활동을 인증하는 것에 국한하지 않고 개인의 에너지 소비 상태를 점검하고 온실가스 저감 활동의 가이드라인을 제시하는 통합적인 수단이 되어야 한다.

개인은 커뮤니티 단위의 자발적 탄소 감축 활동과 지자체·기업의 탄소저감 프로젝트에 참여할 수 있다. 개인의 탄소저감 활동에 충분한 인

---

14 박평종. (2021). [인공지능 기반 이미지 생성 알고리즘과 사진]. 미학예술학연구, 62, (p 200).

15 권지혜 외. (2021). [이미지 인식 기반 의약 정보 시스템 연구개발]. 한국정보기술학회 종합학술발표논문집, (p 606-608).

센티브를 준다면, 더욱 큰 규모의 활동을 위한 커뮤니티 및 거점 공간이 자연적으로 구축될 것이며, 탄소저감 프로젝트 진행을 통해 이들이 더욱 큰 인센티브를 확보하는 선순환 구조를 형성하게 된다.

이러한 자발적 성격의 프로젝트는 해외에서 VER(Voluntary Emissions Reductions)이라는 이름으로 활성화하였다. VER은 유엔이 아닌 제3기관의 승인을 얻은 배출가스 감축 프로젝트에서 제공하는 탄소배출권이다. 국가나 정치적 단체가 아닌, 유동적이고 자율적인 지역 단체 또는 비정부기구나 산업 단위 기반의 프로젝트를 통해 승인된다.[16] 미국 남동부의 앨라배마 캐슬배리 지역에서 시행된 〔GEC Organics(GECO)〕라는 신재생 기술 개발 기업에서 2014년부터 시행하고 있는 메탄 배출 방지 프로젝트 같은 게 대표적이다. 이 프로젝트에서 〔GECO〕는 지역에서 발생하는 나무 톱밥, 목재 부스러기 등의 폐기물을 매입한다. 폐기물은 유기퇴비 생산을 위한 원료로 사용되어 지역 수준에서 폐기물 재활용을 통한 탄소 감축 효과를 거두었다.[17] 주민에게 탄소소득이라고 불릴 만한 이익이 돌아갔음은 물론이다.

해외에서는 이러한 VER 프로젝트를 인증하기 위한 제3인증기관이 다수 설립되어 있다. 해외 주요 VER 프로그램은 다음의 표와 같다.[18]

---

16 고재경. (2010). [<탄소포인트제> 평가 및 개선 방안]. Policy Brief, (40), (p 38).

17 Avoidance of Methane Emissions at Organic Compost Soil Amendment Facility. GSF Impact registry. (2015). Retrieved October 13, 2021, from.

18 출처: Carbon Offset Guide 홈페이지(offsetguide.org).

[표 6-1] VER 인증 프로그램

VER 인증 기관	VER 인증 프로그램	인증 유효 지역	인증 상쇄 크레딧
American Carbon Registry	American Carbon Registry	United States, Some International	Emission Reduction Tonne (ERT)
The Climate Action Reserve (CAR)	The Climate Action Reserve (CAR)	United States, Mexico	Climate Reserve Tonne (CRT)
The Gold Standard Foundation	The Gold Standard(GS)	International	Verified Emission Reduction (VER)
Plan Vivo Foundation	Plan Vivo	International	Plan Vivo Certificate (PVC)
Verra	The Verified Carbon Standard	International	Verified Carbon Unit (VCU)

〔골드 스탠다드(the Gold Standard)〕는 2003년에 〔세계자연기금(WWF)〕과 다양한 비정부기구의 협력으로 설립되어 세계 80여 개국에서 2000여 개 탄소저감 프로젝트를 실행하고 있으며, 2018년에는 SustainCERT라는 인증기구를 설립하여 다양한 프로젝트의 영향 평가를 수행하고 있다.[19,20] 이 기구는 다량의 데이터를 수집해 탄소 배출량 계산 및 인증 소프트웨어를 개발했고, 같은 이름의 애플리케이션을 통해 프로젝트의 평가가 쉽고 투명하게 이루어질 수 있는 플랫폼을 제공한다.[21] 프로젝트 참가자는 이 애플리케이션을 통해 자신이 참여 중인 프로젝트의 진행 상

---

19 Vision + Impacts | The Gold Standard. (2021). Goldstandard.org. (https://www.goldstandard.org/about-us/vision-and-mission).

20 About - SustainCERT. (2018). Sustain-Cert.com. (https://www.sustain-cert.com/about/).

21 SustainCERT. (2021, October 28). "SustainCERT completes $10 Million Capital Raise to Drive a #RacetotheTop in Carbon Emissions Accounting and Verification". Prnewswire.com.

태와 중간 결과를 확인할 수 있다.[22] 〔골드 스탠다드〕는 이처럼 개인이 탄소저감 프로젝트에 더 쉽게 접근할 수 있도록 다양한 방법을 강구하고 있다.

안치용 ESG연구소장은 "우리나라에서도, 기업과 정부를 대상으로 한 현재의 탄소저감 평가지표를 개인의 탄소저감 활동까지를 범용으로, 또 가시적이고 구체적으로 보여주며 일반인이 쉽게 이해할 수 있는 지표로 확대할 필요가 있다"고 말했다. 지표 개발과 객관성·정확성·신뢰성·투명성을 갖춘 제3인증기관의 설립을 통해 시민 각각의 탄소저감 활동이 탄소저감에 실제로 얼마나 이바지하는지 정확하게 산정하여 보여줄 수 있다면 탄소저감에 관한 시민의 관심과 실행력을 높일 수 있다는 생각이다. 나아가 탄소소득 산정의 기준을 제시할 수 있게 된다.

개인의 탄소저감 활동은 '추가성'을 기준으로 평가되어야 한다. 추가성은 베이스라인 시나리오, 즉 해당 활동을 하지 않았을 때와 비교하여 그 활동이 실질적인 온실가스 감축을 가져왔음을 나타내는 개념이다. 추가성의 종류는 '환경적 추가성' '재정적 추가성' '기술적 추가성' 등이 있다.[23] 이 개념은 선진국이 개발도상국에 온실가스 감축 사업을 지원하는 청정개발체제(CDM)의 평가 기준으로 사용된다. 사업을 시행한 결과

---

22 SustainCERT: Project and Reviews. (2021). SustainCERT.com.

23 기후변화에 관한 국제연합 기본협약에 대한 교토의정서 12조 5항 (나)와 (다)
"5. 각 사업 활동으로부터 발생하는 배출감축량은 다음에 기초하여, 이 의정서의 당사자회의의 역할을 수행하는 당사자총회가 지정하는 운영기구에 의하여 인증받는다.
가. 관련 각 당사자가 승인한 자발적 참여
나. 기후변화의 완화와 관련되는 실질적이고 측정가능한 장기적 이익
다. 인증받은 사업 활동이 없는 경우에 발생하는 배출량의 감축에 추가적인 배출량의 감축"

온실가스 배출량이 물리적(양적)으로 감소한 사업만 인정받게 된다.

VER에 있어서도, 알고리즘을 통해 추가성이 인증된 활동에 대해서만 추가성의 실현 정도에 따라 소득을 산정하여 지급할 수 있다.

재원 조달은 어떻게?

개인과 민간단체의 탄소저감 프로젝트에 대한 '탄소화폐' 지급 재원은 우선 세금을 고려할 수 있다. 환경세, 그중에서도 탄소세를 적극적으로 도입해 세금의 징수와 환원에 있어 지속가능발전의 긍정적 순환을 유도하자는 구상이다.

'탄소세'란 이산화탄소저감 대책의 하나로, 화석연료를 사용할 때 연료에 함유된 탄소 함유량에 비례하여 세를 부과하는 제도다. 즉 탄소세는 일종의 종량세로 탄소 배출량에 따라 세를 부과하며, 이산화탄소의 배출을 억제하는 데 목적이 있는 목적세이기도 하다.

탄소세는 일부 국가에서 1990년대부터 도입되기 시작했으며, 현재 유럽 16개국에서 시행되고 있다. 1990년 핀란드와 폴란드가 가장 먼저 탄소세를 도입했으며, 스웨덴과 노르웨이가 1991년, 덴마크가 1992년에 뒤를 따르면서 노르딕 국가들에서 탄소세는 이미 30년가량 시행된 익숙한 조세다. 과세 명분이 뚜렷하지만, 산업경쟁력에 미치는 영향이 적지 않아 탄소세 도입을 두고 경제적이고 정치적인 논란이 적지 않았다. 환경 감수성이 높은 유럽연합(EU)에서도 탄소세의 도입과정에서 산업부

문의 반대가 매우 컸다.[24]

탄소세 세수의 사용에는 두 가지 방법이 있는데, 하나는 세수의 사용 용도를 지정해 놓는 것으로 거둬들인 세수를 특별비용으로 전용하는 방식이고 다른 하나는 사용 용도를 지정하지 않는 것으로 다른 세수와 함께 징수하여 총괄적으로 사용하는 방식이다.[25] 전자와 같이 탄소세를 특별예산으로 편성하여 탄소저감 사업의 재원으로 사용한다면, 환경적 효과를 극대화하고 조세 징수의 저항을 줄일 수 있다. 관련한 긍정적 사례로는 스위스가 있다. 스위스는 탄소세수의 2/3 정도를 전 국민에게 동일한 액수로 환급하고, 나머지 1/3 정도는 건물과 주택의 에너지 절감 사업과 신재생에너지 사업 지원에 쓴다.[26]

2022년 말 EU는 〔탄소국경조정제도(CBAM)〕 최종 법안을 도출하여 2023년 10월 1일부터 3년간의 과도기간을 거쳐 2026년에 본격 시행 예정이다. 〔CBAM〕은 탄소세의 일종으로 EU의 탄소배출권 거래제(ETS)에 따른 탄소 누출 방지를 위해 탄소비용이 반영되지 않은 수입품에 대해 EU 생산제품과 동일한 수준의 탄소비용을 부과하는 제도다.[27]

세금 외에 탄소소득의 다른 재원으로는, 민간과 공공의 탄소상쇄시장(Carbon Offset Market)을 결합하여 민간 주도나 지방자치단체에서 발행된

---

24 안창남, 길병학. (2010). [우리나라 탄소세 도입방안 연구]. 조세연구, 10(2).

25 윤성혜. (2010). [중국의 탄소세 도입 배경과 전망]. 東亞法學, (49), (p 65-100).

26 조혜경. (n.d.). [스위스 탄소세 생태배당 모델, 성공적 환경정책의 모범사례로 부상하다], 14. Ser. Alternative Issue Paper). 정치경제연구소 대안.

27 1. 국무조정실 보도자료, (2022. 12. 13), EU 탄소국경조정제도(CBAM) 대응현황 점검회의.
2. 박누리, (2023. 2. 20), EU 탄소국경제도(CBAM)합의(안) 대응현황과 향후과제, 국회입법조사처, 이슈와논점, (2056).

[표 6-2] 유럽 탄소세 도입현황

국가명	세율*	적용비중	도입연도	국가명	세율	적용비중	도입연도
폴란드	0.07	4%	1990	스위스	83.17	33%	2008
핀란드	62.00	36%	1990	아일랜드	20.00	49%	2010
스웨덴	112.08	40%	1991	아이슬란드	27.38	29%	2010
노르웨이	52.09	62%	1991	우크라이나	0.33	71%	2011
덴마크	23.21	40%	1992	영국	20.34	32%	2013
슬로베니아	17.00	24%	1996	프랑스	44.00	35%	2014
에스토니아	2.00	3%	2000	스페인	15.00	3%	2014
라트비아	5.00	15%	2004	포르투갈	12.74	29%	2015

자발적 배출권인 VER과 공식적인 탄소배출권의 거래 혹은 교환을 가능하게 하는 방법을 검토할 수 있다.

국내 자발적 배출권 시장(VCM)과 탄소배출권 시장 간에는 큰 격차가 있고 연계가 없으며 두 시장 모두 활성화하지 못한 실정이다. 〔대한상공회의소〕에서 2023년 하반기에 VCM 개설을 목표로 기업의 자발적 탄소감축활동 평가를 위한 〔대한상의 탄소감축인증센터〕를 설립하는 등 많은 기업의 VCM에 관한 기대를 반영하고 있다.[28]

앞서 2023년 3월 초 〔대한상공회의소〕가 국내 매출 1000대 기업을 대상으로 한 '국내 기업이 자발적 탄소시장에 대한 인식 조사' 결과 응답 기업의 66.8%가 자발적 탄소시장이 탄소감축에 기여할 것이라고 답했다. 정부 지원과제로는 '배출권거래제 연계'가 35.8%로 가장 높은 응답

28 대한상공회의소 보도자료, (2023.1.12), 대한상의 탄소감축인증센터 출범.

률을 보여 기업도 VER 시장과 탄소배출권 시장 연결의 필요성을 인식하고 있음을 알 수 있다.[29] 두 시장을 연결하고 결합하여 VER을 공공의 탄소배출권과 어떤 형태로든 교환이 이루어지게 만든다면 시민에게 전혀 새로운 형태의 참여소득인 탄소소득을 제공하고, 탄소시장을 활성화하면서 탄소저감에 도움을 줄 수 있다.

매킨지는 이에 따라 민간단체 주도의 온실가스 삭감 사업을 통한 VER을 일반 기업이나 단체에 판매할 수 있게 하면, 기업이나 단체는 구매한 VER을 자사의 사회책임 이행의 홍보수단으로 이용하고, 투자자들이 요구하는 환경친화 경영에 발맞추며, 규정된 삭감의무를 VER이란 배출권을 활용해 달성할 수 있을 것으로 전망했다.[30] 안치용 소장은 "공공과 민간의 탄소상쇄시장 연결을 통해 민간 프로젝트 혹은 개인 참여에서 발생한 VER을 감축의무가 필요한 기업이 의무이행용으로 구매할 수 있게 해야 한다"며 "시장의 실패를 시민참여로 해소하면서 동시에 그동안 오랫동안 부당하게 기업의 외부효과 비용을 대신 지불한 시민은 외부효과 비용을 기업에 물게 하면서 탄소소득을 올릴 수 있게 된다"라고 말했다.

---

29 대한상공회의소 보도자료, (2023.3.8.), 국내기업의 자발적 탄소시장에 대한 인식 조사.

30 Blaufelder, C., Levy, C., Mannion, P., & Pinner, D. (2021, January 29). [A blueprint for scaling voluntary carbon markets to meet the climate challenge]. McKinsey & Company; McKinsey & Company.

탄소소득 제도는 우리 사회에 어떤 변화를 가져올 수 있을까

시민 개인, 민간단체나 지방자치단체 주도의 탄소저감 프로젝트가 참여소득 혹은 탄소화폐 형태로 소득화한다면 우리는 한 단계 진전된 사회로 발걸음을 내딛게 된다. 무엇보다 비(非)시장 활동의 계량화 및 가치평가, 사회시스템상의 지속가능성 고려를 통해 국가의 전반적인 후생수준을 증대할 수 있게 된다.[31]

또한 환경훼손의 원인으로 지목되는 선형경제에서, 폐기물 등의 재자원화를 통해 경제순환의 흐름 내에서 물질자원 가치를 최대로 유지하는 순환경제의 구현으로 한 걸음 더 나아갈 수 있다.[32] 탄소소득 지급은 국민 사이에서 환경위기에 관한 문제의식과 공감대를 폭발적으로 확대하고 환경정보와 지식을 자발적으로 습득할 수 있게 하며 환경의식과 태도를 동시에 높임으로써 둘 간의 연결고리를 강화할 수 있다.[33] 혹은 선한 행동만으로도 생활이 가능한, 직업이 아닌 직업이 등장할 수도 있지 않을까.

---

31 이승준 외. (2021). [GDP를 넘어: 국민후생의 측정지표로서 25개 대안 GDP 비교 · 분석]. 조사연구, (22. 2. 2021). (p 35).

32 김정훈. (2021). [순환 경제 비즈니스 속성이 환경친화적 소비태도와 소비행동에 미치는 영향] 상품문화디자인학연구 (KIPAD논문집), 65(0), (p 116-117).

33 안소은, 오치옥, 윤태경. (2021). [우리나라 국민의 환경인식, 환경태도, 환경실천 현황 및 구조적 관계성 분석: 국민환경의식조사를 중심으로]. 환경정책, 29(1), (p 71-72).

ESG 세상을 위한
신박한
아이디어 21

SOCIAL

7장 국가가 임신해주세요

8장 우리 교육이 나아가야 할 방향,
지속가능성과 ESG교육

9장 다양한 가족을 인정하라

10장 종교인에게도 공평한 과세를

11장 지속 가능성에 중점을 둔 ESG투자

12장 국가에 의한 육아와 교육,
"직장이냐 엄마냐" 양자택일 없는 사회

13장 성매매 합법화와 성노동자의 노동권 보호

14장 동물권, 새로운 공동체를 상상하다

7장

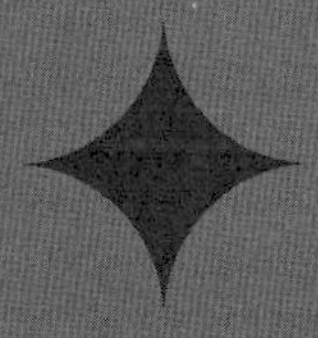

국가가 임신해주세요

"이것들이 부화기라는 것입니다. (중략) 이번 주에 할당된 난자들입니다. 이것은 혈액과 같은 온도로 보관되고 있습니다."[1]

올더스 헉슬리의 소설 〈멋진 신세계〉(1932년)에서 '인공부화, 조건반사 양육소' 소장이 학생들에게 인공부화기를 소개하는 장면이다. 인공부화기가 개발되고 체외임신 및 출산이 가능해진 600년 후(지금으론 500년 후)를 그린 작품이다. 〈멋진 신세계〉는 미래소설 중 디스토피아를 그린 대표작으로 꼽힌다. 여기서 체외임신이 가능해져서 여성이 직접 임신하지 않는 모습에 국한한다면, 이것을 디스토피아라고 단정할 수 있을까.

20대 대학생 122명(남녀 동수)을 대상으로 약식 설문조사를 진행한 결과 10명 중 9명 이상이 〈멋진 신세계〉의 세계관에 동의를 표했다. "시험관 임신 및 출산을 가능하게 하는 것"에 대한 찬반을 물었더니 91%가 찬성했다. 남성 92%, 여성 90%로 남녀 사이에 차이가 없었다. 물론 이 조사 결과는 공장식 임신·출산이 아니라 특정 남녀 유전자를 조합하는 현존 가족제도의 존속을 전제한 응답이기에 〈멋진 신세계〉의 세계관과 전적으로 동일한 것은 아니다.

시험관 임신 및 출산을 직접 이용할 의향도 높게 나왔다. "국가에서 '수정뿐 아니라 임신 및 출산도 인공적으로 체외에서 하는' 체외임신을 지원하는 시스템을 제공해준다면 활용할 의향이 있는가"란 질문에 응답자의 58%가 그렇다고 대답했다. 여성 54%, 남성 62%로 남성의 비율이

---

1 올더스 헉슬리. (2018). 『멋진 신세계』(이덕형 역). 문예출판사. (p 10).

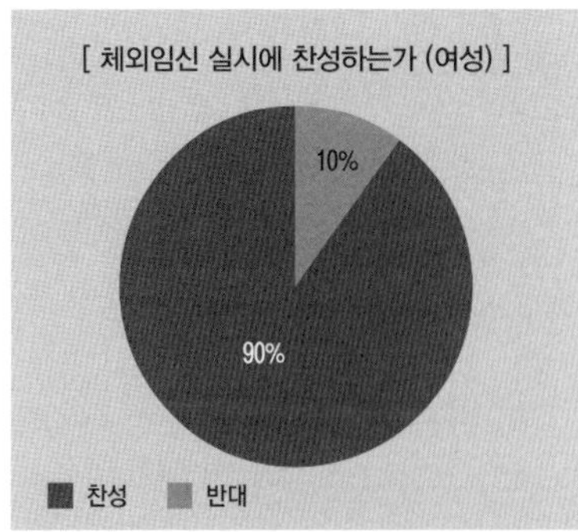

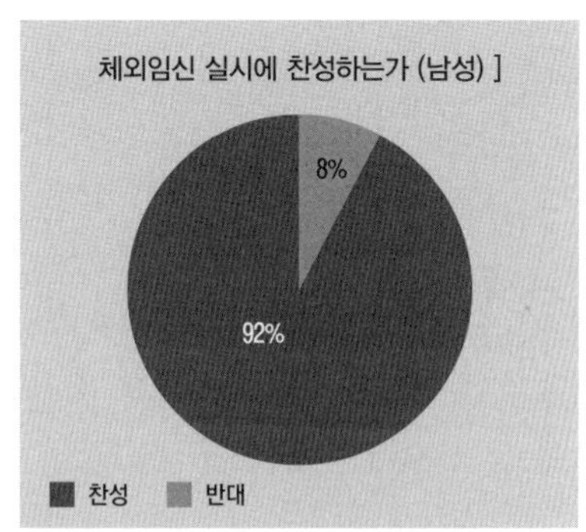

[그림 7-1] 체외임신의 찬성 여부 조사 결과

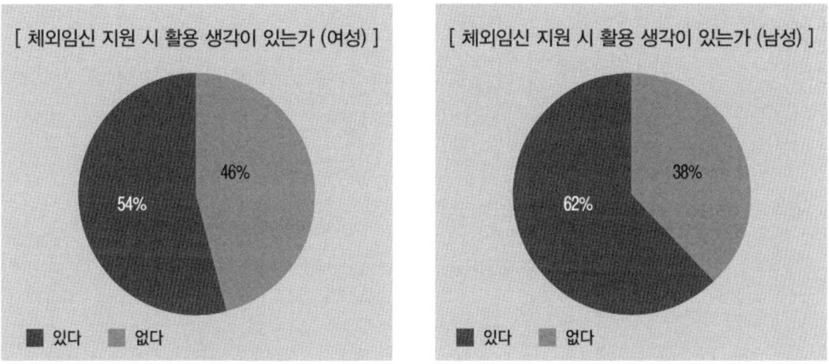

[체외임신 지원 시 활용 생각이 있는가 (여성)]

46%

54%

있다 없다

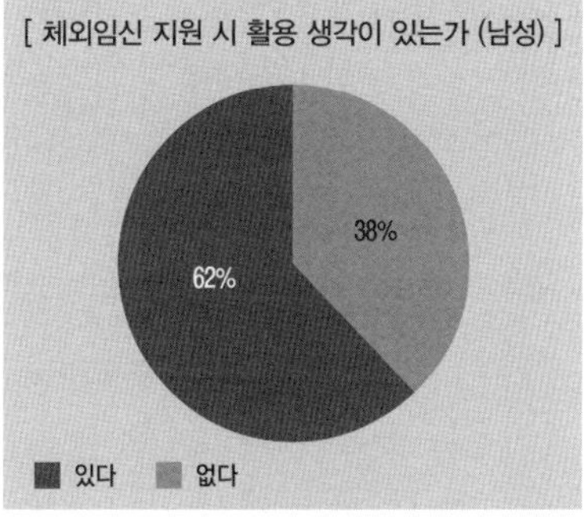

[그림 7-2] 체외임신의 활용 의사 여부 조사 결과

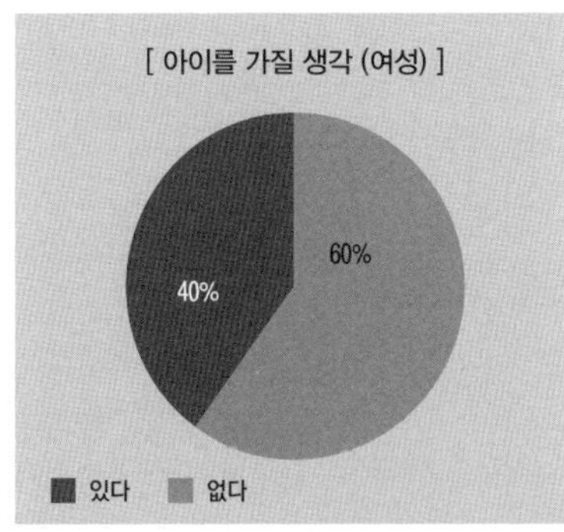

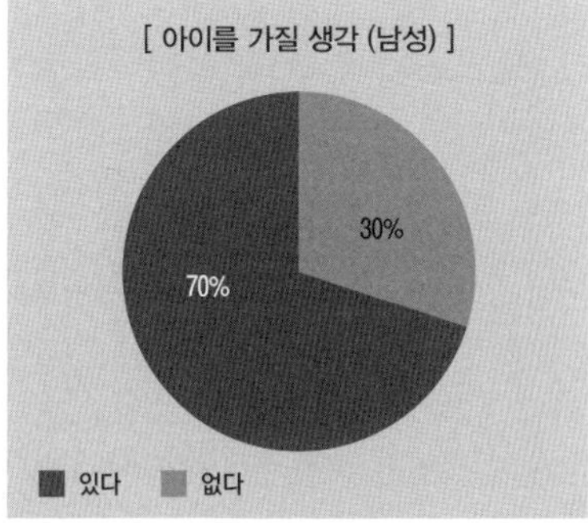

[그림 7-3] 아이를 가질 생각이 있는지의 조사 결과

더 높았다.

"미래에 아이를 가질 의향"에 대해서는 "있다"가 55%로 "없다"보다 다소 높았지만, 거의 절반 가까이 출산의향이 없다는 사실은 우려스러운 대목이다. 아이를 가질 의향은 여성 40%, 남성 70%로 남성이 월등하게 높았다. 직접 임신하고 출산하지 않는 남성의 의향 비율이 더 높은 게 재미 있다.

흥미로운 점은 "출산의향이 없다"고 답한 여성 중 38%가 체외임신을 국가에서 지원해 주면 활용할 의사가 있다고 답했다는 사실이다. 지금으로선 출산의향이 없지만, 다른 방식의 임신과 출산이 가능하다면 아이를 가질 수 있다는 뜻이다. 체외임신까지 포함하면 여성의 출산의향 비율은 62.8%로 올라가게 된다. 출산의향이 있다고 답한 여성 중에서는 67%가 체외임신을 활용할 의사가 있다고 밝혔다.

출산의향이 없다고 대답한 남성 중에서 체외임신을 지원해 준다면 활용하겠다고 한 사람이 62%였다. 현 가부장제 상황을 반영하듯 20대에서도 출산의향은 남성이 여성보다 현저히 높았고, 출산의향이 없는 집단에서 체외임신이라는 새로운 임신·출산 경로가 생긴다면 아이를 갖겠다는 비율 또한 남성이 상당히 높았다. 체외임신·출산(18.6%)까지 포함하면 남성의 출산의향 비율은 88.6%로 올라간다. 체외임신을 포함한 전체 출산의향 비율은 75.7%가 된다. 체외임신을 고려하지 않았을 때의 출산의향 비율(55%)보다 20.7%p가 상승한 셈이다.

한국에 닥친 인구절벽, 임신의 부담을 홀로 짊어진 여성

한국 사회는 2020년에 사망자 수가 출생자 수를 넘어서는 '데드크로스'를 보여 인구의 자연감소 시점에 이르렀다. 통계청에 따르면 2020년 출생아는 전년보다 3만339명 줄어든 27만2337명으로 이 해 사망자(30만5,100명)보다 3만2763명 적었다. 이에 따라 인구 자연증가율(인구 1,000명당 자연증가)은 전년보다 0.7명 감소한 −0.6명을 기록했다. 40대 초반을 제외한 모든 연령층에서 출산율이 낮아지며 2020년은 1970년 인구 통계조사가 시작된 이래 역대 최저 출산율을 기록했다. 전체 인구는 해외 유입 요인으로 전년(5177만9203명) 대비 0.1% 증가한 5182만9136명으로 집계됐다.[2]

생물학적으로나 제도적으로 여전히 임신과 출산은 개인, 그것도 거의 여성의 책임이다. 임신과 출산 과정은 불가피하게 여성의 사회적 위치의 변화와 남녀 불평등 문제를 심화한다. 사회적으로 활발하게 활동하는 여성이 가부장제에 결정적으로 순응하는 가장 큰 이유는 아이를 낳는 과정에서 겪는 문제들 때문이다.

아이를 낳는 과정은 '임시적 기형 상태'라고 표현될 만큼 여성의 신체에 많은 변화를 초래한다. 커지는 자궁에 장기가 눌려 통증에 시달리고, 입덧으로 먹고 토하기를 반복한다. 또한 임신한 여성은 급격한 호르몬

---

2 통계청 사회통계국 인구동향과. (2020). [인구동향조사: 인구동태건수 및 동태율 추이(출생, 사망, 혼인, 이혼)]. 공표자료.

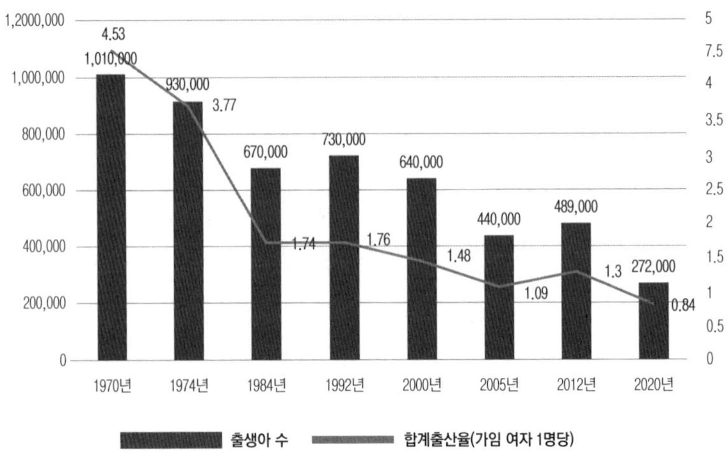

[그림 7-4] 출생아 수와 합계출산율 추이

변화로 심한 감정 기복을 보이고, 정서적으로 불안정해지며 무기력·불안·분노 등의 감정을 경험한다.[3]

두 아이를 낳아 대학까지 보낸 박 모씨(52세·직장인)는 "임신기간에 소화가 잘 안 되고 회복 기간이 생각보다 오래 걸린다는 점이 힘들었다"고 임신·출산의 고통을 회상했다. 출산 경험이 있는 다른 여성들도 임신과 출산 과정에서는 식사에 제약이 따르고 정상적인 활동을 하지 못하는 등 생활의 모든 방면에서 조심스럽고 힘들어진다고 입을 모았다. 개인주의가 확대되며 자신의 신체를 자산으로 여기는 젊은 여성은 임신과 출산에 따른 신체적 고통과 변화를 '당연히 받아들여야 할 희생'으로

3 Mercer, R. T. & Walker, L. O. (2006). [A review of Nursing interventions to Foster becoming a mother]. Journal of Obstetric, Gynecologic & amp; Neonatal Nursin. 35(5). (p 570-573).

수용하지 않는다.

여성에게 임신은 사회적인 위치와 역할의 변화를 상징하는 중대한 사건이다. 사회는 출산과 양육에 있어서 여성에게 크게 기대한다. 아무리 국가에서 임신과 출산 그리고 양육이 공동 책임이라고 외쳐도, 생물학적 출산의 연장으로 육아 책임의 화살이 여성에게로 향하는 것은 어쩔 수 없는 현상이다. 임신과 출산 과정 동안 여성은 남성에게 감정적으로 의지하거나 경제적으로도 기대며, 어쩔 수 없이 경제활동에서 뒤처지고 사회적 단절을 경험한다.

취학 전인 두 아이를 키우고 있는 박 모씨(41세·주부)는 "임신이 경이로운 사건임은 분명하지만, 현실적인 어려움이 많이 따라온다"고 말했다. 출산휴가 등 명목상의 제도에도 불구하고 여성이 경력단절의 걱정 없이 마음 놓고 임신과 출산을 할 수 있는 사회적 분위기가 아니라는 것이 박 씨의 생각이다. 그는 첫째 아이를 임신했을 때 낙태의 위험 때문에 조심해서 일하다가 눈치가 보여 직장을 그만뒀다. 윤 모씨(39·주부)는 근무 중에 유산한 경험 후 다음에 아이를 가졌을 때는 아예 임신 초기에 직장을 그만두었다.

허 모씨(42세·직장인)는 첫아이를 낳고 어머니가 낮에 아이를 돌봐주어 그나마 일과 육아를 어렵사리 병행할 수 있었지만, 퇴근 후 육아와 가사노동까지 책임져야 해 매일 밤 쓰러지듯 잠들었다고 회고했다. 이렇듯 21세기에도 여성은 경제활동에 참여하는 가운데 돌봄과 가사노동의 의무를 짊어진다.[4] 여기에다 여성은 가정을 결속시키며 '좋은 어머

---

4 통계청 사회통계국 사회통계기획과. (2020). [2019년 생활시간조사 결과]. 보도자료. (p 18).

니'가 되어야 한다는 부담을 떠안는다. 박 모씨(41세·주부)는 "주변을 둘러보면 사회적으로 기대하는 '좋은 엄마'의 역할을 즐기는 여성이 있는가 하면 그렇지 않은 여성도 많다"라며 "앞으로 다양한 모습의 어머니상이 존중되는 사회 분위기가 조성되었으면 좋겠다"고 말했다.

기성세대 여성에게 경력단절은 '어쩔 수 없이 받아들여야 하는 현실'이었다면, 오늘날의 여성은 임신과 출산으로 인한 경제활동의 중단을 거부한다. 현경주 씨(24세·대학생)는 "앞으로 하고 싶은 일이 많고, 개인적인 생활도 누려야 하는데 임신과 출산으로 1년 이상 경제적, 사회적 지위가 정체될 수 있다는 것이 너무 두렵다"라며 "아이는 낳고 싶지만 이러한 두려움 때문에 낳게 될 것 같지 않다"고 말했다.

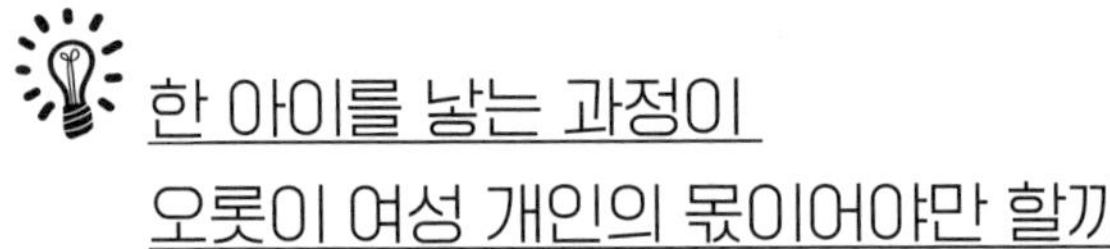

한 아이를 낳는 과정이 오롯이 여성 개인의 몫이어야만 할까

인구절벽으로 국가의 지속가능성이 위협받는 오늘날의 전례 없는 시대 상황에도 국가는 출산을 개인에게 떠넘겨야만 할까. 국가가 여성에게 자신의 신체를 임신과 출산에서 분리할 수 있는 선택권을 제공한다면 어떤 사회가 만들어질까.

국가가 임신과 출산을 대신해 준다는 발상이 허무맹랑할 수 있다. 그러나 국가가 아이를 낳아주고 키워주는 발상이 나온 지는 수천 년이며, 이상적인 형태로 받아들여지기도 했다. 플라톤은 "국가가 개인의 결혼과 출산에 개입하면 모든 사람이 가족이 되므로 서로 공경하고 순종하며 우애를 지키게 된다"고 하였다. 따라서 국가에서 벌어지는 여러 가지 갈등과 분열이 없어질 것이라고 보았다.[5] 플라톤식의 논의가 〈멋진 신세계〉 세계상과 다른 것은, 그가 체외임신이라는 비(非) 포유류 생식 방법을 떠올리지 못했기에 생물학이 아닌 제도 측면에서 접근했다는 점이다.

체외수정을 통한 임신은 이미 보편화한 기술이며, 인공수정, 인공자궁과 체외발생을 이용한다면 여성의 신체는 난자의 보급 이외에는 임신과 출산 영역에서 배제된다. 임신과 출산에서 여성은 난자, 남성은 정자를 제공하는, 비교적 평등한 역할 분담이 이뤄지는 셈이다. 설문조사에 참여한 이 모씨(24세·여성·대학생)는 "체외임신을 활용한다면, 임신과 출산 과정에서 하혈·통증이나 갑자기 양수가 터지는 것처럼 몸이 심할 정도로 망가지는 사태를 방지할 수 있고, 경력단절 문제에서 벗어나게 될 수 있다는 점이 좋다"고 말했다.

체외임신의 실현 가능성

그렇다면 일종의 시험관인 인공 자궁으로 체외임신을 하는 것이 실현 가능할까. 국내에서는 현재 난임 부부를 위해서 남성의 정액을 인공적

5 김인곤. (2004). [철학 텍스트들의 내용 분석에 의거한 디지털 지식 자원 구축을 위한 기초적 연구, 플라톤 〈국가〉] 철학사상. 별책 3(8). (p 74).

으로 자궁에 넣는 인공수정[6]과 수정을 체외에서 하는 시험관 아기[7] 시술이 이루어지고 있다. 시험관 아기 시술은 여성에게 배란 유도 호르몬제를 투여하여 과배란을 유도하고 난소로부터 난자를 채취하여 성숙시킨 뒤 정자로 수정을 시키는 방법이다.[8] 체외임신의 전 과정 중에서 수정은 이미 시행되고 있음을 알 수 있다. 그러나 임신에서 출산까지 전 과정을 체외에서 하는 것은 아직 실현되지 않았다. 다만 인공 자궁 개발에 관한 연구는 존재한다.

한국에서는 조선대학교 병원의 송창훈 교수가 2003년에 인공 자궁·태반에 관한 연구를 진행하였다. 염소 태아를 이용해 실험하였고, 인공·자궁·태반의 시스템을 만들기 위해 체외순환 회로를 구축하여 연구를 진행하였다.[9] 실험에 사용된 염소 태아 35마리 중 15마리가 23시간 이상 인공자궁 태반의 시스템에서 생존하였고, 8마리가 48시간 이상 생존하였다.[10] 인간에게 당장 적용하기에는 어렵다는 결론을 내렸지만, 인공 자궁·태반을 구현하는 데 필요한 기술적 보완점을 찾아냈다는 점에서 의의가 있다.[11]

미국에서 엠마뉴엘 그린버그는 1954년에 조산아에게 충분한 영양분을 주고 자궁과 비슷한 환경을 제공하기 위해 인공 자궁에 관한 특허를

---

6 김중호. (1992). [의학적 관점에서의 인간 생명의 존엄성 문제]. 가톨릭신학과사상. (p 87).

7 문신용. (2007). [체외수정시술]. 대한의사협회지. (p 432).

8 문신용. (2007). [체외수정시술]. 대한의사협회지. (p 431).

9 송창훈. (2003). [인공자궁태반의연구]. (p 4-5).

10 송창훈. (2003). [인공자궁태반의연구]. (p 8).

11 송창훈. (2003). [인공자궁태반의연구]. (p 13-14).

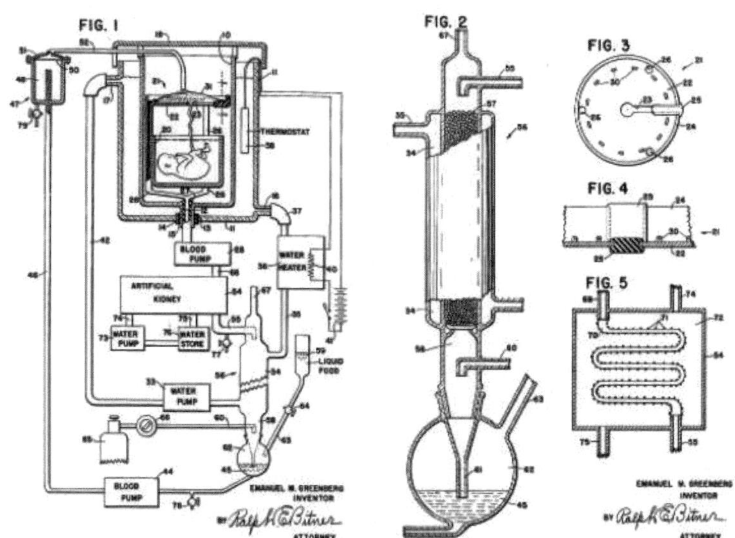

[그림 7-5] 엠마누엘 그린버그의 인공 자궁 구현도

냈다.[12]

코넬대학교의 류훙칭 교수는 2001~2003년 인공 자궁의 필수조직인 자궁내막 조직을 만들어낸 후 쥐 배아를 인공 자궁에 넣어 만삭에 도달하기 직전까지 배아를 성장시키는 데에 성공하였다. 또한 인공 자궁에서 인간 배아를 10일까지 성장시키기도 하였다.[13]

미국 필라델피아 아동 병원에서는 2017년에 어느 정도 성장한 양 태아 8마리를 인공 자궁에서 키워 출산하는 데 성공했다. 펌프가 없는 산

12 Emanuel M. Greenberg. (1954). U.S.Patent no. US2723660A. Artificial Uterus, Washington, DC:U.S.Patent and Trademark Office.

13 Colleen Carlston. (2009). [Artificial Wombs]. Harvard Science Review. (p 36).

소 공급기 회로를 연결한 시스템을 제작하여 자궁 환경을 재현했다. 이어 수정한지 100일 정도 된 양의 태아를 인공 자궁에 넣어 4주 동안 성장시켜 정상적인 양 개체를 낳았다.[14] 양들이 인공 자궁에서 성장한 후 일반적인 출생 과정을 거친 양들처럼 살아가는 것이 가능하다는 사실을 확인한 데서 이 실험의 의의가 있다.

이들은 모두 조산아를 위해 인공자궁을 개발한 연구이지만, 조산아를 키우는 용도 외에 체외임신 전반으로 인공 자궁의 적용 범위를 확대한다면 현존 가족제도를 유지한 채 〈멋진 신세계〉의 인간 재생산 방법을 실제로 구현할 수 있다. 미국 콜로라도 볼더 대학의 철학과 교수 샌더-스튜어트 모린은 "인공 자궁을 임신하는 데에 활용할 수 있다면, 여성의 몸을 통해서만 아이를 출산할 수 있다는 생각을 넘어서는 현실을 구현하여, 여성의 임신 부담감을 줄여줄 수 있고 모성의 문화적 의미도 전환될 수 있을 것이며, 결과적으로 성평등에 기여할 것"이라고 말했다.[15]

과제

인공 자궁을 활용하여 체외임신과 출산을 실현하기 위해서는, 아직 실제로 해 본 적이 없어서 선결과제가 많다. 우선 인공 자궁이 태아의

14 Alan W. Flake. (2017). [An extra-uterine system to physiologically support the extreme premature lamb]. Nature communications 8. 15112(2017). (p 8).

15 Sander-Staudt & Maureen. (2006). [Of Machine Born? A Feminist Assessment of Ectogenesis and Artificial Wombs]. Ectogenesis. (p 126-127).

안전을 보장해야 한다는 데에는 이론이 없다. 안전성 확보를 위해서는 더 많은 실험이 필요한데, 양이 아닌 실제 인간을 실험에 활용하는 것은 윤리적 문제를 발생시키고,[16] 법적으로 문제가 된다. 〔생명윤리 및 안전에 관한 법률〕 23조에 따르면 임신 외의 목적으로 배아를 생성할 수 없고, 29조에 따르면 잔여배아도 발생학적으로 원시선이 나타나기 전까지만 체외에서 이용할 수 있기 때문이다. 따라서 배아를 이용하지 않고 다른 시뮬레이션을 통해 위험이 없는 인공 자궁을 개발할 수 있는지가 체외임신에 관건이 된다.

체외임신에는 체외수정이 필수적인데, 체외수정을 위해 수정란을 냉동 보관하고 착상된 것을 제외한 나머지를 폐기하는 데서 '미출생 생명의 법적 지위'에 관한 논란이 생긴다. '복제 배아'를 착상 시 인간으로 성장한다는 점에서 '태아'와 같은 본질로 본다면 '인간 생명의 대량 파괴'가 문제로 거론될 수 있기 때문이다.[17]

임신 외의 목적으로 배아를 생성하여서는 안 된다는 법률 조항으로 인해, 배아를 인공 자궁 같은 체외임신 연구에 사용하는 것 말고도, 체외임신 자체에 어려움이 생길 수 있다. 즉 체외수정뿐 아니라 명실상부하게 체외임신에 이은 체외출산까지를 광의의 임신으로 정의할 것인지, 아니면 출산까지 포함하는 체외임신을 특정하여 배아를 생성할 수 있도록 법적 기준을 명확히 할 것인지를 분명하게 정해야 한다.

또한 인공 자궁의 실용화를 위해서는, 출산이 아닌 다른 목적으로 인

16 안성준. (2016). [인공자궁과 그 법적 함의], 경희법학. 51(2), (p 430-432).

17 유치홍. (2016). [인공자궁 등 첨단의료기술에 근거한 체외배아의 법적지위 고찰]. 충북대학교 법학연구소. (p 114-116).

공 자궁이 악용되는 것을 막아야 한다. 체세포 핵 치환 기술을 대신하여, 인간의 장기 생산 공장이 만들어지는 최악의 상황을 막아야 한다는 데에는 특별한 반대 의견이 없어 보인다.[18]

친생자 추정에 관해 민법상의 문제가 생긴다. 〔민법〕 제844조는 "아내가 혼인 중에 임신한 자녀는 남편의 자녀로 추정한다"고 규정한다. 인공 자궁 기술이 발달하고 체외임신이 가능해진다면, 이 조항만으로는 부모를 확정하는 데에 어려움이 생긴다.[19] 체외임신이 도입되면 친생자 확인을 위한 새로운 기준이 필요해질 것이다.

아주 원론적인 논의로 체외임신으로 태어난 아이 또한 인간으로 인정받아야 한다는 문제가 있다. 〔생명윤리 및 안전에 관한 법률〕 제13조 제1항 등 위헌확인(전원재판부 2005헌마346, 2010. 5. 27.)에 따르면, 초기배아의 기본권 주체성 여부에 대해서 "현재의 과학기술 수준에서 모태 속에서 수용될 때 비로소 독립적인 인간으로의 성장가능성을 기대할 수 있다"고 판단했기에 체외임신으로 태어난 아이가 현행법으로는 기본권 주체성을 인정받지 못한다.

근본적인 문제는 아니지만 체외수정을 위해 난자를 채취하는 방식 또한 개선이 필요하다. 난자 채취 과정에서 여성들은 배란촉진 피하주사를 맞아야 하며, 난자를 잘 추출하기 위해 생식선 자극 호르몬 주사도 맞아야 한다. 그리고 긴 바늘을 질, 자궁, 나팔관, 난소의 경로를 따라

18 안성준. (2016). [인공자궁과 그 법적 함의], 경희법학. 51(2), (p 432-434).

19 유치홍. (2016). [인공자궁 등 첨단의료기술에 근거한 체외배아의 법적지위 고찰]. 충북대학교 법학연구소. (p 141-142).

넣은 후 바늘로 난자를 흡수하는 시술을 받게 된다.[20] 배란 유도 과정을 위해 투여한 호르몬에 의해 난소 과자극 증후군이 나타나서 복수가 차거나, 폐에 물이 고이고 혈액의 응고가 진행되는 상황이 올 수 있으며,[21] 바늘로 흡수하는 과정에서 통증을 느낄 수 있다.[22] 체외임신을 적극적으로 활용할 수 있도록 하기 위해서는 체외수정 과정에서 고통을 줄이고, 난자를 제공하는 여성 신체의 부작용을 최소화하기 위한 개선이 시급해진다.

어떤 가족이 이상적일까

역사학자 라르스 트래고드가 명명한 '스웨덴식 사랑법'에 따르면 사랑과 우정의 진정한 관계는 서로에게 의존하지 않거나, 불평등하거나 권력관계에 서 있지 않은 개인 사이에서만 가능하다.[23] 과연 한국의 가족은 진정한 사랑의 관계를 맺고 있다고 볼 수 있을까. 의무적인 속박의 관계가 되어버린 것은 아닐까.

설문조사에서 아이를 가지고 싶지 않다고 답변한 어느 20대 여성은 "'엄마'가 아닌 '나'로 살고 싶어서 아이를 갖고 싶지 않다"라고 말했다.

---

20 조주현. (2006). [난자: 생명기술의 시선과 여성 몸 체험의 정치성]. 한국여성학회. (p 17).

21 문신용. (2007). [체외수정시술]. 대한의사협회지. (p 37).

22 배춘희 외. (2011). [지시적 심상요법이 체외 수정을 받는 불임 여성의 스트레스와 불안에 미치는 효과]. 여성건강간호학회지, 7(2), (p 10).

23 Berggren, Henrik & Tragardh, Lars. (2011). [Social trust and radical individualism: The paradox at the heart of Nordic capitalism]. The Nordic Way. (p 20-21).

우리가 익숙하게 느끼는 가족의 역할과 구조에 순응하는 것이 아니라, 각자가 가진 재래의 의무에서 벗어나 개개인을 더 존중하는 새로운 가족을 상상하는 것은 불온한 상상일까. 국가가 책임지는 임신이 어쩌면 그 첫걸음이 될 수 있지 않을까.

성평등 사회를 이루고 인구절벽을 해소하기 위해서는 당연히 체외임신만이 해결책이 되지는 않는다. 하지만 임신·출산·육아를 둘러싼 전반적인 문제 해결의 전혀 새로운 방법의 하나로 체외임신을 고려하는 것을 마다할 이유가 있을까. 적어도 논의의 시작은 가능할 것이다.

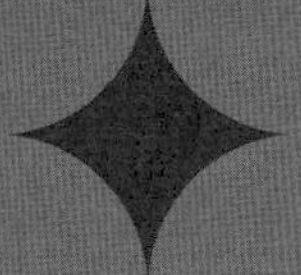

8장

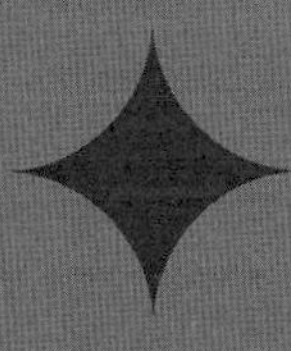

우리 교육이 나아가야 할 방향, 지속가능성과 ESG교육

코로나19로 인한 원격 수업 환경은 우리나라 공교육 체계의 문제점을 두드러지게 보여줬다. 공교육의 부실한 대응으로 공교육 시스템에 불신이 높아지면서 학부모들이 사립학교로 눈길을 돌렸다. 2022학년도 사립초 평균 입학 경쟁률은 11.7대 1로 2019학년도 경쟁률인 2대 1과 비교해 5배 이상으로 높아졌다. 중복지원이 가능해진 2021학년도 경쟁률(6.8대 1)과 비교해도 큰 폭으로 올랐다.[1]

코로나19가 중앙집권적이고 수직적인 우리나라 공교육의 민낯을 드러냈다고 교육 전문가들은 평가한다. 도성훈 인천시 교육감은 한 인터뷰에서 코로나19를 계기로 "기존 지식전달과 배움 중심의 교육에서 학생의 다양성과 창의성을 존중하는 과정으로 교육의 대전환이 필요하다"고 말했다.[2] 대안으로 토론을 중심으로 한 교육과정을 따르는 혁신학교, 가상 공간에서 아바타를 사용해 학생 참여도를 높이는 메타버스 플랫폼, 지식보다는 가치·행동과 삶의 방식에 초점을 맞춘 '지속가능발전교육(ESD, Education for Sustainable Development)'과 'ESG교육' 등이 주목받고 있다.[3]

---

1 이후연. (22.1.11.). [단독, 코로나에 부실한 공교육…서울 사립초 900명 "전학 러시"]. 중앙일보.

2 이은지. (21.7.26.). [코로나 끝나면 교육의 대전환 온다].

3 전라북도교육청. (2020). 교육정보 > 학교혁신 > 혁신학교 > 혁신학교란? (http://Jbe.go.kr).

ESG와 ESG교육

2000년 영국에서 연기금의 ESG투자를 도입하며 투자기준으로서 ESG 개념이 공식적으로 도입되었고, 이어 〔유엔 환경계획 금융 이니셔티브(UNEP FI)〕를 중심으로 논의가 이어지다 국제사회에선 UNGC와 세계금융기관들과 작성한 보고서 〈Who Care WIns〉(2004.8.)에서 'ESG'로 약자를 썼고, 그보다 앞서 UNEP FI의 〈The Materiality of Social, Environmental and Corporate Governance Issues to Equity Pricing(2004.6.)〉 보고서에서 ESG(Environmental, Social and corporate Governance issues)로 썼다. 2006년 〔UNEP FI〕와 〔UNGC〕가 함께 '사회책임투자원칙(PRI)'을 출범하며 ESG는 자본시장의 핵심 키워드로 자리를 잡는다.

ESG는 자본시장에서 유력하게 사용됐지만, 뿌리는 지속가능성에 닿아 있으며 이후 ESG 확산과 함께 투자의 ESG는 경영의 ESG를 거쳐 사회 전반의 ESG로 되먹임하는 양상을 보인다. 지속가능한 경제, 지속가능한 사회, 지속가능한 지구를 위해선 환경·사회·거버넌스를 함께 고려하는 전반적인 패러다임의 변화가 불가피하다는 거대한 전환으로 받아들여지고 있다.

ESG가 이제 어떤 형태로든 반드시 실행에 옮겨야 할 핵심 가치로 자리 잡은 데에는 환경 위기와 함께 시급히 변하지 않으면 인류 존속을 장담할 수 없다는 심각한 걱정이 한몫했다. 이에 따라 ESG를 배우고자 하

는 교육 수요가 크게 늘고 있다.[4]

하지만 ESG를 체계적이고 정확하게 가르치는 기관이나 교육과정을 찾아보기란 쉽지 않다. ESG교육을 시행하는 몇몇 기업의 단기적 행사들, 또는 경영자를 대상으로 한 특강이 대부분이다.[5]

현재 ESG교육에 크게 두 흐름이 있다고 볼 수 있는데, 경영학 개념으로 이해한 ESG교육과 지속가능성 개념으로 이해한 지속가능발전교육(ESD)이다. 불행히도 ESG교육은 지속가능성의 개념이 희미해진, 경영학의 변화하는 유행 속 생존 전략 정도로 이해되고 있다. ESD와 경영학 개념으로서 ESG교육이 혼동되어 사용되기도 한다. 그렇다고 ESD가 제대로 기능한 것은 아니다. ESD는 단발적이고 파편화한 교육으로 실효성이 부족했다는 비판을 받는다. 지속가능성 개념이 살아 있고 경영과 투자의 맥락이 살아 있는 통합적이고 체계적인 ESD교육이 필요한 시점이다.

ESG교육의 뿌리, 지속가능발전교육(ESD)

앞서 언급한 것처럼 ESG가 지속가능성에서 출발했기에, ESG교육의 뿌리 역시 지속가능발전교육(ESD)에서 찾을 수 있다. 국제사회는 2002년 유엔총회에서 2005년부터 2014년까지의 10년을 '유엔 지속가능발

---

4 허정윤. (21.11.20.). "ESG 전문가 모셔라" 인력 수요 증가 뚜렷…ESG MBA↑, '교육 워싱'은 주의. UNN TV.

5 2022 환경재단·매일경제 공동기획 제3기 ESG 리더십과정 홍보자료.

전교육 10년(DESD: UN Decade of Education for Sustainable Development, 2005-2014)'으로, 〔유네스코(UNESCO)〕를 그 선도기관으로 지정하였다.[6] 유엔은 2004년에 ESD를 "모든 사람이 질 높은 교육의 혜택을 받을 수 있으며 이를 통해 지속가능한 미래와 사회 변혁을 위해 필요한 가치, 행동, 삶의 방식을 배울 수 있는 사회를 지향하는 교육"이라 정의하며 ESD를 위한 국제 이행계획 초안을 발표한 바 있다.[7]

DESD가 종료되는 2014년, 유네스코는 더욱 실천적인 국제사회의 노력을 촉구하는 차원에서 ESD를 위한 국제실천프로그램(Global Action Programme: GAP)을 제시했다. 2017년 유네스코는 〈지속가능발전목표 달성을 위한 교육-학습목표〉를 발간했다. ESD가 전 세계에서 더 구체적인 목표에 기반해 실행되도록 돕기 위해서였는데, 여기서 ESD는 지속가능발전에 기여할 수 있는 지식, 기술, 가치, 태도를 교육하는 것에 초점을 둔다. 또한 학생이 현세대와 미래 세대를 위해 환경적, 경제적, 사회적으로 올바른 결정과 책임 있는 행동을 할 수 있는 역량을 강화하는 교육을 표방한다.

〔유네스코〕에서 제시한 핵심 역량은 개인이 여러 지속가능발전목표(SDGs)와 서로 연관 지어 '2030 지속가능발전 의제'를 통찰할 수 있는 것으로 ① 시스템 사고 ② 예측 ③ 규범 ④ 전략 ⑤ 협력 ⑥ 비판적 사고 ⑦ 자아 인식 ⑧ 통합적 문제해결 역량의 총 8개다. 핵심 역량은 사회, 환경, 경제 세 영역의 균형 잡힌 상호작용에 기반한 사회적 변화와 지속

---

6 유네스코 학교네트워크 홈페이지(http://asp.unescoco.or.kr). 지속가능발전 교육.

7 UNESCO. (15.8.3.). "UN Decade of ESD". UNESCO.

가능발전을 추구할 수 있게 글로벌 구성원 모두에게 주인의식을 강화하고, 미래지향 사고 육성에 중점을 둔다.[8] 이어 2019년 11월 열린 제40차 유네스코 총회에서는 GAP의 종료 시점에 즈음해 2019년 이후의 지속가능발전교육의 이행 체계로 '2030을 위한 지속가능발전교육(ESD for 2030)'을 채택하였다.[9] ESD2030은 교육이 SDGs의 달성에 중추적으로 기여하는 것에 초점을 맞추었으며, ① 정책 개선 ② 학습 환경 변혁 ③ 교육자 역량 개발 ④ 청년의 권한부여와 참여 ⑤ 지역차원의 실천 가속화 등 5개의 우선 실천 영역을 제시하였다.[10]

우리나라는 유엔에서 제시한 내용을 바탕으로 ESD 10년을 위한 국가 추진 전략 개발 연구를 시행하여 갈등 해소, 통일, 사회 혁신, 연대, 매체 소양, 생물종 다양성, 재해예방과 축소, 교통, 지속가능한 생산과 소

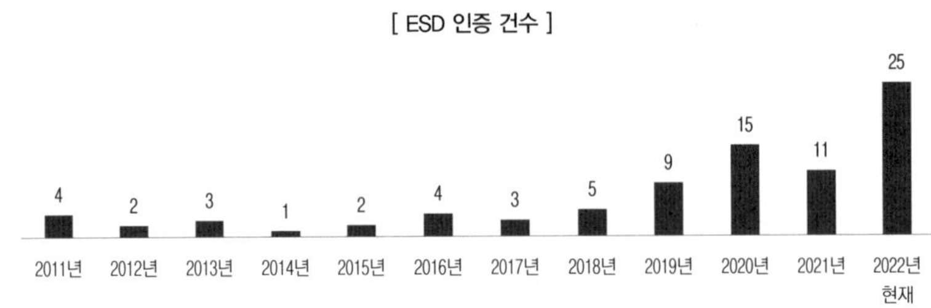

[그림 8-1] ESD 인증 건수

---

8 김다원. (2020). [초등 2015개정교육과정에 포함된 지속가능발전교육(ESD) 관련 목표와 내용 탐색]. 한국국제이해교육학회, 2020, (p 5-7).

9 유네스코 학교네트워크 홈페이지(http://asp.unescoco.or.kr). 지속가능발전 교육.

10 유네스코 한국 홈페이지(http://esd.unesco.or.kr). 지속발전교육이란?.

비, 빈부격차 완화를 교육 내용으로 제시하고 2009년에 〔유네스코 ESD 한국위원회〕를 설립하였다.[11] 〔유네스코 ESD 한국위원회〕는 2011년부터 '유네스코 ESD 공식 프로젝트 인증제' 운영을 통해 국내 단체, 학교, 시민사회 등 ESD 우수 실천 기관을 공모하여 심사 후 ESG인증을 해준다. 국내에서 유네스코 ESD 인증을 받은 프로젝트는 2011년 4개에서 2022년 상반기에만 25개로 늘어났다.[12]

국내 교육과정 개정과 ESG 교과 신설 · 재구조화 진행 계획 무산

2020년 문재인 대통령이 2050년까지 탄소중립을 실현할 것을 발표하면서 이듬해 교육부에서 〔기후위기 극복 및 탄소중립 실천을 위한 학교 기후환경교육 지원 방안〕을 발표했다.[13] 2022년 12월 말에 최종 확정·고시된 '2022 개정 교육과정'의 개정 방향 중 미래사회가 요구하는 역량 함양이 가능한 교육과정으로 '기후·생태환경 변화 등이 가져오는 지속가능한 발전 과제에 대한 대응 능력 및 공동체적 가치를 함양하는 교육 강화'가 제시되었다. 이를 통해 초등학교는 ESG 관련 선택과목을 3학년부터 학년별로 두 개씩 운영이 가능하게 되어 3~6학년은 총 8개 과목을

---

11 대통령자문 지속가능발전위원회, & 이선경. (2004). [유엔 지속가능발전교육 10년을 위한 국가 추진 전략 개발 연구].

12 유네스코 한국 홈페이지(http://esd.unesco.or.kr). 지속발전교육이란?.

13 이상수 학교혁신지원실장. (2021). [기후위기 극복 및 탄소중립 실천을 위한 학교 기후환경교육 지원 방안]. Korea.kr; 대한민국 정책브리핑.

운영할 수 있는 여건이 마련되는 듯 했다.

고등학교는 2022 개정 교육개정안에 의해 '기후환경과 공동체 소양' '민주시민교육' 등 ESG관련 내용으로 관련 교과(과학, 사회, 환경, 국어)의 재구조화를 통해 '생태전환교육(기후변화와 환경재난 등에 대응하고 환경과 인간의 공존을 추구하며, 지속가능한 삶을 위한 모든 분야와 수준에서의 생태적 전환을 위한 교육)'이 모든 교과와 연계되고 사회과목의 융합선택 교과목에 '기후 변화와 지속가능한 세계(가칭)', 과학과목의 융합선택 교과목에 '기후 변화와 환경생태' 등 두 개의 선택과목이 신설될 계획이었다. 하지만 2022년 12월 고시된 '2022 개정 교육과정'에서는 '민주주의'가 '자유민주주의'로 용어가 대체되고, '생태전환교육'이 빠지면서 ESG교육 재구조화가 무산되었다.[14]

왜 ESG교육인가

〔OECD〕는 향후 10년 학생들이 갖춰야 할 역량을 새로이 규정한 〔OECD 교육 2030 프로젝트〕에서 급변하는 새로운 환경적, 사회적 문제에 대응하기 위해서는 책임 의식과 새로운 가치를 창출하는 변혁적 능력이 중요하다고 발표했다.[15] 또한 교육이 함양해야 할 핵심 역량으로 적극적인 참여의식을 뜻하는 '학생 행위주체성(Student Agency)'을 설정하

14 교육부 홈페이지(www.moe.go.kr)>법령 정보>입법·행정 예고/ 2022 개정교육과정 고시.

15 OECD. (2022). [OECD Future of Education and Skills 2030 - OECD Future of Education and Skills 2030].

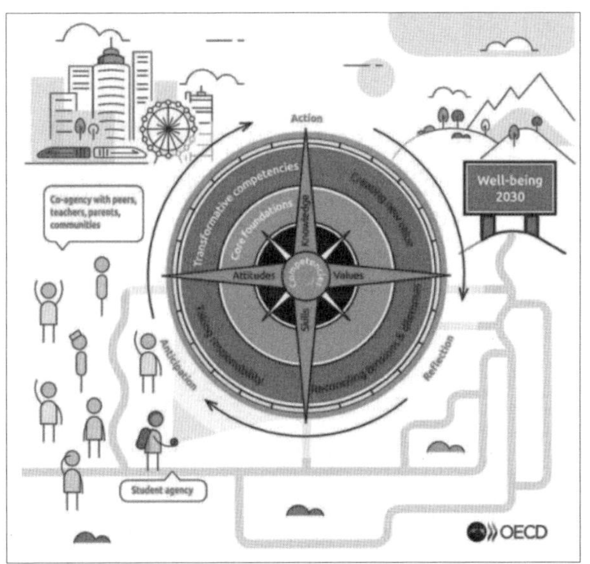

[그림 8-2] 'OECD 교육 2030'에서 제시한 학습 개념틀인 'OECD 학습 나침반 2030'

고 교육 목표로 개인 삶의 질, 사회적 포용, 웰빙(Well-Being)을 꼽았다.[16] 2018년에 〔세계경제포럼〕은 2025년을 전망하며 향후 능동적 학습이 주목받는 능력이 될 것이라 보고, 분석적 사고, 독창성, 비판적 사고, 사회적 영향력과 문제 해결 능력 등을 주요 작업 역량으로 제시했다.[17]

이렇듯 학생에게서 요구되는 역량이 급격히 변화하고 있는 가운데 우리나라 교육 시스템은 입시 위주의 경쟁만능주의, 성과 중심주의와 경직성에 머물러 있어 이러한 문제를 극복해야 하는 과제를 안고 있다. 입

16 이동수. (19.11.18). "학생 주체성 기르는 교육, 10년 뒤 미래사회 성패 좌우". 세계일보.

17 Whiting, K. (20.10.21.). "What are the top 10 job skills for the future?". World Economic Forum.

시제도 개선과 현행 교육 시스템의 대안에 관한 논의는 지속해서 이어졌고, 그 결과 2009년 이후 경기도 교육청을 중심으로 토론식 수업과 체험활동을 중심으로 교육과정을 개편한 1,000여 개의 혁신학교가 설립되어, 주체성과 자율성을 교육할 수 있는 유연한 교육 시스템으로 큰 인기를 끌었다.[18]

교육 시스템이 시대 상황에 뒤처지는 가운데 ESG와 지속가능성 교육은 미래에 요구되는 핵심 역량을 육성하고 우리 사회를 통합할 수 있다는 평가를 받고 있다. 안치용 ESG연구소장은 "ESG와 접목한 ESD, 혹은 ESD을 확장한 ESG교육은 학생에게 통합적인 문제해결 역량을 길러주면서 학교, 지역사회, 국가와 지구촌 전체를 아우르는 넓은 전망을 열어주어 세계시민으로 각성하게 할 것"이라며 "기본이자 기초교육 과정으로 학교교육에 'ESG+ESD'를 도입해야 한다"고 말했다. 이선경 청주교육대학교 교수는 〈교육, 탄소중립 사회로 전환 위한 원동력이자 추진력〉이라는 기고문에서 교사와 학생은 탄소중립 사회를 만들어갈 주역이자 주체이기 때문에 교육은 탄소중립 사회로 전환하는 가장 확실한 방법이라고 역설했다.[19]

18 김민정. (21.8.6.). "[전재학의 교단춘추] 혁신학교, 어찌 실(失)만 말하는가?". 에듀프레스(Edupress).

19 이선경. (21.12.9.). "교육, 탄소중립 사회로 전환 위한 원동력이자 추진력". 대한민국 정책브리핑.

대학가에 새롭게 등장하고 있는 ESG교육

국내 대학에서 ESG경영 교육을 위해 경영전문대학원의 ESG 수업이 늘어나는 추세다. 한양대학교는 국내 대학 최초로 경영전문대학원 MBA 내 전문 트랙으로 ESG과정을 신설했다. 한양대 MBA 세 개 과정 중 하나인 프로페셔널 MBA 과정 아래에 ESG 트랙이 생겼다. 프로페셔널 MBA 과정은 산업별로 특화한 경영 전문가 양성을 목표로 하는데, ESG 트랙은 국제 기준에 부합하는 실무 중심 ESG교육을 제공하고 전문가를 양성하겠다는 포부다.[20, 21] 이밖에 서강대 경영전문대학원, 서울과학종합대학원, 서울대 환경대학원, 단국대 경영대학원, 아주대 공학대학원 등에서 ESG과정을 잇달아 개설했다.

비경영전문대학원과 학부에서도 ESG교육이 새롭게 추가되고 있다. 연세대 미래캠퍼스 일반대학원 환경금융학과에는 'ESG 통합 지속 가능 투자' 과목이 개설되었으며, 법학전문대학원에서는 'ESG와 메타버스의 법적 과제'라는 과목을 개설하였다.[22] 한양대학교는 학부 교양과목으로 'ESG 컨설팅'을, 숙명여대 기후환경에너지학과에서 '기업과 ESG 환경 전략' '탄소배출권 금융시장론' 등 기후와 ESG 대응을 위한 과목을 신설했다.

---

20 강명윤. (21.9.7.). "대학가 파고드는 ESG … 단순 유행으로 그쳐선 안돼". 조선일보.

21 고민서. (21.9.29.). "한양대 MBA, 문화·의료·ESG까지 … 분야별로 특화된 경영전문가 양성". 매일경제.

22 조수빈. (21.10.15.). "대학가도 ESG 열풍…과목 추가하고 MBA 개설도". 한경ESG.

서울대학교는 2009년 〔지속가능발전연구소〕를 설립하였고, 2010년 환경부와 함께 그린리더십 교과과정을 만들었다. 연구소와 서울대학교 단과대 교수 30여 명, 환경부가 협력하여 교양과 전공과목, 핵심교과목을 구성했다. 환경부 인증서 발급과 교육 후에 관련분야 인턴십이 연계된다. 경영학뿐 아니라 정치외교학부, 생물교육과, 물리천문학부, 식품영양학부 등 다양한 전공을 포함하고 있다. 학생 참여가 활발하다. 1년에 600명 이상의 학생이 이 과정을 수료하며, 이중 60명가량이 인턴십으로 연결된다.

해외 ESG경영 교육

북미권에서는 지속가능성의 큰 흐름 속에서 ESG경영 교육이 등장했다.[23] ESG교육을 위한 새로운 교육과정을 설립한다기보다, 기존 재무 분석 혹은 지속가능한 투자 프로그램을 변용하고 있다. 금융투자 전문가 양성 교육 플랫폼을 운영하는 캐나다 기업 〔CFI〕는 기존 FMVA(Financial Modeling & Valuation Analyst), CBCA(Commercial Banking & Credit Analyst) 등에 더해 새롭게 ESG 특별과정을 만들었다. 7개 모듈을 전체 이수하면 인증을 받을 수 있다. 지속가능성에서 시작한 ESG의 개념과 ESG를 사회책임투자(SRI)와 비교해 보는 것까지 역사 속에서 발전한 ESG 개념을 가르친다. 사회학 용어로서 ESG와 재무분석 용어로서 ESG, 나아가

23 Best Sustainable Finance/ESG Courses(2022), Bankers By Day.

ESG투자의 전반적인 개념의 이해가 과정에 포함됐다. 학습양은 30~35시간이다.[24]

미국 예일대학교 경영대학은 '지속가능금융과 투자(Sustainable Finance and Investment)'라는 과정을 운영한다. 6주 과정으로 한 주에 5~8시간 진행되는 이 과정은 경영진이나 경영전문가, 기업과 단체의 의사결정권자를 대상으로 한다. 지속가능경영과 지속가능투자에 익숙하지 않은 시니어 비즈니스 리더가 ESG경영을 익히는 수업이라고 볼 수 있다.[25]

영국의 케임브리지 대학교에도 지속가능한 금융(Sustainable Finance) 과정이 있다. 8주 동안 6~8시간씩 온라인으로 진행된다. 투자 전문가를 대상으로 하지만, 정책 결정권자, NGO 등 지속가능 금융이라는 큰 틀에서 ESG경영을 배우고자 하는 사람을 대상으로 한다. 8개 모듈로 이루어져 거시적 의미와 미시적 의미의 지속가능한 금융을 다루고 있어서 사회 전반에서 규제로 작동하는 지속가능 금융에 대해서 알아볼 수 있다. 지속가능 산업에서 자본의 흐름과 분배를 배우고, 대처하기 위한 전략을 익힌다.[26]

네덜란드 바헤닝언 대학교에서는 '지속가능하고 포괄적인 지역 전문가(Sustainable & Inclusive Landscapes Professional Certificate)' 과정을 운영한다. 지속가능발전을 기반으로 '통합적 지역 경제' '지역 거버넌스' '지역 리더십' '기후 변화와 기후 행동'의 4가지 주 요소를 40~50시간에 걸쳐 다

24 CFI, Introduction to ESG(https://corporatefinanceinstitute.com/).

25 Yale University of Management Sustainable Finance and Investment.

26 Cambridge University, Sustainable Finance online short course.

룬다.[27]

[표 8-1] 주요 대학별 ESG 관련 커리큘럼

학교명	국가	ESG 관련 내용
노팅엄 대학교	영국	지속가능성 관련 커리큘럼, 지속가능성 화학연구소 설립, 2050 넷제로 목표 수립28
스탠퍼드 대학교	미국	환경과 에너지 관련 학과, 리서치 센터, 연구소 설립29
연세 대학교	한국	그린캠퍼스 이니셔티브, 그린리더스 양성 프로그램30
베이징 대학교	중국	지속가능개발과 국제관계학 전공 개설31
스톡홀름 대학교	스웨덴	지속가능성으로 커리큘럼 전환 프로젝트(RUCAS), 스톡홀름 생태회복 센터(SwedBio) 설립32
예테보리 대학교	스웨덴	예테보리 지속가능성 센터/기후기금/기후전략 설립, SDGs 달성을 위한 온라인 학습 툴/지속가능성 관련 프로그램과 커리큘럼 개발33

27 Wageningen University, & Research, Sustainable and Inclusive Landscapes.

28 Carbon and energy - The University of Nottingham. (2020). Nottingham.ac.uk.

29 Teaching & Research - Sustainable Stanford - Stanford University. (2022). Sustainable Stanford - Stanford University.

30 Global Leaders Engage in Sustainable Development at Yonsei University. (2019, March 15). Yonsei.ac.kr.

31 Peking University | HESD - Higher Education for Sustainable Development portal. (2014). Iau-Hesd.net.

32 Sustainable development - Stockholm University. (2015). Www.su.se.

33 Sustainable development. (2021, April 7). University of Gothenburg.

해외에서는 ESD와 ESG교육을 어떻게 실현하고 있을까

ESD는 여러 유럽 국가에서 20세기 중반 무렵 시작됐다. 핀란드는 1970년대에 ESD 플랫폼을 설립하였고 1990년대부터 지속가능발전 증진 프로그램과 핀란드 환경학교사업(ENSI) 등을 추진하며 교육발전계획안에 지속가능발전 원칙을 승인하고 유아교육 개편안에도 지속가능발전을 반영하였다.

독일은 1990년대 중반에 〔국가지속가능발전위원회〕를 설치하고 지역별로 환경교육센터 네트워크를 설립하여 환경교육과 ESD 프로그램을 체계적으로 실행했다. 1999년에는 각 학교에 ESD 도입을 지원하는 BLK21 프로그램을 시행하여 과목 간의 연계학습, 외부 파트너 참여 등을 통해 교육구조를 혁신하려 노력하였다. 2000년대 초반에 독일은 교육부 주도로 '세계 발전과 세계 책임 교육 프레임워크(Framework for Education for Global Development or Global Responsibility)'를 설립하여 경제, 종교, 지리, 윤리, 과학 등의 과목과 ESD를 융합하는 방법을 제시하는 교과과정을 개발하고 수업자료를 제공하였다. ESD를 교과과정에 본격적으로 통합한 것이다.

ESD 선도국가 스웨덴은 독일과 마찬가지로 정부 산하에 〔지속가능발전교육위원회〕와 〔스웨덴ESD국제센터〕를 설립하여 정부 주도로 지속가능발전을 연구하고 관련한 정책을 개발했다. 2006년에 〔고등교육법 개정안〕을 통해 스웨덴의 모든 대학이 지속가능발전을 장려할 것을 의무화하고, 2010년 〔신교육법〕은 지속가능발전을 교육과정의 목표로 설정할 것을 의무화하는 등 ESD에 법적인 강제성을 부여하였다. 스웨덴 자연보호협회, 〔스웨덴을 깨끗하게(Keep Sweden Tidy)〕를 비롯한 환경 관련 비영리단체에서도 환경학교(Environmental School)와 녹색학교프로그램(Green School Program) 등 다양한 교실밖 환경교육 프로그램을 운영하였다.[34, 35]

유럽의 〔갈릴레오 글로벌 교육(Galileo Global Education)〕은 ESG를 학교 운영 구조에 반영하고 ESG 관련 과목들을 교육과정에 직접 도입한 예시다. 2011년 파리에서 설립된 유럽 최대 고등 교육 그룹인 〔갈릴레오 글로벌 에듀케이션〕은 프랑스, 이탈리아, 독일, 멕시코 등 세계 13개국 55개 대학교의 네트워크를 구성해 오프라인 교육, 온라인 교육, 둘을 병합한 '하이브리드 교육'의 형식을 17만 명 이상의 학생에게 제공하고 있다.[36] 갈릴레오 그룹의 네트워크에는 프랑스의 파리경영대학, 프랑스영화음악원(CLCF), 미술대학인 이탈리아의 나바대학교, 독일의 마크로미디어 대학 등 여러 유수 대학이 포함되어 있다.

'갈릴레오 글로벌 교육'은 개별 학교의 특성에 맞추어 ESG교육과 관련한 자체적인 ESG 전략과 프레임워크, 투자와 지원을 제공한다. 예를 들어 파리경영대학에는 다양한 ESG 관련 과목을 개설하여 학부생은 3

---

34 오수길, 곽병훈. (2019). [주요 선진국의 지속가능발전교육 체계와 프로그램 분석: 핀란드, 스웨덴, 독일, 캐나다를 중심으로]. 한국비교정부학보, 23(4), (p 29-56).

35 노상우, 황혜연. (2013). [유럽학교의 지속가능발달을 위한 교육프로그램 분석.]. 교육의 이론과 실천, 18(1), (2013), (p 105-129).

36 (20.3.9.). "장기 글로벌 투자가 컨소시엄, 갈릴레오 글로벌 에듀케이션 인수 위한 배타적 협상 개시". STN 스포츠.

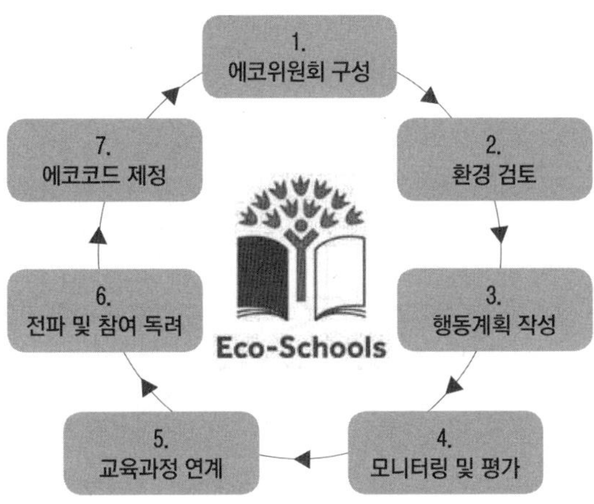

[그림 8-3] 에코스쿨 참여 학생들(위)과 실행흐름도(아래)

학년부터 ESG와 관련된 과목을 수강하고 대학원생은 기후변화 과정(module)을 필수적으로 이수해야 한다. 나바대학교에는 '지속가능한 디자인 교육'을 도입해 친환경 원단과 소재, 지속가능한 패션, 친환경 마케팅과 문화적 다양성 관련 과목들을 개설하고 지속가능성을 테마로 한 장학금을 설립했다. 이 외에 학교가 재정을 지출하고 건물을 새로 짓거나 수리할 때에 지속가능성 관련 기준을 충족하도록 컨설팅을 제공하고 있다.[37]

우리나라가 참여한 국제 교육 프로그램으로는 '에코스쿨(Eco School)'이 있다. 유럽 환경교육재단의 주도로 시작하여 덴마크, 독일, 그리스, 영국 등 세계 72개 국 5만9000개 학교가 참여한 프로그램으로 한국은 2017년에 참여하였다.

에코스쿨은 환경 관련 주제를 선정하고 학생 주도의 에코위원회 구성, 환경 검토, 행동계획 작성, 모니터링 및 평가, 교육과정 연계, 전파 및 참여 독려, 그리고 에코코드 제정의 7가지 실행단계를 통해 운영된다. 이 7가지 단계는 학생 주도로 교사·학교운영위원회와 지역사회의 협력 아래 진행된다. 에코스쿨 프로그램을 도입한 학교는 각국 인증기관의 심사를 거쳐 에코스쿨 그린플래그(Eco School Green Flag)를 받는다. 환경교육재단에서 발간한 〈에코스쿨 25주년 보고서〉는 에코스쿨이 참여 의사결정, 문제 해결력, 가치 중심 학습, 학제 간 학습 능력을 함양한

---

37 Galileo Global Education. (2021). [Galileo Global Education ESG Report 2021]. (p 10-35).

다고 밝혔다.[38, 39, 40]

ESG교육을 어떻게 시행할 것인가

대학 교육이 아닌 공교육에서 ESD는 하나의 교과목이나 교육과정으로 편성되어 있지 않고, '민주시민 교육' '인권 교육' '환경·지속가능발전 교육' 등의 범교과적 학습주제로 명시되어 각 교과 학습주제, 학교장 재량활동, 특별활동 등으로 분산되어 다뤄지고 있다.[41] 일반 교과목 안에서는 도덕·과학·사회 과목에서 지속가능성과 관련된 주제를 다루고 있지만, 단편적이고 산발적인 교육 내용 때문에 통합성이 낮다는 진단을 받았다.[42] 2020년 환경부 지원으로 한국 환경교육학회에서 시행한 〈차기 국가 교육과정에서의 환경교육 강화전략 마련을 위한 기초 연구〉에서는 환경교육이 과학·사회·도덕 등의 과목에 산발적으로 포함된 분산 조직 형태를 취하고 있으며, 국가 교육과정에서 환경과 지속가능발전교육을 범교과학습 주제로 제안하고 있지만 각 교과에 어떻게 포함해

38 박상영. (2009). [에코스쿨(Eco-School) 활성화 방안에 관한 연구 : 친환경 학교를 대상으로 한 디자인 평가를 중심으로]. 국내 석사학위논문 경희대학교. 경기도.

39 (2021). [글로벌 교육 편] 2021년 제4호 영국과 독일의 에코스쿨 프로그램의 주요 내용과 시사점. Kedi.re.Kr.

40 Eco-Schools 7-steps Methodology for Change - Center for Sustainable Transformation. (2022). Center for Sustainable Transformation. 바탕으로 재구성.

41 범교과 학습주제. (2013). 에듀넷 티 클리어.

42 박윤경 외. (2021). [초중등 사회과 교육과정의 환경교육 현황 및 개정 방안: 2015 개정 교육과정을 중심으로]. 환경교육, 34(1), (p 105).

야 할지에 관한 전략이 부재하다고 지적했다.[43]

조현영 인하대학교 교육대학원 교수는 현 교육과정에서도 심층적 학습이 선택교과와 학교 자율활동 형식 등의 과제와 프로젝트로 존재하지만 학교와 지역별로 여건의 편차가 있어 일관성 없이 이루어지고 있고 정체성이 모호한 잉여시간으로 인식되고 있어 범교과적 학습을 체계화하고 세심한 대안을 마련해야 한다고 지적하였다.[44]

〈세계 시민교육 연계 지속가능발전교육 활성화를 위한 지원 방안 탐색〉 연구에서는 ESD를 활성화하기 위한 수단으로 교육자료 개발, 연구회 중심 프로그램 개발, 교사 역량 강화, 교육부 차원의 거시적인 계획 수립과 시민단체와 연계를 꼽았다.[45] ESD와 연계한 ESG교육은 단편적인 지식 학습을 넘어선 가치관, 태도와 삶의 방식에 관한 통합적인 교육이기에 ESG를 어떻게 교육할 것인지 그 비전을 최우선으로 수립해야 한다. 다양한 이해관계자의 참여 또한 중요하다. 유네스코 한국위원회에서 발표한 〔지속가능발전교육 로드맵〕은 교육 정책 입안자, 시민 사회 조직, 민간 기업과 학계가 협력하여 파트너십과 시너지 관계를 구축해 지속가능발전 관련 정책 및 프로그램의 설계와 실행 과정에 학생을 주체로 적극적으로 참여시키는 것을 제시한다.[46]

유네스코 한국위원회는 '지속가능발전교육 발전계획'에서 ESD를 둘

43 이선경 외. (2020). [차기 국가 교육과정에서의 환경교육 강화전략 마련을 위한 기초 연구: 환경교육 내용 분석틀 개발을 중심으로]. 환경교육, 33(3), (p 247-261).

44 지속가능발전교육 - 유네스코학교 네트워크. (2014). Unesco.or.kr.

45 김영순, 윤현희. (2018). [세계시민교육 연계 지속가능발전교육활성화를 위한 지원방안 탐색]. 교육문화연구, 24(4), (p 33-52).

46 유네스코 한국위원회. (2021). 지속가능발전교육(ESD) 로드맵.

러싼 변화하는 상황에 대응하기 위해 국가, 시장과 시민 사회를 묶어낸 능동적인 추진 주체를 마련하고 ESD포럼과 학회 창립을 통해 ESD의 이론적 기반을 닦아야 한다고 주장했다.[47] ESD와 ESG교육을 포괄하는 사회와 국가 차원의 논의기구나 추진체계의 마련이 시급해 보인다. 기구가 마련된다면 불가피하게 시민사회, 정부, 기업, 교육계, 학계가 모두 참여하는 형태가 될 전망이다.

---

47 이선경, 이재영, 김인호. (2018). 유네스코 한국위원회의 지속가능발전교육 발전계획.

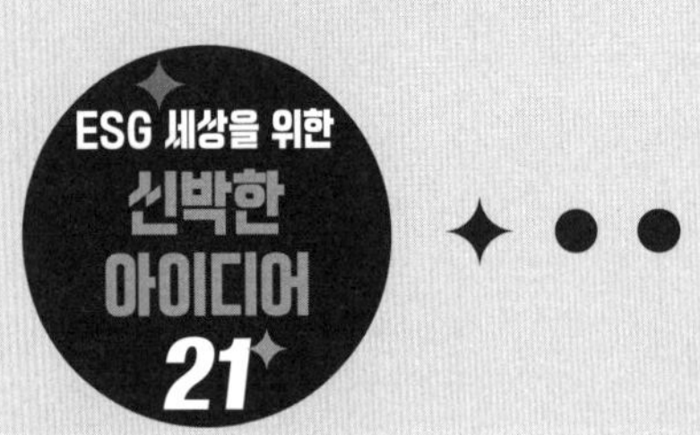
ESG 세상을 위한
신박한
아이디어
21

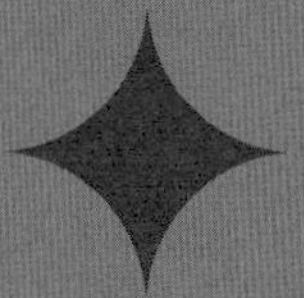

9장

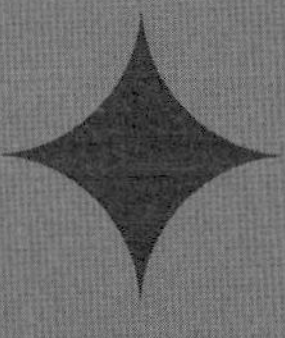

다양한 가족을 인정하라

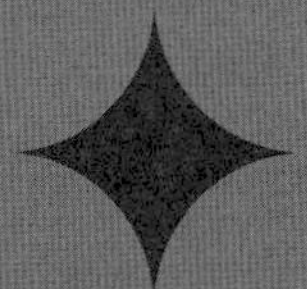
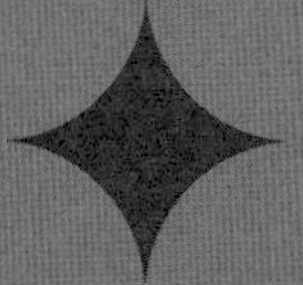

현재 정부와 국회는 〔건강가정기본법〕과 〔생활동반자법〕 등 민법 개정을 함께 추진 중이다. 이 법안의 골자는 다양한 유형의 가족이 법적 테두리 안에서 보호받을 수 있도록 한다는 것이다. 법안이 통과되면 미혼모와 그 자녀로 구성된 한부모 가정은 물론 노숙인 자조모임 등 피가 섞이지 않았다는 이유로 법적 보호를 받지 못하는 '가족'의 사각지대를 해소하고 제도적 지원을 도모할 수 있다. 하지만 이 법안은 현재 국회 내 보수 계열 의원 및 보수종교계 반대로 논의가 보류 중이다. 이 법이 동성애를 조장한다는 것이 그들의 주장이다.[1]

가족이란 무엇일까

전통적으로 가족은 부모 및 그들과 함께 사는 자녀를 의미하며, 부모와 자녀로 구성된 2세대 핵가족, 남과 여, 혼인한 부모, 가족 간의 친밀감, 가정 및 경제 공동체 등의 특성으로 정의되었다. 이러한 전통적 정의를 바탕으로, 기존 가족법은 종족 유지를 위한 친족 공동생활 형태, 신분의 승계(承繼), 신분에 기인하는 재산의 승계를 규율하는 실체법(實體法), 즉 〔민법〕 제4편 '친족'과 제5편 '상속'을 지칭했다.[2]

그러나 가치관의 변화와 다양한 삶의 방식이 생겨남에 따라, 사람들

1 신형철. (21.08.18.). "건강가정기본법이 동성혼 인정? 종교계 반발속 여가위 개최 무산". 서울신문.

2 두산백과. [가족법].

이 생각하는 가족의 의미는 변화하고 있다.[3]

우선 개인의 권리와 행복, 자율성의 강조로 결혼에 대한 인식에 큰 변화가 있었다. 통계청에서 실시한 '결혼 필요성 및 적정 결혼 시기' 조사에 따르면 꼭 결혼해야 한다는 답변은 42%에 불과했다. 결혼해야 한다는 의견이 2017년부터 2020년까지 지속해서 감소하였고, 혼인율도 마찬가지다. 통계청 혼인 통계에 따르면 조혼인율(粗婚姻率·인구 1000명 당 혼인 건수)이 1996년에 9.4건이었는데 2020년에 절반 아래인 4.2건으로 떨어졌다.

나아가 동거가족(결혼하지 않은 남성과 여성이 함께 사는 가족의 형태), 사실혼, 동성혼, 비혼모, 대안가족, 반려동물과 가족구성 등 다양한 가족의 형태가 등장했다. 예를 들어 비혼동거가 사실혼의 형태로 법률혼을 대체하는 가족구성임을 현실에서 쉽게 확인할 수 있다. 비혼동거(사실혼) 실태조사 결과 20~30대에서 '아직 결혼하기에는 이르다고 생각하여' '곧 결혼할 것이라서' 등의 항목이 동거 이유로 많이 제시된 반면 40~50대에서는 '형식적인 결혼제도에 얽매이기 싫어서', 60대 이상에선 '결혼 전 소득이나[4] 자산을 독립적으로 사용하거나 관리하기 어려워서' 등이 높게 나타났다.

다양한 해석이 가능하지만 동거 자체가 이미 자연스러운 선택지가 되었다는 사실이 강조될 필요가 있다. 혼인관계보다 비혼동거 관계의 파트너 만족도가 더 높고 만족도의 성별 차이 또한 적었다는 결과 역시 주

---

3 조은희. (2020). [법제도에서 다양한 가족의 수용을 위한 개선]. 법과정책, 26(1), (p 133-135).

4 조은주. (2021). [[토론4] 비혼동거 실태조사 결과와 정책적 함의: 비혼동거 가족의 증가 및 인식 변화와 가족 정책 방향]. 한국여성정책연구원 세미나자료, 2021(09), (p 35-36).

목된다. 평균수명의 연장 및 인구 고령화와 더불어 최근 60대 이상 연령대에서 동거 비율이 높아지고 있으며, 60대 이상에서 동거기간 10년 이상 비중이 43.8%로 조사된 것은 유의미하다. 동거 이유로 모든 연령대에서 '별다른 이유 없이 자연스럽게'가 1순위 응답이었다는 사실은 시대상의 변화를 단적으로 보여준다.

가족법이 개정되어야 하는 이유

[그림 9-1] 가족 체계

현재 한국의 가족법 체계는 전통적인 혼인 및 유교적 혈연주의 중심이어서, 점점 더 다양해지는 비혼인 생활의 공동체 관계와 이를 추구하는 국민의 요구를 제대로 반영하지 못하고 있다. 한국의 가족 체계에 속하지 않는 가족은 법적·제도적 지원과 보호를 받지 못하고 정책적 차별을 받을 수 있기에, 헌법이 보장하는 '법 앞의 평등' '자기 결정권' '국가에 의한 가족생활의 보장' '행복을 추구할 권리' 등을 침해받는다는 지적이 있다.[5]

〔한국보건사회연구원〕이 동거 경험이 있거나 현재 동거 중인 만 18~49세 253명을 대상으로 조사한 결과, 생활비·소유물·임신·출산·양

5 백시우, 진재훈. (2017). [비혼인 생활공동체의 인권 신장을 위한 시민결합제도 도입방안 연구]. 2017 인권논문 수상집. (p 209-210).

육 등을 포함해 발생할 수 있는 문제를 대비해서 동거 상대방과 계약서나 각서를 작성할 필요가 있는지에 대해 46.6%가 약간 필요하다, 11.9%가 매우 필요하다고 답하였다. 거의 60%가 그 필요성을 느꼈다.[6]

정서적 유대감과 관계의 안정성 측면에서 비혼동거 관계가 법률혼 관계와 유사한 성격을 보이지만, 주변으로부터 인정받는 정도에 있어서는 현격한 차이를 보인다. '동거하는 부부의 자녀에 대한 부정적 인식'으로 인한 문제보다 '교육비 등의 혜택' '보호자 지위 인정' 등의 문제가 더 부정적인 경험으로 인식되는 현실에서 제도 차원의 사회적 논의가 시급해 보인다. 나현진 변호사는 "사실혼에서 재산분할청구권이 인정돼 이혼할 때 본인 기여도에 따라 재산분할을 청구할 수 있기는 하지만, 상속은 인정하지 않고 있어서 상속에 관한 보완이 필요하다"고 말했다.

동성연애 중인 박현수(가명, 24세) 씨는 "이성커플처럼 사랑하는 사람과 결혼을 하고 가족으로 인정받고 싶은데 법적으로 인정받을 수 없어서 오는 상실감이 있다"고 말했다. 가족법 개정은, 아직 사회적 합의가 부족한 동성혼 합법화를 우회하고 또 선행하여 사회적 충격을 완화할 수 있다. 동성혼을 현행 혼인제도에 바로 포섭하는 것에 앞서 〔생활동반자법〕을 통해 동성결합에 법률상 권리를 부여하는 절충안이다. 〔차별금지법〕이나 동성혼 법제화를 대체하는 방식으로 퀴어 인권을 저하하자는 것이 아니라, 함께 추진되어 당장의 시급한 문제를 최소화하고 사회적 파장을 완충하자는 취지다. 독일의 〔생활동반자법〕은 등록된 동성커플에 혼인재산제, 부양권, 혼인해소 요건, 연금수급대상 규정 등 일정한

6 변수정 외. (2016). [다양한 가족의 출산 및 양육실태와 정책과제]. 한국보건사회연구원 연구보고서. (p 137-138).

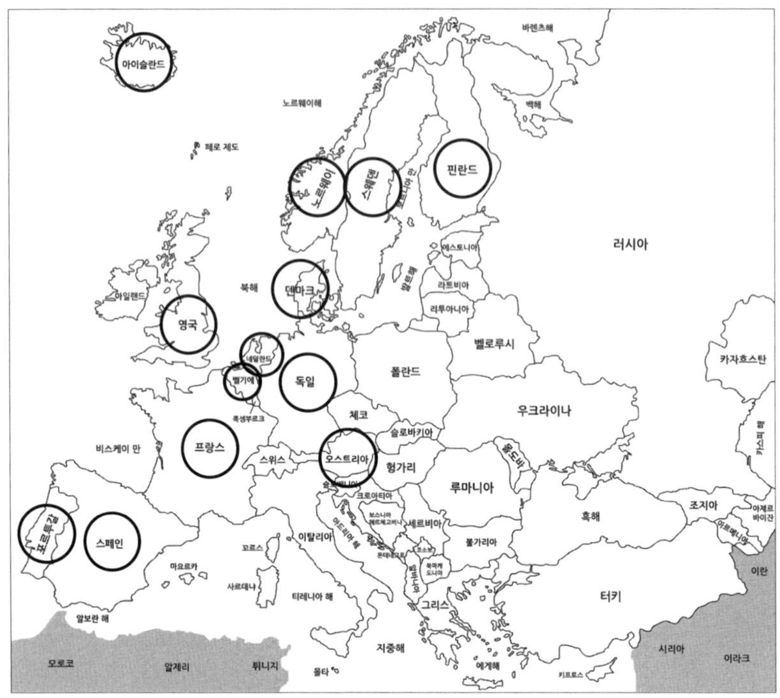

[그림 9-2] 동성결혼 유럽지도(동그라미 친 국가에서 합법)

권리를 부여하고 있다.

동거가족 및 다양한 생활공동체가 겪는 정책소외 문제를 해결하기 위해서는 생활동반자 제도 도입을 중심으로 법률 제정·개정, 돌봄의 권리와 경제적 권리의 보장, 그리고 사회적 인식 개선을 동시에 추진해야 한다. 돌봄의 권리 보장을 위해서는 생활동반자의 의료 보호자 자격 인정, 장례 권리 인정(연고자 기준 확대 및 사전 지정제)을, 경제적 권리 보장을 위해서는 공공임대주택 입주자격 및 주택자금 지원사업 대상 확대, 직장

내 복리후생제도의 가족 범위 확대, 가족 다양성 포용 기업의 사례 확산과 직장 내 조직문화 개선 사업(컨설팅, 교육 콘텐츠 제작, 관리자 교육, 우수기업 인증제도 반영 등)을 고려해 볼 수 있다. 인식 개선을 위해서는 기초자료 구축(다양한 가족 파악 가능한 통계 생산 등), 교육 및 캠페인(교육 프로그램 개발, 미디어 모니터링)을 적극적으로 추진해야 한다.[7]

다른 나라의 생활공동체 관련 법

프랑스에서는 1999년 11월 5일에 혼인과 비슷한 형태의 공동생활을 새롭게 규율하는 〔연대의무협약(PACS, Pacte Civil de Solidarité)〕을 입법하였다. 프랑스 민법 제515조에 의하면 PACS는 이성 또는 동성의 성년인 두 사람이 공동생활을 영위할 목적으로 체결하는 계약이다. 직계존속과 직계비속 사이거나, 직계의 인척 사이거나, 3촌 이내의 방계혈족 사이는 계약이 불가능하다. 두 사람 중 적어도 한 명이 혼인 관계에 있거나 이미 다른 사람과 PACS가 성립되어 있어도 불가능하다. PACS는 어떠한 친족 관계도 발생시키지 않고 오로지 재산상의 효과만 있다는 점에서 혼인과 다르다. 이들은 재산 관리 및 지출 부담, 소득 신고 등을 공동으로 할 수 있고, 혼인한 부부와 사실상 동일한 세금 공제의 혜택을 받을 수 있으며, 당사자가 사망할 때도 혼인과 같은 규정이 적용된다. 그러나

7 김영정. (2021). [[토론2] 비혼동거 가족 생활경험 사례와 정책 욕구]. 한국여성정책연구원 세미나자료. 2021(09). (p 27).

상대방의 사망으로 인한 상속권은 없다.[8]

공포 이후 10년 동안 신고 건수가 70만 건이었고, 체결한 당사자는 100만 명 정도 되어서, PACS는 현재 프랑스 사회에서 성공한 제도로 평가받고 있다. 혼인율이 낮았고, 동성 커플의 실질적인 공동생활 보장 요구가 있었다는 사실을 통해, PACS 체결이 이들의 요구에 부합했다는 사실을 유추해볼 수 있다.[9] PACS는 법 제정 당시 많은 법학자, 국민이 우려를 표했지만 결국 프랑스 사회에 잘 정착해있다는 점에서 참고할 만하다. 혼인율이 낮아지고 사실혼율이 높아지고 있는 한국에서도 고려해볼 만한 법이다.[10] 반면 PACS에 동성 결합을 제도 안에 포섭하고자 하는 의도가 강하게 개입했기 때문에, 동성애를 바라보는 인식이 프랑스보다 보수적인 우리나라에서 바로 적용하기 어려울 수 있으므로, 우선 비혼 동거 가족에 초점을 맞춰 적용해야 한다는 의견도 있다.[11]

독일에서 2001년 8월 1일 시행한 〔생활동반자법(Lebenspartnerschaften)〕은 동성애자가 다른 파트너와 법적으로 '등록된 동반자관계'를 맺을 수 있는 법이다. 동성의 관계만을 규정하고 있다는 점에서 프랑스의 PACS와 다르다. 2인 사이에서만 성립할 수 있고, 다른 사람과 동시에 동반

---

8 백시우, 진재훈. (2017). [비혼인 생활공동체의 인권 신장을 위한 시민결합제도 도입방안 연구]. 2017 인권논문 수상집. (p 202-203).

9 안문희. (2012). [PACS, 연대의무협약에 대한 연구: PACS 제정 후 십여 년이 지난 지금은?]. 법과사회, (42), (p 202-205).

10 안문희. (2012). [PACS, 연대의무협약에 대한 연구: PACS 제정 후 십여 년이 지난 지금은?]. 법과사회, (42), (p 223-224).

11 변수정 외 4인. (2016). [다양한 가족의 출산 및 양육실태와 정책과제]. 한국보건사회연구원 연구보고서. (p 101).

자 관계를 맺을 수 없다.[12] 이 관계가 성립하면 두 사람은 서로를 부양하고 지원하며 공동생활체를 형성하고, 공통의 성을 가질 수 있으며, 부부재산제와 유사한 법정 재산제를 따라야 한다. 동반자가 사망했을 때 혼인 배우자처럼 재산을 상속받을 수 있다. 그러나 동반입양과 순차적 입양이 불가능하고, 동반자 관계 후 노령연금 조정이나 사망 후 연금 관련 규정이 없다는 점에서 혼인과 다르다.[13]

일본의 〔파트너십 증명제도〕는 동성 결합 관계를 보호하기 위한 제도로, 동성 간 파트너십 인증서의 법적 효력 여부와 범위에 따라 '시부야 방식'과 '세타가야 방식'으로 구분할 수 있다. 시부야 방식은 '남녀평등과 다양성을 존중하는 사회를 추진하는 시부야구 조례'에 따라 동성 커플을 법적으로 보호하며[14], 세타가야 방식은 지자체장의 권한으로 동성 결합 관계에 파트너십을 인정한다.[15] 시부야구의 '파트너십 증명'은 법적 구속력이 없지만, 구(區) 내에서 혼인 가구와 동일한 혜택을 받을 수 있고, 가족용 구영 주택 입주가 가능하며 파트너의 수술동의서 작성이 가능하다. 이 제도는 프랑스나 독일과 달리 지방자치단체에서 시작된 제도로, 다양한 가족 구성원의 행복추구권을 지방자치단체가 보장해주

12 김민중. (2001). [독일의 새로운 가족법상의 제도로서의 동성사이의 [생활동반자관계]]. 가족법연구, 15(2), (p 395-397)

13 이보연. (2019). [독일 동성혼 인정 과정을 통해서 본 의회와 연방헌법재판소의 상호작용]. 서울법학, 26(4), (p 56-57).

14 백시우, 진재훈. (2017). [비혼인 생활공동체의 인권 신장을 위한 시민결합제도 도입방안 연구]. 2017 인권논문 수상집. (p 207)

15 박복순 외 3인. (2019). [여성·가족 관련 법제의 실효성 제고를 위한 연구(VII)]. 한국여성정책연구원 연구보고서. (p 25)

고 있다는 점에서 큰 의미가 있다.[16]

호주의 〔연방 가족법(Family Law Act)〕은 1975년에 생긴 법으로 사실혼 관계를 법제화하였다. 2008년에 개정되어, 이성 관계뿐 아니라 동성 관계를 포함하게 되었으며, 사실혼을 공동으로 생활하는 커플로 설명하며 상호 혼인 관계에 있거나 가족관계에 있지 않은 성년 두 사람으로 정의한다. 업무상 재해에 보상을 받을 수 있고, 사회 보장을 받을 수 있으며, 재산분할과 상속을 인정받을 수 있다. 둘 중 한 명이 다른 사람과 혼인이나 사실혼 관계에 있어도 새로운 사실혼 관계를 인정받을 수 있다는 점이 특이하다.[17]

스웨덴은 1987년에 〔동거인의 공동 주거에 관한 법률〕로 이성 커플의 재산과 주택의 분배를 보호하고, 〔동성 간 동거에 관한 법률〕로 동성 커플을 보호했고, 2003년에 〔동거법(Sambolag)〕으로 통합했다.[18]

다양한 가족의 수용을 위해

동성애 관련 동반자 법이 시행되는 나라가 많지만 한국에 곧바로 들여올 수 있을지는 논의가 필요하다. 동성애에 관한 한국사회의 인식 수

16 백시우, 진재훈. (2017). [비혼인 생활공동체의 인권 신장을 위한 시민결합제도 도입방안 연구]. 2017 인권논문 수상집. (p 208)

17 박복순 외 3인. (2019). [여성·가족 관련 법제의 실효성 제고를 위한 연구(VII)]. 한국여성정책연구원 연구보고서. (p 22).

18 박복순 외 3인. (2019). [여성·가족 관련 법제의 실효성 제고를 위한 연구(VII)]. 한국여성정책연구원 연구보고서. (p 22).

준은 논외로 하더라도 동성 커플의 법적인 지위에 관한 논의가 미진한 상황이어서, 우선은 동성애자의 법적 지위를 보호하려는 논의가 선행되어야 하며, 그런 연후에 동성애자의 동반자법 도입으로 나아가는 방법론이 현실적이다.[19]

동거가족에 대한 인식 개선도 마찬가지다. 앞서 〔한국보건사회연구원〕이 동거인들을 대상으로 진행한 설문조사에서 응답자의 44.6%가 동거에 대한 우리 사회의 태도가 호의적이지 않다고 답하였고, 43.7%가 약간 호의적이지 않다고 하였다.[20]

설문조사 대상자 중 13%가 결혼제도나 규범 등에 얽매이지 않고 자유롭게 살고 싶어서 혼인 대신 동거를 선택했다고 한 것은 눈여겨봐야 한다.[21] 혼인 제도가 적용되는 것을 원치 않아서 혼인 대신 동거를 선택한 생활공동체가 존재할 수 있기에 새로운 생활공동체를 가족의 형태와 똑같이 규정하거나 기존의 가족 체계를 아예 뒤엎는 게 아니라, 가족과 같은 동시에 다른 새로운 하나의 단위로 인정하고, 그들을 위한 새로운 법을 논의하여 제정하는 것이 필요하다.[22]

법무법인 한결 김장식 변호사는 "종교적으로, 그리고 자연법으로 사람들이 규정해놓은 가족의 개념이 있기 때문에 그런 관념을 존중하지

---

19 박복순 외 3인. (2019). [여성·가족 관련 법제의 실효성 제고를 위한 연구(VII)]. 한국여성정책연구원 연구보고서. (p 32).

20 변수정 외 4인. (2016). [다양한 가족의 출산 및 양육실태와 정책과제]. 한국보건사회연구원 연구보고서. (p 227).

21 변수정 외 4인. (2016). [다양한 가족의 출산 및 양육실태와 정책과제]. 한국보건사회연구원 연구보고서. (p 110).

22 백시우, 진재훈. (2017). [비혼인 생활공동체의 인권 신장을 위한 시민결합제도 도입방안 연구]. 2017 인권논문 수상집. (p 210).

않고 새로운 형태의 가족을 기존의 가족과 동일하게 묶어서 가족법을 적용하면 또 다른 피해를 불러일으킬 수 있다"며 "민법의 가족 개념을 건들이기보다는 새로운 형태의 가족을 실질적으로 보호하는 제도를 따로 만드는 것이 바람직하다"고 말했다.

동성애자와 사실혼 및 비혼 관계의 동반자 법을 시행하고 있는 국가는 많지만, 아직 이 셋을 제외한 형태의 동거 가족과 대안 가족 그리고 반려 가족을 위한 법을 검토하고 있는 사례는 거의 없다. 요원하지만 동성애와 사실혼에 그치지 않고 더 다양한 가족의 형태를 고려하며 제도 개선과 법 제정을 논의해볼 필요가 있다.

[그림 9-3] 다양한 가족 형태 고려

10장

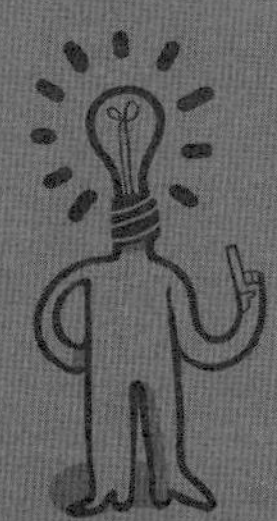
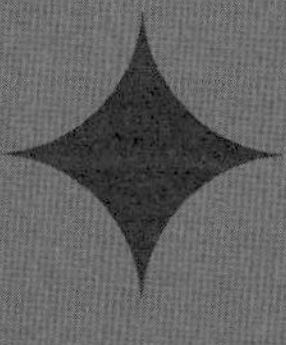

종교인에게도 공평한 과세를

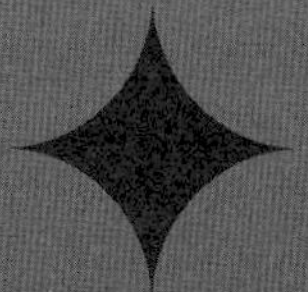
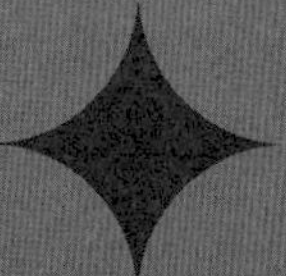

"구멍가게에서도 세금을 매기면서 더 많은 소득을 얻은 성직자들에게 세금을 면제해주는 것은 과세 공평의 원칙에 어긋난다."

1968년 7월 초대 국세청장인 이낙선이 한 이 말은 종교인 과세를 거론한 최초의 발언으로 알려져 있다. 실제로 그는 종교인에게 갑종근로소득세를 부과하는 방안을 검토하라고 지시하였다.[1] 실제 종교인 과세는 그로부터 반 세기가량이 지난 후에 그것도 불완전한 형태로 실현된다.

2013년 8월 정부가 종교인 사례비를 기타소득으로 과세하는 〔소득세법시행령 개정안〕을 공고하면서 종교인 소득에 대한 소득세 과세가 더욱 구체화한다. 개정안은 "종교 관련 종사자가 종교 활동 등을 통해 종교단체 등으로부터 받은 금품은 기타소득으로서 사례금에 해당하고 필요경비는 80%로 공제 가능함을 명확하게 규정하기 위함"이라고 개정 이유를 밝혔다.[2] 긴 논의 끝에 2015년 9월 정부의 소득세법 개정안이 국회에 제출되었고 12월 2일 국회 본회의를 통과했다. 이때 통과된 것은 정부안이 아닌 여러 의원입법안을 반영한 〔소득세법 일부개정법률안(대안)〕이었는데, 종교 소득세가 기타소득만이 아니라 근로소득으로도 과세됨을 명시했다.[3]

〔종교인 소득 관련 소득세법〕은 2년 유예를 거쳐 2018년 귀속 소득분

---

1 허원, 박훈. (2018). [세법상 종교인 소득세의 도입배경과 향후과제]. 외법논집, 42(2), (p 73).

2 기획재정부소득세법시행령일부개정령안입법예고, 기획재정부 공고 제2013-000호, [2013. 08. 09.]

3 허원, 박훈. (2018). [세법상 종교인 소득세의 도입 배경과 향후 과제]. 외법논집, 42(2), (p 74).

부터 시행되고 있다.[4] 현행 소득세법은 종교 관련 종사자가 종교의식을 집행하는 등 종교 관련 종사자로서 활동과 관련하여 대통령령으로 정하는 종교단체로부터 받은 소득을 종교인소득으로 정의하고 이를 기타소득으로 본다.[5,6] 다만 근로소득으로 원천징수했거나 종합소득세 확정신고를 하였을 때는 이 소득을 근로소득으로 보도록 규정하였다.[7] 따라서 종교단체 또는 종교인 개인이 소득 유형을 '기타소득'과 '근로소득' 중에서 선택할 수 있으며, 선택하지 않으면 기타소득으로 과세한다.

평균적으로 일반 급여소득자에게 6~15%의 소득세율이 적용되는 반면, 종교인에게 적용되는 소득세율은 1% 수준이다. 비과세 내역에도 차이가 있다. 일반 급여소득자가 20~70% 수준의 근로소득공제를 받을 수 있는 것과 비교해, 소득신고 시 근로소득과 기타소득 중에 선택할 수 있는 종교인이 기타소득으로 신고할 때 소득의 20~80%까지를 종교활동

4 정연식. (2021). [종교인소득 소득유형의 문제점과 개선방안]. 로고스경영연구, 19(2), (p 158).

5 현행 소득세법 제21조(기타소득) 제1항 제26호.

6 종교 관련 종사자란, 「통계법」 제22조에 따라 통계청장이 고시하는 한국 표준직업분류에 따른 종교관련 종사자를 말하고(소득세법 제12조 제5호 아목), 종교관련 종사자는 목사, 신부, 승려, 교무, 그 외 성직자 등 '성직자'와 수녀 및 수사, 전도사, 그 외 종교 관련 종사원을 포함한 기타 '종교 관련 종사원'으로 나뉜다. 종교단체는 종교의 보급과 기타 교화를 목적으로 「민법」 제32조에 따라 설립된 비영리법인, 「국세기본법」 제13조에 따른 법인으로 보는 단체, 「부동산등기법」 제49조 제1항 제3호에 따라 부동산등기용 등록번호를 부여받은 법인 아닌 사단 · 재단으로서, 그 소속 단체를 포함한다(소득세법 시행령 제41조 제14항). 종교인 소득 중 법령에 따른 본인 학자금, 식사 또는 식사대, 실비변상적 성질의 비용(일직료·숙직료, 여비, 종교활동비, 재해 관련 지급액), 출산·6세 이하 보육수당, 사택제공이익은 종교인소득으로 신고 시 과세대상에서 제외된다(소득세법 제12조 제5호 아목). 국세청 > 국세신고안내 > 법인신고안내 > 종교인소득 > 종교인소득 과세 개요.

7 현행 소득세법 제21조(기타소득) 제3항.

비, 여비, 숙직료 등의 필요경비로 공제받을 수 있다.[8] 이 중 비과세인 종교활동비의 범위를 종교인이 스스로 결정할 수 있게 하여 논란이다.[9] 종교단체는 세무조사를 받지 않기에 조세 형평성을 두고 비판이 제기될 수밖에 없어 보인다.

2018년 3월 27일 〔한국납세자연맹〕과 〔종교투명성센터〕가 헌법재판소에 종교인 과세 관련 헌법소원을 제기했다.[10] 종교인 8명과 시민 613명 총 621명이 종교 과세 관련 헌법소원에 참여했다. 이들은 종교인 과세 법령이 종교인에게 특혜를 줘 입법 취지와 반대로 조세 형평성을 훼손했다고 주장했다.

대표적으로 소득세법이 종교인 소득을 기타소득과 근로소득 중 하나로 선택하도록 해 본인에게 유리한 세목을 선택해 납부할 수 있도록 했다는 것이다. 같은 소득일 때 종교인 기타소득으로 납부하는 것이 근로소득으로 납부하는 것보다 상당한 혜택을 볼 수 있다고 이들은 주장했다.[11]

---

8 김중배. (2021). [종교인소득의 과세제도에 관한 연구]. 국내석사학위논문. 한국방송통신대학교 대학원.

9 김우성. (17.11.29.). "[생생경제] 종교활동비 비과세… 법 없이 알아서 세금내?". YTN;

10 명재진. (2019). [종교인과세 소득세법 위헌논쟁]. 교회와 법, 6(1), (p 93).

11 권혁률. (2018). [[교계 포커스] 오히려 종교인 '지원'법이 된 종교인 과세법안]. 기독교사상, 709, (p 82).

타 국가 종교 과세 현황

미국 세법은 성직자를 자영업자로 본다. 따라서 종교 서비스로 받는 소득은 자영업 소득으로 간주되어 사회보장세를 납부해야 한다.[12] 기본적으로 종교인이 수령하는 보수, 임금, 기부금을 포함한 모든 소득이 종교인의 고용 형태와 무관하게 소득세 과세 대상이 된다. 만약 사회보장세를 납부한 후에 종교인이 은퇴하면 정부로부터 사회보장연금을 받을 수 있다. 더불어 성직자가 재임하는 동안 교회가 성직자에게 급여를 지불하며 연금을 납부하면 성직자는 은퇴 시 연금을 받을 수 있다. 즉 은퇴한 성직자는 정부와 교회의 연금을 동시에 받으며 노후를 보내게 된다. 미국의 종교인 과세제도는 재정수입보다 사회보장 측면에서 설계되었다고 할 수 있다.[13]

기타 비영리법인과 마찬가지로 종교 법인이 고유목적 사업을 시행하는 과정에서 생긴 소득에 대해 비과세 처리한다. 비영리법인에 대한 법인소득세 면제는 고유목적 사업에 한한다. 고유목적과 관련이 없는 사업에서 얻은 소득에 대해서는 영리법인에 적용되는 세율에 따라 '고유목적 무관 사업소득세(Unrelated Business Income Tax)'[14]가 부과된다.[15]

---

12 이원주. (2011). [종교단체와 성직자의 과세제도에 관한 연구]. 조세와 법, 4, (p 69).

13 허원, 박훈. (2018). [세법상 종교인 소득세의 도입배경과 향후과제]. 외법논집, 42(2), (p 78).

14 고유목적무관사업소득세란 고유목적과 직접 관련이 없으면서 정규적으로 영위되는 사업을 말한다. 단 본래의 목적과 관련이 없는 사업소득이 일정액을 초과하는 부분에 대해서만 세금이 부과되며 로열티, 임대료소득 등 일정한 소득은 고유목적무관소득에서 제외된다.

15 손원익. (2000). [비영리법인관련 세제의선진화 방안]. 한국조세연구원. (p 56).

[그림 10-1] 독일의 세인트 메리 성당

독일은 종교의 자유를 보장하되, 세제혜택을 받을 수 있는 종교단체를 명확하게 규정하고 해당 종교단체의 회계 투명성 확보를 위해 다양한 제도를 시행하고 있다. 특히 종교단체세에 의한 세입으로 종교인에게 봉급을 지급하면서 그 종교인 소득에서 소득세를 원천징수하고 있다.[16] 종교인을 공무원과 유사하게 본다. 독일의 일반직 국가공무원은 행정직, 군인, 경찰, 교사 이외에 성직자가 포함된다.[17]

독일 세법상 종교단체는 공법상 종교단체(예 가톨릭, 개신교, 유대교, 여

16 조태현, 나 영, 육지훈. (2018). [종교인 소득 과세반대논리에 대한 타당성 분석 및 소득세법 개선방향]. 글로벌경영학회지, 15(2), (p 25-54).

17 허원, 박훈. (2018). [세법상 종교인소득세의 도입배경과 향후과제]. 외법논집, 42(2), (p 78).

호와의 증인, 러시아정교, 그리스정교 등), 사법상 종교단체, 그리고 공법상 종교단체를 위해서 존재하는 일반법인 등이 있다. 이때 세법상 세제혜택을 받을 수 있는 종교단체의 범위는 법인인 종교단체로, 법인의 과세소득에서 자선·교화·종교 등의 목적을 위한 지출은 총소득금액의 일정 범위 내에서 공제된다. 법인이 아닌 종교단체는 과세된다.

독일 과세제도의 특징은 교회 등 종교단체에 다니는 신도가 납세의무자가 된다는 것이다. 교회세는 십일조 폐지 후 마련된 것으로 신도는 소득세의 약 8~10%를 교회세로 납부한다. 이렇게 징수된 교회세는 신도 수에 따라 각각의 종교단체에 분배되는데, 최근 신도가 줄어들고 있어 종교단체 재정압박의 원인이 되기도 한다.[18]

캐나다는 종교인 과세제도를 별도로 두지 않는다.[19] 성직자를 개인 소득자와 동일하게 취급하겠다는 의미다. 캐나다의 성직자는 일반 개인과 마찬가지로 종교단체에서 지급받는 보수 등에 대해 소득세 신고·납부를 해야 하고, 만약 소득이 없어도 보조금 수령 등을 위해 필수적으로 신고절차를 거쳐야 한다.[20] 성직자에게 소득세 신고 의무의 예외를 인정하지 않는다. 종교단체의 고정자산 취득은 면세이지만 수익사업은 과세대상이다. 종교단체에 헌금이나 기부금, 고정자산을 기부한다면 소득공제를 받을 수 있다.[21]

---

18 이원주. (2011). [종교단체와 성직자의 과세제도에 관한 연구]. 조세와 법, 4, (p 70).

19 허원, 박훈. (2018). [세법상 종교인소득세의 도입배경과 향후과제]. 외법논집, 42(2), 78.

20 이안나. [캐나다의 자선단체와 종교인에 대한 소득세 과세제도 연구]. 국세청(2008), 18.

21 한국문화정책개발원. [해외 각국의 종교현황과 제도연구]. 문화관광부(1999), 105.

종교인 소득 과세 관련 주요 쟁점

우리나라에서는 오랜 기간 종교인 과세를 금기시했다. 대표적인 명분이 종교인의 활동을 노동으로 보기 어렵다는 것이다. 종교인이 단순한 수익을 목적으로 종교단체에서 활동하는 것이 아니라 사명감에서 봉사하고 사례금을 받는다는 주장이다. 종교라는 특수성과 종교인의 공익적 역할을 고려한다면 과세할 수 없다는 것이 이러한 주장의 특징이다.[22]

종교단체의 활동 자체가 주로 사회공헌이므로 그 사역을 수행하는 종교인에 대한 과세가 부당하다는 주장도 있다.[23] 이외에 종교단체에 세무조사를 실시하면 종교 억압에 악용될 가능성이 있다는 우려, 종교마다 사례비 지급과 명칭과 형태가 다른데 그 가운데 어떤 것이 과세 대상인지 아직 불분명하다는 지적이 존재한다.

반대로 조세평등주의에 근거하여 종교인이 정기적인 급여를 받고 있기에 얻은 소득에 과세해야 한다고 주장한다. 종교인만 사회에 봉사하는 직업이 아니므로 종교인 역시 납세하여야 한다는 관점이다.[24]

또한 종교인 과세를 통해 종교사회 전체의 회계 투명성을 높일 수 있다는 주장이 있다. 종교인 과세가 종교단체 내 회계제도와 처리의 신뢰성 확보로 이어질 수 있다는 기대다. 특히 자산규모나 신도 수 부풀리기

---

22 명재진. (2019). [종교인과세 소득세법 위헌논쟁]. 교회와 법, 6(1), 105.

23 조태현, 나 영, 육지훈. (2018). [종교인 소득 과세반대논리에 대한 타당성 분석 및소득세법 개선방향]. 글로벌경영학회지, 15(2), (p 37).

24 최병곤, 서희열. (2015). [종교단체의 과세제도에 관한 연구]. 조세연구, 15(2)(2015), (p 74).

를 예방하는 등 종교단체 자정의 계기가 될 수 있다고 본다.

종교인 과세가 종교인 보호 기능을 수행한다는 견해가 있다. 소규모 미자립 종교단체의 종교인 중 다수는 국세청 소득신고가 되어있지 않다는 이유로 사회복지시스템의 혜택을 누리지 못한다.[25] 따라서 종교인 과세를 통해 기초생활에 어려움을 겪는 빈곤층 종교인이 국가의 의료보험, 연금, 실업급여, 기초생활 등의 복지혜택을 받을 수 있게 된다.

실제 종교인 과세 현황

2013년 1월 〔한국기독교목회자협의회〕가 전국 개신교 교회 담임 목회자 500명을 대상으로 실시한 생활의식 조사 결과에 따르면 월평균 사례비는 대도시 243만 원, 중소도시 202만 원, 읍면지역 163만 원으로 나타났다. 개신교 교회 담임 목회자의 월평균 사례비에 기타소득을 더하면, 전국 평균은 260만 원, 대도시는 287만 원이었다.

같은 해 〔교회재정건강성운동〕이 주최한 교회재정 세미나에서 통합, 합동, 고신, 합신 등 다양한 교단에서 총 46개의 교회의 사례를 수집하여 목회자 〈근로소득세 납세교회 사례수집 현황〉을 공개하였다.[26]

정부가 마련한 종교인 소득 간이세액표를 보면 부부와 두 명의 자녀로 이루어진 4인 목회자 가족은 월 221만 원까지 단 한 푼의 세금도 내

---

25 명재진. (2019). [종교인과세 소득세법 위헌논쟁]. 교회와 법, 6(1), (p 112).

26 교회재정건강성운동. (2013.11.). [가이사의 것을 하나님에게?]. 2013년 교회재정세미나.

지 않는다. 월 사례비 250만 원과 300만 원일 때 각각 1460원, 1950원을 원천징수하는 데 그친다. 이마저 원천징수액이기 때문에 각종 공제를 감안하면 사실상 면세에 가깝다.

천주교 성직자는 소득세를 납부하고 있다. 고용노동부 워크넷에서 직업당 평균 30명의 재직자를 대상으로 실시한 설문조사에 따르면 신부의 평균 연봉은 1500만 원, 수녀의 평균연봉은 1050만 원이었다. 〔한국천주교주교회의〕는 2018년 종교인 소득세법 시행 이전인 1994년 3월 성직자의 소득세 납부를 의결하였다. 전체 16개 교구 가운데 영세하여 과세표준에 미달하는 것으로 판단되는 3개 교구 및 군종 교구를 제외한 12개 교구가 성직자 급여에 원천징수를 실시하고 있고, 각 교구가 별도 법인으로 운영되므로 주교회의에서 결의한 원칙 아래 교구별 처지에 맞게 납부가 이뤄지고 있다.

납세 소득의 범위는 사제의 생활비, 성직 수행을 위해 받는 성무 활동비, 수당 및 휴가비 등이 있고, 미사를 집전하는 사제에게 주는 미사예물은 노동이 아닌 성직과 관련이 있으며 교구에 따라 지급되는 액수가 달라 신고에 어려움이 있다는 점을 고려하여 초기 납세 대상에서 제외하였으나, 2014년에 납세대상에 포함하였다.

불교에서는 소임이 없는 스님이나 수좌 스님이 간헐적으로 보시금을 받으며, 액수는 100만 원 내외가 일반적이다. 종단별로 상이하나 일반적으로 기본경비(수행연금), 보건의료, 요양(간병) 수발, 거주처 등을 지원한다. 조계종은 2009년 결산 기준으로 재적 스님에게 수행연금이나 활동비(생활비) 등 기본경비를 지원한 교구는 조사된 19개 교구 중 11개 교구로 파악됐으며, 교구 소속 사찰의 재적 스님 숫자 등에 따라 지원예산

[그림 10-2] 대한불교조계종 조계사

에 편차가 컸다고 밝혔다. 천태종은 모든 스님과 장기 자원봉사자에게 '성보비'라는 이름으로 매월 25만~30만 원 선의 현금 급여를 제공한다.

종교단체의 재정 공개, 투명성 실태

종교인 과세가 시행되기 이전까지 종교인과 종교단체의 실제 소득수준은 베일에 싸여 있었다. 종교인 과세 시행 이후 국세청이 2020년 최초로 파악한 종교인 소득 자료를 보면 대다수 종교인의 1인당 소득수준은 하위 20% 노동자 연봉보다 적었고, 소득 상위 10% 종교인은 연평균

5255만 원을 벌었다. 상위 10%의 소득금액은 종업원 300인 이상 499인 미만인 대기업 노동자 1인당 연평균 총급여액과 비슷한 수준이었다. 이밖에 4500명의 종교인이 부동산 임대, 금융투자, 강연 등 종교 활동 이외의 소득이 발생해 종합소득세를 신고하였다.[27]

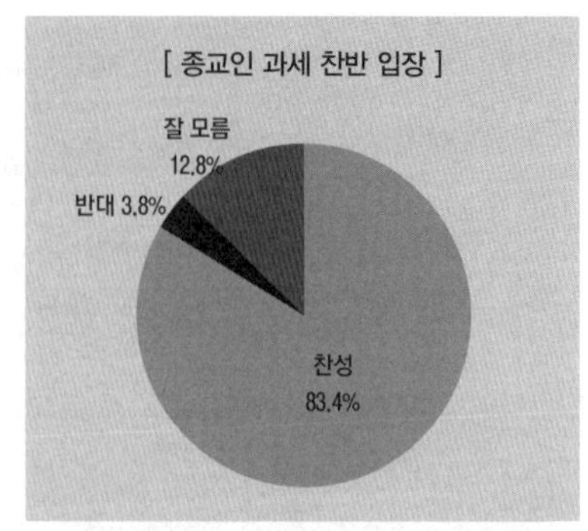

[그림 10-3] 마크로밀엠브레인에서 시행한 종교인 과세에 대한 찬성/반대 설문조사 결과

〔기독교윤리실천운동〕에서 2020년 일반 국민 1000명을 대상으로 시행한 〈한국교회의 사회적 신뢰도〉 조사 결과에 따르면 한국교회를 신뢰한다는 대답이 31.8%, 신뢰하지 않는다가 63.9%였다. 무종교인에서 신뢰하지 않는다는 대답이 78.2%였다. 응답자의 25.9%가 한국교회가 더욱 신뢰받기 위해 개선해야 할 점으로 '불투명한 재정 사용'을 꼽았다. 〔기독교윤리실천운동〕에서 2013년 이후 시행한 이 설문조사에서 '불투명한 재정 사용'이 지속해서 개선 1위로 꼽혔다.[28] 이처럼 종교단체의 재정 불투명과 비효율적인 회계 관리는 종교단체의 신뢰와 성장을 저해하는 원인으로 꼽히고 있으며, 실제로 종교계에서는 재정 운용과 관련하여 크고 작은 논란이 끊이

27 김도년 & 김영옥. (20.12.12.). "[단독]혜민스님만 풀소유? 종교인 상위10% 연봉 5255만 원". 중앙일보.

28 기독교윤리실천운동. (20.2.7.). 「2020년 한국교회의 사회적 신뢰도 여론조사 결과발표 세미나 자료집」. (p 30).

[그림 10-4] 미국에서 교인 수가 가장 많은 텍사스의 레이크우드 교회

지 않고 있다.[29]

기독교에서는 이른바 '메가처치'라 불리는 초대형교회가 노골적으로 양적 성장만을 추구하는 모습을 보이며 세습, 불투명한 재정, 사유화 등의 문제로 꾸준히 비판받고 있다.[30] 이 외에도 많은 금권 선거 의혹, 교회 돈을 횡령해 사적으로 사용하고 가족 명의로 부동산을 사들인 사태, 여의도순복음교회의 목사 고(故) 조용기가 배임 혐의로 징역 2년 6개월에 집행유예 4년을 선고받은 사건 등이 언론에 보도되면서 많은 신도가

---

29 이연희. (2012). [종교단체의 회계 및 세무 측면에서의 문제점과 개선 방안]. 홍익대학 석사논문.

30 김성건. (2014). [메가시티(Megacity)와 메가처치(Megachurch) - 한국의 사례]. 신학과 선교, (44), (p 259-297).

종교단체에 실망해 발길을 돌렸다. 종교단체는 부패하거나 비효율적으로 운영되고 있다는 사회적 인식이 고착되면서 한국교회는 공신력을 상실했다.[31, 32, 33, 34] 불교계에서는 저술과 방송 출연으로 유명한 승려 혜민이 남산타워가 보이는 서울 삼청동 저택을 방송에서 공개한 후 '무소유'가 아닌 '풀(full) 소유' 논란을 빚은 바 있다. 한국불교를 대표하는 조계종 또한 은처, 도박, 폭행, 공금횡령, 성폭력 등 지도층 승려들의 비리가 폭로되곤 하였다.

종교단체와 종교인에게 많은 특혜가 주어짐에 따라 외부 감사를 받고 공시를 해야 하는 기업, 정부, 공공기관과 비교해 재정투명성에 현격한 차이가 있는 것은 부정할 수 없는 현실이다. 소득세법 시행령 제222조 제2항에 따르면 종교단체가 지출한 비용을 종교단체가 정당하게 구분하여 기록 관리한 경우 세무공무원은 지출 비용을 구분 관리한 서류에 대해서 조사하거나 제출을 명할 수 없도록 하고 있다.[35] 사실상 종교단체는 세무조사의 대상에서 제외되었다. 또한 결산서류를 공시할 의무가 없다. 이같이 종교단체가 공시, 감독, 회계감사와 관리의 대상에서 제외된 것은 종교단체의 회계 투명성을 저하하는 요인이 된다.[36]

외부 감사나 재무 보고 등 법과 제도로 종교단체의 재정 투명성을 보

---

31 정재영. (2020). [한국교회의 공신력 추락 요인과 대안]. 기독교사상, 744, (p 21).

32 한기선. (14.7.28.). "돈 선거 마곡사… 주지 기소", 주간불교.

33 최선길. (21.5.9.). "10년 동안 헌금 4억 "야금야금"…교회는 "쉬쉬". SBS NEWS.

34 권혁률. (2015). [[교계 포커스 (14)] 교회재정 문제에 대해 한국교회는 지혜를 구하라]. 기독교사상, (p 227-231).

35 기획재정부 보도자료. (17.12.21.), "종교인소득 과세 관련「소득세법시행령」수정 입법예고".

36 최병곤, 서희열. (2015). [종교단체의 과세제도에 관한 연구]. 조세연구, 15(2), (p 115).

장할 수 없다면 회계 투명성을 종교단체의 자발적 관리에 맡기는 수밖에 없다. 하지만 우리나라의 많은 종교단체가 자정능력을 잃어버렸다는 것이 중론이다. 종교단체의 재정 투명성이 미진한 이유로는 교단 간 분파주의의 부작용, 방만한 재정 운영, 그리고 시대의 변화에 대처하지 못한 경직된 사고 등이 꼽힌다.[37] [종교투명성센터]는 종교계에 만연한 조세회피, 불투명한 회계처리와 비리가 '카리스마에 기대어 운영되는 종교의 특성'에서 기인한다고 말한다.[38] 종교단체가 성직자의 카리스마로 운영되기 때문에 감시·감독이 불가능한 구조가 만들어졌다는 분석이다.

실천신학대학원대학교 정재영 교수는 〈한국교회의 공신력 추락 요인과 대안〉이라는 논문에서 "한국교회에서는 목회자에게 단독적이고 막강한 권력과 권한이 집중되기 때문에 거의 모든 일을 목회자가 단독으로 처리할 수 있으며, 부당한 일이라도 주변에서 제지하기 어렵다"고 지적했다.[39] [정의평화불교연대] 이도흠 상임대표는 한 기고문에서 "불교계에서 권력을 쥔 소수의 카르텔이 권력과 재정을 과도하게 독점했기에 조계종단의 이러한 적폐성이 임계점을 넘어섰음에도 범계(犯戒)와 비리 행위를 견제하고 감시하는 장치가 무력화하거나 포섭당해 전혀 작동하지 않고 있다"고 평했다.[40]

---

37 김원수. (2004). [교회회계기준의 평가와 개선방안], 한국세무회계학회.

38 종교투명성센터 서면 인터뷰. (21.3.10.).

39 정재영. (2020). [한국교회의 공신력 추락 요인과 대안]. 기독교사상, 744, (p 25).

40 이도흠. (2018). [포스트세속화에서 한국 불교 개혁의 방향과 방안]. 뉴 래디컬 리뷰, (78), (p 234-239).

종교과세, 왜 진전이 더딜까

우리 사회에서 종교가 정치에 간섭하는 '종교의 정치화' 현상은 지속해서 드러나고 있다.[41] 〔한국종교문화연구소〕 이진구 소장은 한 기고문에서 1900년대 후반부터 종교가 국가에 예속되거나 개신교처럼 종교 권력이 국가권력과 밀월 관계를 맺는 정교유착의 길을 걷기 시작했으며, 다양한 방식으로 현실정치에 개입하고 있다고 분석했다.[42] 〔종교투명성센터〕는 우리 사회에서 종교와 정치가 순환구조를 띠고 있다고 평한다. 종교는 카리스마에 의해 움직이고, 그 카리스마로 집결된 소수의 여론이 정치권을 압박하고, 정치권은 종교계에 광범위한 특혜를 주고, 그 특혜가 다시 종교계의 카리스마를 강화한다는 설명이다.[43]

단국대학교 행정학과 박용성 교수는 〈종교인 과세 정책의 사회적 구성과 정책변동에 대한 연구〉에서 2013년 11월 발의된 종교인 과세를 규정한 소득세법 개정안이 국회를 통과하지 못한 이유가 종교계의 반발과 〔한국기독교총연합회〕를 주축으로 한 보수 기독교단체들의 강력한 로비였으며, 2014년 국회 기획재정위원회 조세소위원회의 회의록에 국회의원들이 보수 개신교 단체로부터 받은 압력이 고스란히 드러났다고 평

41 김창호. (2020). [[공공칼럼] 코로나-19, 종교, 그리고 공공성을 생각한다]. 월간 공공정책, 174, (p 71).

42 이진구. (2019). [해방 후 종교의 정치 개입과 정교분리]. 기독교사상, 728, 22-31.

43 종교투명성센터 서면 인터뷰. (21.3.10.).

했다.[44]

종교단체가 본래의 기능에 충실하고 공공성을 회복할 수 있도록 종교인과 종교단체에 대한 현행 과세제도를 개선해야 한다는 데에 전문가들은 입을 모은다. 〔종교투명성센터〕는 "종교법인이 일반 공익법인에 준하는 회계 투명성을 갖추고 성실하게 보고의무를 이행해야 하며, 종교인도 일반 근로자와 같은 방식의 주기적 신고와 세금 납부를 시행해야 한다"고 말했다. 계명대학교 경영대학 정연식 교수는 "종교단체가 종교인 소득을 지급할 때 원천징수를 하지 않을 수 있게 허용하는 현행 세법을 개선해 종교단체도 원천징수를 수행하고 세무 조력을 받을 수 있는 제도적 장치를 마련해 종교인 소득 과세제도가 안정적으로 운영될 수 있도록 해야 한다"고 지적했다.[45] 전남대학교 법학전문대학원 김재승 교수는 종교인 소득을 기타소득으로 과세하는 현행 소득세법은 소득세법상 과세 원칙과 소득분류체계와 맞지 않아 공평과세를 위배하므로 '근로'라는 단어를 더 포괄적인 용어로 바꾸고 현행 근로소득세 법률 조항에 종교인소득에 대한 항목을 추가해 종교인소득을 근로소득으로 과세해야 한다고 제안했다.[46]

종교인 소득 과세를 다른 근로소득 과세와 형평을 맞추면서 종교단체 과세 및 감독도 일반 공익법인 수준으로 조정해야 한다는 데에 극소수 종교인 말고는 이견이 없는 듯하다.

---

44 박용성. (2021). [종교인 과세정책의 사회적 구성과 정책변동에 대한 연구]. 한국동북아논총, 26(4), 181.

45 정연식. (2021). [종교인소득 소득유형의 문제점과 개선방안]. 로고스경영연구, 19(2), 167-177.

46 김재승. (2019). [종교인소득 과세와 관련된 몇 가지 쟁점에 대한 소고]. 종교문화학보, 16(2), 110.

ESG 세상을 위한
신박한
아이디어
21

11장

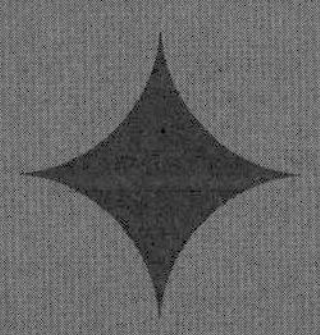

지속 가능성에 중점을 둔 ESG투자

ESG투자는 투자에 있어서 재무적 요인 외에 환경(E), 사회(S), 지배구조(G)와 같은 비재무적 요인을 고려하여 투자전략을 결정하는 것으로, 주류·담배·무기제조 등 성서적 가치 규범에 반하는 특정 산업을 투자에서 배제하고자 하는 윤리적·종교적 동기에서 연원이 찾아진다. 2006년에 〔유엔 책임투자원칙(PRI, Principles of Responsible Investment)〕이 제정되면서 국제적으로 공론화하였고, 글로벌 〔금융위기〕 이후 시장참가자의 탐욕에 관한 비판이 증폭되면서 투자윤리의 중요성이 강조되어 ESG투자가 전 세계적으로 확산하고 있다.

특히 2020년 초 세계 최대 자산운용사 〔블랙록〕의 최고경영자(CEO) 래리 핑크의 연례 서한이 ESG투자의 중요한 전환점으로 거론된다. 핑크는 이 서한에서 지속가능투자(Sustainable Investing)를 강조하면서 ESG투자를 공식화하였다.[1] 이후 〔뱅가드〕와 〔스테이트스트리트〕 등 다른 거대 자산운용사도 ESG 요인을 고려한 투자전략을 활성화하였다. 〔JP모건〕 〔골드만삭스〕 〔메릴린치를 포함한 투자은행〕 그리고 〔피치〕 〔S&P〕 〔무디스〕를 포함한 신용평가사도 ESG투자에 동참했다.[2]

2년마다 ESG투자 동향을 조사하여 발표하는 〔GSIA(Global Sustainable Investment Alliance)〕에 따르면 전 세계 ESG투자 규모는 2018년 30조 6,830억 달러로 2012년(13조 2610억 달러[3])에 비해 세배가량으로 증가했으며,

---

1 블랙록 홈페이지(blackrock.com)(금융업의 근본적 변화).

2 금융투자협회. "류정선". (2021). [ESG 국제동향 및 국내 시사점]. 금융투자협회 조사연구보고서. (p 2).

3 GSIA(Global Sustainable Investment Alliance). (2015). [2014 Global Sustainable Investment Review]. GISA. (p 16).

2020년에는 35조3010억 달러를 기록해 지속해서 증가하고 있다.[4]

[표 11-1] 10대 자산운용사의 운용자산 규모와 ESG투자 여부

자산운용사	운용자산 규모(10억 달러)	ESG투자 여부
블랙록	9.464	○
뱅가드 그룹	8.400	○
USB 그룹	4.432	○
피델리티 인베스트먼트	4.230	○
스테이트 스트리트 글로벌 어드바이저즈	3.860	○
모건 스탠리	3.274	○
JP모건 체이스	2.996	○
알리안츠 크룹	2.953	○
캐피탈 그룹	2.600	○
골드만삭스	2.372	○

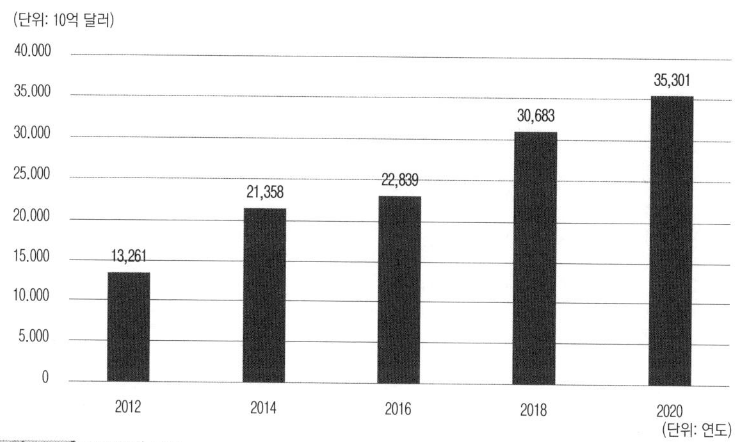

[그림 11-1] ESG투자 규모

4 GSIA(Global Sustainable Investment Alliance). (2021). [2020 Global Sustainable Investment Review]. GISA. (p 9).

ESG투자 활성화가 필요한 이유

세계는 기후위기나 사회적 가치 등 ESG에 많은 관심을 쏟고 있으며 이러한 현상은 자본주의가 기존 주주자본주의(Shareholder Capitalism)에서 이해관계자자본주의(Stakeholder Capitalism)로 진화하는 징표로도 해석된다. 주주의 이익 보호를 최우선시하는 주주자본주의와 달리 이해관계자 자본주의는 주주·채권자·노동자·공급자·지역공동체·환경·국가·글로벌 커뮤니티 등 회사의 활동에 영향을 주고받는 모든 이해집단을 존중하고, 이 집단 간의 이해관계의 균형을 맞추는 것이 경영진의 임무이며, 이 같은 이해관계의 균형이 이루어질 때 기업이 발전한다고 보는 것을 의미한다.[5] 주주 이익 최우선에서 모든 이해관계자의 효용을 극대화하는 것으로 분위기로 바뀌고 있으며, 전 지구적 문제를 해결하려는 태도가 함께 목격되고 있다. ESG투자 열풍이 자본시장의 근본적인 변화는 물론이고 세계변혁의 단초로 기능하고 있음을 알 수 있다.

〔경제협력개발기구(OECD)〕는 ESG투자가 기업의 장기적인 성장에 기여하고 새로운 사업 기회를 창출할 수 있다고 하였으며,[6] 코로나19의 영향으로 다른 기업들이 큰 위기를 겪은 것에 비해 ESG 관련 펀드들은 타격을 덜 받았다고 분석하였다.[7] 〔국제통화기금(IMF)〕은 기후위기를

---

5 한국상사법학회. "최준선". (2007). [주주자본주의와 이해관계자 자본주의]. 상사법연구, 26(2). (p 169)

6 OECD(2020). [ESG Investing: Practices, Progress and Challenge]. (p 6).

7 OECD(2021). [ESG Investing and Climate Transition]. (p 9~10).

포함해 환경 문제를 고려하는 '그린' 분야 투자를 통해 코로나19로 닥친 경제 위기를 극복할 수 있다고 주장하였다.[8] ESG투자가 코로나19 상황에서 금융 시장의 위기를 막아주는 역할을 할 수 있고, 나아가 새로운 일자리와 신산업을 창출하는 등 돌파구 역할을 해낼 수 있다는 기대가 나온다.[9]

이에 따라 ESG투자를 더욱 활성화해야 한다는 목소리가 계속해서 커지고 있다. 특히 공공성이 높은 연기금을 활용하여 사회적 역할을 강화하고 높은 수준의 선관주의의무(善管注意義務·Due Diligence)를 이행하는 게 필요하다는 의견이 많다. 양춘승 한국사회책임투자포럼 상임이사는 "공적 기금 고유의 설립목적과 철학을 투자 운용 과정에 반영하면서, 투자자 입장에서도 장기 수익성을 높이기 위해 책임투자를 도입해야 한다"고 말했다.

민간 자본시장은 〔블랙록〕의 사례에서 보듯 이미 시장기능에 의거해 발 빠르게 ESG로 옮겨가고 있다. ESG투자를 먼저 검토한 연기금 등 공적 자본이 경직성에 사로잡혀 오히려 본격적 ESG전환이 늦어질 수 있다는 우려 또한 존재한다.

---

8 IMF. (2020). [Greening the Recovery]. Fiscal Affairs. (p 1~2).

9 SGI(지속성장이니셔티브). "민경희". (2021). [지속성장 Report-ESG투자의 현황 및 활성화를 위한 과제]. 정책연구보고서, 2021(5), (p 3).

국내 연기금 ESG투자 관련 법적 현황

국내 연기금은 국민연금기금과 기타 공적 연기금으로 구분할 수 있다. 현재 연기금이 국내에서 ESG투자를 이끄는 가운데 그중에서 국민연금이 가장 ESG투자에 적극적으로 나선 최대 투자자다.[10] 2020년 기준 국내 연기금 ESG투자 규모는 국민연금 101조4000억 원, 사학연금 3041억 원, 공무원연금 3215억 원이며, 2021년 말 기준 국민연금의 ESG투자액은 130조2000억 원으로 증가했다. 2021년 전체 자산(시장가) 948조 7000억 원 대비 13.7%에 해당한다.[11]

국민연금은 2006년에 국내 주식 부문의 위탁 운용 유형의 하나로 사회책임투자(SRI)를 도입하였다. 그다음에 유엔 PRI에 가입하고[12] 사회책임투자 유형의 비중을 확대하여 국내 책임투자 시장의 활성화를 위해 노력하고 있으나, 시장의 파급효과 측면에서 아직 영향력이 미미한 것으로 보인다. 2018년에 스튜어드십코드를 도입하고, 단순의결권 행사에 그친 기금의 기존 주주권 행사를 기업 관여 활동을 전제로 하는 적극적인 수탁자 책임 활동으로 바꾸고 있다. 2019년엔 전체 자산군에 책임투자를 적용하는 〈책임투자원칙〉을 제정하였다.[13]

---

10 한국금융연구원. “이시연”. (2021). [국내외 ESG투자 현황 및 건전한 투자 생태계 조성을 위한 시사점]. KIF금융조사보고서 2021(1). (p 25~27).

11 국민연금기금운용본부 / 기금 포트폴리오.

12 국민연금기금 상근전문위원실. “신왕건”. (2021). [국민연금의 ESG투자 Overview]. 제2차 대한상의 ESG경영포럼 발표자료. (p 1~2).

13 삼정KPMG 경제연구원. (2021). [금융과 ESG의 공존: 지속가능한 금융회사의 경영전략]. 삼

한국 스튜어드십코드는 기관투자자의 수탁자 책임에 관한 원칙으로, 국내 상장사에 투자한 기관투자자가 타인의 자산을 관리·운용하는 수탁자로서 책임을 다하기 위해 이행해야 할 7가지의 세부 원칙과 안내지침을 제시한다. 명시적으로 한국 스튜어드십코드 참여를 공표한 연기금, 보험사, 자산운용사 등 기관투자자, 투자자문사, 의결권 자문기관 등이 적용대상이다.

국민연금은 ESG투자와 관련하여 〔국제기업지배구조네트워크(ICGN, International Corporate Governance Network)〕와 〔아시아기업지배구조네트워크(ACGA)〕와 같은 기관투자자 연대에 참여하고 있다.[14] 국민연금은 기존 5대 기금 운용원칙인 수익성, 안정성, 공공성, 유동성, 운용 독립성에 '지속가능성'을 추가하였다.[15] 〔국민연금기금 운용지침〕 제1장 제4조에 "지속가능성의 원칙에 따라 투자자산의 지속가능성 제고를 위하여 환경, 사회, 지배구조 등의 요소를 고려하여 신의를 지켜 성실하게 운용하여야 한다"고 명시하였고,[16] 2022년까지 ESG투자 전략을 국내 주식과 채권 뿐 아니라 국외 주식으로 확대하여 ESG투자 금액을 전체 기금 규모의 50% 이상으로 확대하겠다는 'ESG통합전략'을 밝혔다.[17] 또한 국민연금은 2021년 5월말 '탈석탄'을 선언하며 대다수 국제적 연기금의 탈석

정Insight (77). (p 42).

14 자본시장연구원. "남재우". (2021). [공적연기금 ESG투자의 현황과 과제]. 자본시장연구원 이슈보고서 21-20. (pp 4).

15 국민연금 홈페이지(nps.or.kr)(법규 및 지침).

16 국민연금운용본부 홈페이지(fund.nps.or.kr)(법규 및 지침).

17 진정호, (20.11.9.), 국민연금 2022년까지 운용자산 절반에 ESG적용, 연합인포맥스.

탄 대열에 합류했다.[18]

하지만 국민연금이 탈석탄 선언 후 2년이 넘은 2023년 초까지도 실효성 있는 정책 도입과 구체적 실천 방안을 내놓지 않고 있다. 이에 따라 2022년 9월에는 국내외 170여 개 시민단체가 국민연금에게 구체적이고 실효성 있는 탈석탄 방안 마련을 촉구하였다.[19]

성공적인 ESG 통합 전략을 구사하기 위해서는 ESG 요인 평가체계와 이를 기반으로 하는 구체적인 실행 방안이 중요하다. 국민연금은 2015년부터 자체적인 ESG 평가체계를 구축하고 시험운용을 거쳐 현재는 국내주식 직접운용에 한정하여 ESG 평가 결과를 적용하고 있다. 국민연금의 ESG 평가 대상은 기본적으로 기금의 투자 유니버스에 포함된 상장기업으로 한정되며, 평가모형과 평가 결과는 대략적인 개요 외에는 외부로 공개되지 않는다. ESG 통합 전략이 실제 포트폴리오의 특성에 미치는 영향은 매우 제한적일 것이고 ESG 통합 전략이 보수적으로 설정되었다고 추정하기도 한다. 국민연금의 ESG 평가체계가 대내외적으로 매우 폐쇄적인 것도 일부 기인한다는 분석이 있다.

진정성 있는 ESG투자는 투자 패러다임의 전이를 의미한다. 국민연금기금에서 ESG 평가에 대한 의사결정은 책임투자팀이 전유하며, 모형에 의한 평가 결과는 운용팀에 일방향으로 통보되는 구조다. 운용팀은 ESG 평가체계에 아무런 영향을 미칠 수 없으며, 최종 평가등급 외에 평가과

18 보건복지부 보도자료, (21.5.28.), 국민연금기금, 탄소배출 감축을 위한 '탈석탄 선언', 대한민국정책브리핑.

19 최지은, (22.9.23.), "탈석탄 실행 방안 마련하라"...시민단체 170곳, 국민연금 이사장에 공개서한

정의 다양한 고려 요인에 관한 추가적인 정보를 제공받기도 어렵다. 지금과 같은 의사결정 구조에서는 오랜 기간 투자 업력이 축적되더라도 ESG 관점의 운용 철학이 전체 운용 프로세스에 체화하기를 기대하기는 어렵다.[20]

공적 기금으로는 국민연금을 포함하여 사학연금기금(TP), 공무원연금기금(GEPS) 등 모두 68개가 있다. 사학연금과 공무원연금은 별도 운용 조직에 의한 직접 운용과 외부 자산운용사에 의한 위탁 운용을 병행하고 있으며, 나머지 공적 기금들은 대부분 자산을 위탁 운용하고 있다.[21]

해외 연기금의 ESG투자 사례

일본의 국민연금 투자 펀드 〔GPIF(Government Pension Investment Fund)〕는 세계에서 가장 큰 연기금 중 하나로, 2014년에 스튜어드십코드를 도입하고 PRI에 서명하면서 본격적으로 책임투자를 강화하였다. 장기 지속성을 추구하며 기금의 안정성을 확보하기 위해 최근 주식뿐만 아니라 채권, 대체투자 등 전 자산 투자 과정에 ESG 요소를 통합하고 있으며, ESG지수 추종 5조7000억 엔을 패시브 투자로 운용하고, 4000억 엔 규모의 녹색채권에도 투자했다. 투자위원회는 ESG 관련 이니셔티브 및

---

20 남재우, (2021), 공적연기금 ESG투자의 현황과 과제, 이슈보고서, 21(20), 자본시장연구원.

21 삼정KPMG 경제연구원. (2021). [금융과 ESG의 공존: 지속가능한 금융회사의 경영전략], 삼정Insight (77). (p 42).

투자 전략을 심의하고, ESG 통합이 전 투자과정에서 조정될 수 있도록 ESG 행정부서가 주도하고 있다.[22] 최근에는 세계은행(World Bank)과 공동연구를 통해 채권자산에 대한 ESG투자 확대를 추진하고 있다.[23]

미국의 '캘리포니아 공무원 퇴직연금 기금(CalPERS, California Public Employees' Retirement System)'은 미국 내 최대 규모의 공적 연기금으로 2013년에 책임투자 정책을 구체적으로 명시하였다. 기금운용의 지속가능성을 향상하기 위해 장기적 투자 포트폴리오 운용의 최상위 원칙에 해당하는 투자신념을 수립하기 위함이었다.[24] 투자자 입장에서 기업의 사회적 책임(CSR)을 제고하기 위해 적극적으로 주주권을 행사하고 있다. 책임투자 원칙에서 담배·군수무기 제조업 등에 투자를 배제하고, 의결권 행사 및 경영진과 대화를 주로 활용하며 이사회 다양성을 추구하는 전략을 선택했다. 또한 장기적인 연금 혜택의 지속가능성을 개선하고 사업 위험을 적극적으로 관리하기 위해 2022년까지의 지속가능한 투자전략 계획을 수립하였다.[25]

노르웨이의 국부펀드 〔GPFG(Government Pension Fund Global)〕는 11조 3000억 크로네 규모의 세계적 펀드다. 2004년 노르웨이 의회가 GPFG를 위한 윤리투자지침을 채택한 후 2013년 노르웨이 재무부가 GPFG 전

---

22 삼정KPMG 경제연구원. (2021). [금융과 ESG의 공존: 지속가능한 금융회사의 경영전략], 삼정Insight (77). (p 14).

23 자본시장연구원. "남재우". (2021). [공적연기금 ESG투자의 현황과 과제]. 자본시장연구원 이슈보고서 21-20. (p 8~9).

24 자본시장연구원. "남재우". (2021). [공적연기금 ESG투자의 현황과 과제]. 자본시장연구원 이슈보고서 21-20. (p 9).

25 한국금융연구원. "여은정". (2019). [국내외 사회적 책임투자 사례 분석과 시사점]. KIF금융조사보고서. (p 12~17).

략위원회에 ESG 원칙에 따른 책임투자 전략보고서 제출과 책임투자 강화를 요구하면서 책임투자를 체계화하기 시작했다. 2014년에 유엔 PRI에 서명하였고, 2021년 5월 현재 세계 73개국 9123개 기업에 투자하고 있다. 투자 포트폴리오 내 ESG 요소를 고려하여 다양한 기업에 투자를 지속하며 기금의 지속가능성을 제고하는 것을 책임투자의 목표로 삼는다. 유엔과 OECD 등 글로벌 국제표준을 준수하며 주주권 행사를 강화하기 위해 적극적인 의결권 행사와 기업과 대화 등 후속 조치를 이행하고 있다.[26]

네덜란드 공적 연금 ABP는 단순히 새로운 투자 유형으로 ESG에 접근하는 게 아니라 포트폴리오 전체에 구속되는 운용 철학으로 접근하고 있다. 의결권 행사 및 경영진과 대화를 주로 활용하고, 대인지뢰, 핵무기 비확산조약을 위반한 무기생산 기업, 유엔글로벌콤팩트(UNGC) 원칙 위반 기업에 투자를 배제하고, 이산화탄소 배출감소, 신재생 에너지 등에 투자를 늘리는 전략을 활용하고 있다.[27]

해외 연기금 ESG투자 법제화 사례

이처럼 다양한 국가의 연기금들이 ESG 책임투자에 전략적으로 접근

26 삼정KPMG 경제연구원. (2021). [금융과 ESG의 공존: 지속가능한 금융회사의 경영전략]. 삼정Insight (77). (p 13~14).

27 한국금융연구. "여은정". (2019). [국내외 사회적 책임투자 사례 분석과 시사점]. KIF금융조사보고서. (p 18~20).

하고 있지만, 국내에서는 책임투자를 이끄는 국민연금조차도 구체적인 ESG투자전략이 미비한 상황이다. ESG 전략이 포트폴리오 구성에 미치는 영향이 적고 전략 대상 자산군이 주식으로 한정되어 있어 적용 범위가 제한된다는 지적이다.[28] 따라서 연기금의 기금운용에 있어 ESG와 같은 공적 책임을 강화할 수 있는 법 제정이 필요하다.[29]

선진국에서는 주로 연금 관련법을 통해 책임투자 원칙을 반영하고 있다. 먼저 영국은 2000년 7월 〔연금법(The Amendment to the UK Pension Act)〕 개정으로 책임투자를 법적으로 명시하였다. 구체적으로 "연기금 펀드를 운용하는 모든 주체는 투자 포트폴리오를 구성할 때 사회, 환경, 윤리의 세 요소를 고려할 것"이라 명문화하였다. 프랑스는 〔파비우스법〕(Fabius Act·2001년, 종업원저축계획법(ESP)라고도 한다)에서 ESG 요소를 고려한 투자를 의무화하지는 않았으나 연기금이 윤리, 사회, 환경 측면을 고려하여 투자하는지 공개할 의무를 명시하였으며, 독일 역시 같은 의무를 부여하였다.

스웨덴은 "펀드 운용에 있어 ESG 요소를 고려하여 투자할 것"을 〔스웨덴 국가 연금 계획(Swedish State Pension Scheme)〕에서 정하고 있고, 호주가 2002년 〔재정서비스법〕 개정으로 연기금 펀드는 "상품설명서에 노동기준, 환경, 사회, 윤리적 고려사항이 투자 선택, 유지, 취득에 어느 정도 고려되는지 공개할 것"을 의무화했다.[30]

---

28 자본시장연구원. "남재우". (2021). [공적연기금 ESG투자의 현황과 과제]. 자본시장연구원 이슈보고서 21-20. (p 6).

29 보건복지위원회. (2021.11.). [국민연금법 일부개정법률안 검토보고 이낙연의원 대표발의(의안번호 제211898호). (p 94).

30 국회예산정책처. "이종민". (2016). [공적 연기금 책임투자 평가]. 사업평가 16-14(366). (p 61).

[표 11-2] 선진국 연기금의 책임투자 법제화 사례[31]

국가	제도	주요내용
영국	연금법 (The Amendment to the UK Pension Act, 2000년)	연금기금을 운용하는 모든 주체는 포트폴리오를 구성할 때 사회, 환경, 윤리의 세 요소를 어느 정도 수준으로 고려하는지를 공시토록 유도함
프랑스	파비우스법 (Fabius Act, 2001년)	연금제도가 윤리, 사회, 환경적 측면을 고려하여 투자하는지 공개 의무화
독일	AilZerG (2002년)	연금제도가 윤리, 사회, 환경적 측면을 고려하여 투자하는지 공개 의무화
스웨덴	스웨덴 국가 연금 계획 (Swedish State Pension Scheme)	SRI 방침의 기본으로 UN 협약을 채택하여 환경 및 사회적 요인이 펀드에 명확하게 통합됨
호주	재정서비스법 (2002년)	연기금 펀드 등 투자상품의 제공자는 상품설명서에 노동 기준, 환경, 사회, 윤리적 고려사항이 투자선택, 유지, 취득에 어느 정도 고려되는지 공개해야 함

물론 우리나라에서도 2014년 〔국민연금법〕 개정으로 책임투자의 근거가 마련되었고[32] 2018년 국민연금이 스튜어드십코드를 채택하면서 2019년 ESG 요소를 고려하도록 기금운용원칙을 개정한 바가 있다.[33] 그러나 2021년 기준 883조 원에 달하는 68개 공적 연기금의 책임투자를 위한 법령 근거는 국민연금 외에는, 투명하고 효율적인 자산운용을 위한 지침이 전부다.[34] 해외 연기금들의 책임투자 규모가 법적 기반을 기폭제로 확대했음을 고려한다면[35] 우리나라에서도 명확한 법령 근거를

31 다음 논문 표를 재구성. (권순원. [국민연금과 사회책임투자(SRI)]. 연금포럼 2012년 여름호.).

32 국회예산정책처. "이종민". (2016). [공적 연기금 책임투자 평가]. 사업평가 16-14(366). (p 62).

33 금융위원회. (2021). [ESG 국제동향 및 국내 시사점]. (p 4).

34 기획재정위원회. (2021.11.). [국가재정법 일부개정법률안 검토보고 <기금 자산운용지침에 환경·사회·지배구조 고려 포함 등>]. 이낙연의원 대표발의(의안번호 제2111899호). (p 1).

35 국회예산정책처. "이종민". (2016). [공적 연기금 책임투자 평가]. 사업평가 16-14(366). (p 62).

마련해야 한다.[36] 특히 기금 자산운용의 원칙이나 지침을 규정하고 있는 〔국가재정법〕을 개정하여 연기금의 ESG투자를 법제화해야 한다.[37]

연기금의 ESG 책임투자 법제화의 어려움

연기금의 책임투자를 기금에 관한 기본법률로 명시한다면 ESG에 관한 강행규정이 돼 기금이 수익성보다 공익성을 우선하면서 수익 활동에 최선을 다할 의무를 저버릴 가능성이 있다는 지적이 나올 수 있다.[38] 연기금을 포함해 모든 기관투자자의 가장 중요한 의무는 고객의 이익을 증진하고 보호하는 것이다. 일반투자자와 비교해 기관투자자가 더 강하게 신탁적인 성격을 띠면서 생긴 '수탁자책임'에 기반한 '신인의무'다.[39] 국민연금은 가장 막중한 수탁자책임을 진다고 할 수 있다.

예를 들어 〔국민연금공단〕은 공적 기관투자자로 보건복지부 장관의 위탁을 받아 연금 급여를 실시함으로써 국민의 생활 안정과 복지 증진이라는 목적 사업을 효율적으로 수행하기 위해 설립된 기관이다.[40] 그

---

36 기획재정위원회. (2021.11.). [국가재정법 일부개정법률안 검토보고 <기금 자산운용지침에 환경·사회·지배구조 고려 포함 등>]. 이낙연의원 대표발의(의안번호 제2111899호). (p 1).

37 국회예산정책처. "이종민". (2016). [공적 연기금 책임투자 평가]. 사업평가 16-14(366). (p 62).

38 보건복지위원회. (2021.11.). [국민연금법 일부개정법률안 검토보고 이낙연의원 대표발의(의안번호 제211898호). (pp95).

39 숭실대학교법학연구소. "류지민". (2020). [기관투자자 신인의무의 규범화 과정과 방향 - 국민연금의 사례를 중심으로]. 법학논총 47. (p 646).

40 숭실대학교법학연구소. "류지민". (2020). [기관투자자 신인의무의 규범화 과정과 방향 - 국민연금의 사례를 중심으로]. 법학논총 47. (p 649~650).

설치목적과 의무에 따라 국민연금은 〔국민연금 기금운용 지침〕에서 많은 수익을 추구하는 '수익성의 원칙'과 안정적인 운용을 위한 '안정성의 원칙'을 기금운용 원칙으로 내세우고 있다.[41]

실제로 투자의사 결정 과정에서 ESG 요소를 고려하는 것이 장기적 수익 달성에 도움이 된다는 인식과 다르게[42] 이론적으로 ESG투자는 재무적 성과와 양(+) 또는 음(-)의 상관관계를 모두 가질 수 있다.[43] 이에 대해 〔IMF〕는 2019년에 ESG투자 성과가 초과성과를 달성하거나 성과가 미달하는 두 경우 모두 일관성 있게 나타나지 않는다고 분석했다. 또한 〔OECD〕도 2020년에 ESG투자 성과와 관련해 유의한 결과를 도출하지 못하고 있다고 지적했다.[44] 이러한 지적은 우리나라를 포함해 세계적으로 투자 대상 기업의 ESG 정보를 충분히 확보하기 어렵고 관련 전문인력과 같은 여건의 부족과 무관하지 않다.[45]

더불어 기업 대부분이 ESG 요소를 적극적으로 공시할 수 있는 환경이 형성되지 않은 상황에서 이루어질 ESG투자는 ESG 공시를 적극적으로 할 여력이 있는 대기업 위주로 이루어질 가능성에 관한 우려도 있다. 즉 ESG 책임투자를 법제화함에 있어 현실적인 여건상 ESG투자의 의무

---

41 보건복지부. (21.5.28.). [국민연금기금운용지침 - 국민연금기금 투자정책서].

42 보건복지부. (21.5.28.). [국민연금기금운용지침 - 국민연금기금 투자정책서]. (p 96).

43 자본시장연구원. "박혜진". (2020). [글로벌 ESG투자의 최근 동향과 주요 논점]. 자본시장포커스 2020(5). (p 3).

44 한국금융연구원. "이시연". (2021). [국내외 ESG투자 현황 및 건전한 투자 생태계 조성을 위한 시사점]. KIF금융조사보고서 2021(1). (p 4).

45 기획재정위원회. (2021.11.). [국가재정법 일부개정법률안 검토보고 <기금 자산운용지침에 환경·사회·지배구조 고려 포함 등>]. 이낙연의원 대표발의(의안번호 제2111899호). (p 6).

화가 연기금의 유연한 대응을 제약하며 ESG 정보의 산출 및 공시를 위한 준비가 부족한 국내 중소기업에 불리하게 작용할 수 있다는 걱정이다.[46]

그럼에도 불구하고 기금관리 주체가 ESG 요소를 고려해 기금자산을 운용하도록 법률에 명시한다면 공적 기금의 ESG투자의 활성화로 기금의 공공성과 장기적인 수익성을 제고하고 투자 대상 기업이 장기적으로 지속가능한 성장을 추구할 수 있는 여건을 마련하게 된다는 반론 또한 강력하다. 또한 수익성의 관점에서도 연기금의 투자자가 다수의 국민이며 투자 기간이 긴 만큼 단순히 기업의 재무적 성과만으로 투자를 결정하는 것이 적절하지 않다는 인식이 지속해서 확산하고 있다.[47] 공적 자본의 수익성은 때로 재무제표 너머 사회 전체의 이익에 종속되며 전체를 아우르지 못하는 수익계산은 앞에서 남고 뒤에서 밑지는 결과를 낳을 수 있기에 공적 자본의 '수탁자책임' 측면에서도 ESG투자가 확대되어야 한다는 논리이다.

연기금의 ESG투자 고려 법제화와 노력

ESG투자가 기관투자자의 주도하에 유럽을 중심으로 세계적으로 확

46 보건복지위원회. (2021.11.). [국민연금법 일부개정법률안 검토보고 이낙연의원 대표발의(의안번호 제211898호). (p 95).

47 기획재정위원회. (2021.11.). [국가재정법 일부개정법률안 검토보고 <기금 자산운용지침에 환경·사회·지배구조 고려 포함 등>]. 이낙연의원 대표발의(의안번호 제2111899호). (p 5).

대되고 있는 상황에서[48] 책임투자의 근거법 및 관련 규정, 지침조차 미비한, 체계적인 전략이 부족한 현재의 국내 상태로는 근본적인 패러다임이 될 ESG투자에 대비하지 못하게 돼 지속가능 관점의 장기수익률을 기대하기 힘들어진다.[49] 따라서 연기금 ESG투자의 법제화를 통해 [국가재정법]에 "장기적이고 안정적인 수익 증대를 위해 기금은 ESG투자를 고려할 수 있다"라는 항을 신설하는 것을 통해 어떠한 요소를 고려하고 있는지와 고려하지 않았다면 그 사유는 무엇인지를 의무적으로 공시하도록 해야 한다. 기금 자산운용에 ESG투자를 강행규정이 아닌 임의규정을 적용한다면 앞서 우려한 기금의 경직성을 해소하면서도 기금운용에 대한 평가 항목의 중요성이 큰 만큼 ESG 원칙 도입 취지를 제도적으로 뒷받침할 수 있다.[50, 51]

더 나아가 연기금의 선도적인 ESG투자가 자본시장까지 연결되기 위해서는 ESG 정보공개와 평가의 투명성을 강화해야 한다.[52] ESG투자에 대한 관심과 투자 규모가 커지는 만큼 ESG워싱도 증가하고 있는 것은 큰 문제다.[53] 도이치뱅크 계열 자산운용사 [DWS]가 ESG투자 규모를 허

---

48 한국금융연구원. "이지언". (2018). [국내 ESG투자 시장의 효율성 및 신뢰성 제고 과제]. 금융포커스 27(16). (p 15) .

49 자본시장연구원. "남재우". (2021). [공적연기금 ESG투자의 현황과 과제]. 자본시장연구원 이슈보고서 21-20. (p 29-30).

50 국회예산정책처. "이종민". (2016). [공적 연기금 책임투자 평가]. 사업평가 16-14(366). (p 63).

51 기획재정위원회. (2021.11.). [국가재정법 일부개정법률안 검토보고 <기금 자산운용지침에 환경·사회·지배구조 고려 포함 등>]. 이낙연의원 대표발의(의안번호 제2111899호). (p 10).

52 한국금융연구원. "이시연". (2021). [국내외 ESG투자 현황 및 건전한 투자 생태계 조성을 위한 시사점]. KIF금융조사보고서 2021(1). (p 5).

53 한국금융연구원. "이지언". (2018). [국내 ESG투자 시장의 효율성 및 신뢰성 제고 과제]. 금융

[그림 11-2] 지속가능성장

위로 공시했다는 의혹으로 미국 증권거래위원회(SEC)와 독일 금융감독청(BaFin)의 조사를 받은 것이 대표적인 사례다.[54] [DWS] 건은 경영의 ESG워싱과 투자의 ESG워싱이 하나로 합쳐진 사례에 속한다.

ESG 평가의 가장 큰 한계는 ESG가 포괄하는 영역이 매우 넓은 반면 평가 가능한 정보가 부족하다는 점이다. 따라서 유럽연합(EU), 영국, 미국 등 선진국처럼 기업의 ESG 요소에 대한 객관적인 평가 기준 확립과 기업의 ESG 정보공개 범위 확대 및 의무화가 전제되어야 한다.[55] 국내에서 ESG 관련 공시는 현재 사업보고서(의무), 거래소 지배구조보고서

포커스 27(16). (pp 15).

54 우리금융그룹. "이새롬 & 김강현". (2021). [글로벌 금융회사의 그린워싱 사례와 시사점]. 연구보고서. (p 1).

55 한국금융연구원. "이지언". (2018). [국내 ESG투자 시장의 효율성 및 신뢰성 제고 과제]. 금융포커스 27(16). (p 12-17).

(자율/의무), 지속가능보고서(자율) 등을 통해 추진되고 있으며 〔금융위〕는 지속가능보고서의 공시를 3단계에 걸쳐 2030년 이후 코스피의 모든 상장사를 대상으로 의무화하겠다고 발표했다.[56] 앞으로 더욱 다양해질 정보를 바탕으로 연기금은 ESG 지수 및 평가시스템 개발에 주도적으로 나서 다른 금융기관이 ESG투자 환경을 조성하도록 유도해야 한다.

연기금이 공동의 ESG 지수를 개발하고 방법론 및 편입 종목을 대외적으로 공개한다면 기금운용에 적극적으로 활용하면서 일반투자자와 기업의 ESG 관심을 높이는 선순환이 가능하다.[57] 이것은 ESG투자가 자본시장으로 확산함에 따라 투자자와 소비자를 보호하기 위해 금융투자업자들이 어떻게 ESG 요소를 반영했는지를 명확히 밝히고 관련 선관의무를 소홀히 하지 않았는지 감독 당국의 모니터링 강화로 연결될 수 있다.[58]

결론적으로 연기금의 체계적인 책임투자를 통해 ESG투자 시장을 활성화하기 위해서는 연기금의 ESG투자 고려 법제화를 기반으로 기업의 ESG 공시와 구체적이고 세부적인 투자 가이드라인의 마련이 필요하다.[59] 가이드라인은 현재 ESG 데이터의 부족으로 투자금을 받기 어려운 신생·중소기업의 성장에도 도움이 된다. 연기금의 책임투자 근거법의

---

56 금융투자협회. "류정선". (2021). [ESG 국제동향 및 국내 시사점]. 금융투자협회 조사연구보고서. (pp 4).

57 한국금융연구원. "이지언". (2018). [국내 ESG투자 시장의 효율성 및 신뢰성 제고 과제]. 금융포커스 27(16). (p16-17).

58 한국금융연구원. "이지언". (2021). [국내 ESG투자 시장의 효율성 및 신뢰성 제고 과제]. 금융포커스 30(10). (p 13).

59 자본시장연구원. "남재우". (2021). [공적연기금 ESG투자의 현황과 과제]. 자본시장연구원 이슈보고서 21-20. (p 29).

[그림 11-3] 올바른 투자에는 올바른 나침반이 필요하다

마련과 ESG투자 강화는 한국의 ESG투자 흐름을 확립하고 확대하며 자본시장과 한국사회의 지속적인 성장을 촉구하는 강력한 정책적 수단이 될 것이라는 데에 의견이 모이고 있다.

12장

국가에 의한 육아와 교육, "직장이냐 엄마냐" 양자택일 없는 사회

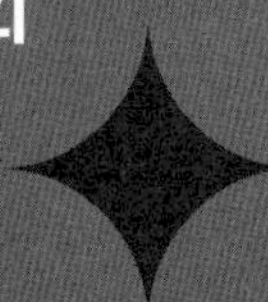

한국 사회에서는 직업을 가진 기혼 여성으로 아이를 키운다면 누구나 아직 '직장이냐 엄마냐' 양자택일의 갈림길에 설 수밖에 없다.[1,2] 인천에서 초등학교와 어린이집에 다니는 두 아이를 키우는 이 모씨(34세)는 "질 높은 공보육이라면 누가 안 보내고 싶겠냐만 우리 현실은 그렇지가 않다"고 말했다. 보육 시스템에 대한 불신 때문이었다. 그는 "우리 현실에선 '엄마'로 대표되는 주 양육자가 아이를 전적으로 책임지는 게 최선"이라며 직접 보고 겪은 문제들을 풀어놨다.

이 씨는 임신 전까지, 그리고 첫째를 낳고 나서 얼마간 직장 생활을 했다. 그러나 복직 후 아이가 돌이 지났을 때부터 1년 남짓 전일제 어린이집을 이용했다가 결국 직장을 그만뒀다. 원칙적으로 민간을 포함해 어린이집의 운영시간은 주 6일 이상, 월~금요일 12시간(07:30~19:30), 토요일은 8시간(07:30~15:30)이다. 지역 및 시설여건 등을 고려하여 미리 보호자의 동의를 받은 후, 어린이집 운영위원회의 결정에 따라 토요일에 휴무할 수도 있다. 그러나 이 씨가 아이를 보냈던 전일제 어린이집은 실제로는 오후 7시가 되면 운영이 종료되어 아이를 찾으러 서둘러 퇴근해야 했다.

> "아침에 자는 애 안아서 어린이집 보내고, 해 다 지고 오후 7시에 데리러 가면 선생님이 본인 퇴근한다고 옷까지 다 차려입고 애들도 다 준비된 채로 기다린다. 아이도 부모도 마음고생이 크다. 그런데 그마저도 서울이 아니고선 전일제를 어린이집에서 반기지 않는다."

---

1 주현정. (21.9.24.). "[단독 여론조사] 출생정책 1순위 '국가책임제 도입'". 무등일보.

2 임민정. (21.9.28.). "'애 키우다 보니 10년이 훌쩍'… 일하고 싶은 여성들". 노컷뉴스.

아이가 초등학교에 입학하고 다시 파트타임으로 일하기 위해 방과 후 돌봄을 이용했지만, 곧 이마저도 포기했다. 이 씨는 "초등 저학년 돌봄도 질이 낮기는 마찬가지다. 아이들을 그냥 앉혀 두고 소란 피우지 말라고 유튜브를 틀어 준다. 교육적인 콘텐츠가 아니고 그냥 만화를. 결국은 돈을 들여서 방과 후 유료수업을 신청하게 되는데 그것도 경쟁이 치열해서 쉽지 않다"고 말했다.

"한국 사회는 여전히 육아휴직자에 곱지 않은 시선을 보낸다. 복직 후에 승진 등에서 불이익이 있다. 그렇다 보니 남성은 육아휴직 쓰기를 꺼리고, 여성은 직장을 그만두게 된다. 단축근무도 마찬가지다. 엄청나게 눈치 보인다. 회사가 임부복 유니폼을 아예 만들지 않는 사례도 있었다."

현재 우리나라에서도 육아휴직이 보편화하면서 남성의 육아휴직 참여가 느리게나마 증가하고 있으며, 육아휴직을 통해 양육에 좀 더 적극적으로 참여하고 싶어 하는 남성이 늘고 있다. 양육 초기에 아버지가 육아에 관여하면 이후 더욱 적극적으로 육아에 참여한다는 연구 결과가 있다. 하지만 아직 한국 사회에서 육아휴직은 자발적으로 선택하기 어려운 것이 현실이다. 육아휴직은 곧 자발적 퇴사, 승진 포기, 같은 업무를 하는 동료에 대한 죄책감으로 귀결되기 때문이다. 육아휴직을 사용하더라도 육아휴직 이후 가족이 아니면 아이를 믿고 맡길 곳이 없기 때문에 여성의 경력 단절이 발생하고 있으며, 여성이 아이를 맡기거나 일을 그만둘 수 없는 경우 영유아가 안전하게 보호받고 교육받을 권리를

침해당하기도 한다.[3]

실제로 [한국보건사회연구원]이 발표한 〈결혼·출산 행태 변화와 저출산 대책 패러다임 전환〉 보고서에 의하면 기혼 여성 10명 중 4명 이상이 복직 뒤 1년 안에 직장을 그만둔 것으로 나타났으며, 출산휴가자 가운데 육아휴직까지 이용하는 비율이 2014년부터 2016년까지 감소 추세였다.[4] 우리나라에서 육아휴직 제도를 비롯한 출산휴가와 육아기 단축 근로제도 등은 고용보험을 기반으로 하기에, 소규모 사업장 노동자나 비정규직 노동자는 육아 지원제도에서 배제되는 비율이 높아 소규모 사업장에서 직업 포기가 두드러지게 나타났다.[5]

우리나라의 무상보육 정책

정부는 그동안 출산을 중단하거나 포기하는 주요인을 자녀 양육의 경제적 부담으로 파악했기에 저출산에 대응하기 위해 부모의 양육 부담을 완화하는 데 역점을 두었다.[6] 보건복지부는 중장기 보육 기본계획을 5년마다 수립하여 시행하는데, 지난 중장기 보육 계획하에서는 2011년 영유아 가정 소득 하위 70%까지 보육료를 전액 지원하는 정책에서 시작해

---

3 김병만, 김미진. (2018). [새 정부 유아교육 보육정책 수립을 위한 19대 대선공약의 실현 가능성 및 중요도 분석]. 한국영유아보육학, 108, (p 75-95).

4 김양중. (17.3.17.). "육아휴직 여성 43.4%, 복직 1년 안에 그만뒀다". 한겨레.

5 이상식. (2016). [결혼·출산 행태 변화와 저출산 대책의 패러다임 전환]. 한국보건사회연구원.

6 김운삼 & 김일태. (2020). [영유아 무상보육 확대정책에 따른 문제점 및 개선방안에 관한 연구]. 산업진흥연구, 5(2), (p 59-69).

[그림 12-1] 교구를 가지고 노는 아이

2012년에는 0~2세와 영유아를 둔 전 소득계층으로 지원을 확대했다. 같은 해에 만 5세 아동을 대상으로 유아에게 공통으로 제공되는 교육·보육 과정인 누리과정을 처음 도입했으며, 2013년에는 누리과정을 3~4세 유아를 둔 전 소득계층으로 확대하며 전면 무상보육 시대로 들어섰다.[7,8,9]

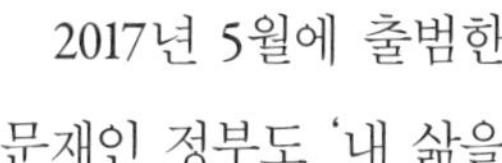

2017년 5월에 출범한 문재인 정부도 '내 삶을 책임지는 국가'라는 국정 목표 아래 '국가가 책임지는 보육과 교육'이라는 국정전략을 설정하고 제4차 저출산고령화 기본계획과 제3차 중장기 보육 기본계획하에서 보육 지원정책을 확대했다.[10,11] 2022년부터 자

---

7 김운삼 & 김일태. (2020). [영유아 무상보육 확대정책에 따른 문제점 및 개선방안에 관한 연구]. 산업진흥연구, 5(2), (p 59-69).

8 "누리과정 | 정책위키-한눈에 보는 정책 | 기획&특집 | 대한민국 정책브리핑".

9 김은영. (2019). [누리과정 개정의 배경과 개정 내용]. 육아정책포럼. (p 6-8).

10 국정자문기획위원회. (2017). [문재인정부 국정운영 5개년 계획].

11 권현경. (22.1.18.). "제4차 중장기 보육 기본계획+'교사 대 아동 비율 축소' 한목소리". 베이비

녀가 생후 12개월 내인 부모가 모두 육아휴직을 사용하는 경우 첫 3개월에 대해 부모 각각의 육아휴직 급여를 상향해 지급하는 '3+3부모 육아휴직제'가 시행되었다. 기존에는 휴직 기간 첫 3개월 동안 통상임금의 80%를, 나머지 9개월 동안은 임금의 50%를 지급받았지만, 2022년부턴 12개월 내내 80%를 받게 된다.[12] 2021년 11월 〔영유아보육법 시행령 일부 개정안〕과 〔아동수당법 시행령〕이 국무회의에서 의결됨에 따라, 보건복지부는 '아기 첫만남 패키지 지원-첫만남이용권' '영아수당' '아동수당'이라는 영유아집중 투자제도를 시행하고 있다. 2022년 이후 출생한 모든 출생아부터 국민행복카드를 통해 200만 원의 보육지원금을 지급(첫만남 이용권)하고, 가정에서 양육되는 아동에게는 두 돌이 될 때까지 30만 원의 영아수당을 지원하며 기존 만 7세 미만에서 만 8세 미만으로 확대된 아동수당으로는 월 10만 원을 지급한다.[13] 교육부는 2022년부터 유아 1인당 국공립 유치원은 월 10만 원, 사립 유치원과 어린이집은 월 28만 원의 보육료와 학비를 지원하고 사립 유치원에 다니는 저소득층 유아에게는 추가로 2021년보다 5만 원 인상된 15만 원을 지급하기 시작했다.[14, 15, 16] 하지만 현재 입학금 등의 부모 부담금이 남아있기에 우리나라가 아직 완전 무상교육을 실현하고 있지는 않은 셈이다.

뉴스.

12 조성관. (22.1.31.). "올해 달라지는 정부 지원제도". 기계설비신문.

13 양정원. (22.1.26.). "출산 육아 정책 대폭 확대 국가경쟁력 높일 것". 경향신문.

14 강지은. (22.1.25.). "올해 누리과정 지원금 2만 원 인상월 최대 28만 원 지원". 뉴시스.

15 이현지. (22.1.12.). "2022년 다음 세대 위한 보육 출생정책 현황은?". CTS 기독교 텔레비전.

16 김경림. (22.1.25.). "아동수당 법 영유아보육법 시행령 개정안 국무회의 의결". 키즈맘뉴스.

[표 12-1] 유 · 초 · 중 · 등 의무/무상교육 통계 비교[17]

구분	유치원	초등학교	중학교	고등학교
의무교육 여부	무상교육(일부)	의무교육	의무교육	무상교육
국공립 비율 (학생 수 기준)	30.4%	98.6%	83.8%	58.4%
사립학교 중 법인화 비율	13.6%	100%	100%	100%

스웨덴의 육아 지원

스웨덴에서는 1970년대 사회민주당 집권기에 올로프 팔메 총리에 의해 인권, 민주주의, 성평등을 강조하는 대개혁이 이뤄졌다. 이때 스웨덴에서 논의된 다양한 정책은 스웨덴 일·생활 균형 정책의 핵심을 이루게 되는데, 육아휴직제도와 보육 서비스의 공적 지원 체계 확립이 포함된다.[18]

스웨덴은 세계 최초로 부모 육아휴직 제도를 도입한 국가다. 이전까지 임신과 출산을 하는 여성에게만 부여하던 모성 휴가(Maternity Leave)를 부모 양쪽 모두에게 제공하는 육아휴직(Parental Leave)으로 바꾼 것이 1974년이다. 그 후 여러 차례 개정을 거쳐 이제는 '한 손에는 커피를 들고 다른 손으로는 아기차를 미는 남성'을 가리키는 '라테 파파'라는 말까지 생길 정도로 남성의 육아휴직 사용이 보편화했다.

---

17 김경림. (22.1.25.). "아동수당 법 영유아보육법 시행령 개정안 국무회의 의결". 키즈맘뉴스를 참고하여 재구성.

18 홍희정, 홍성현. (2019). 『스웨덴에서 한국의 미래를 꿈꾸다』. 이담Books.

[그림 12-2] 아버지와 아이

스웨덴에서는 육아휴직 제도를 법으로 보장한다. 스웨덴 국민뿐 아니라 스웨덴 내에 거주하는 모든 사람이 혜택을 받는다. 직원 중 육아휴직자가 생기면 업무 흐름에 지장이 없게 반드시 대체 인력을 뽑도록 하므로 육아휴직자가 직장 동료나 상사의 눈치를 보지 않아도 된다.

육아휴직 기간은 480일(쌍둥이 660일, 세쌍둥이 840일)이고, 출산뿐 아니라 입양에도 적용된다. 이 중 300일은 파트너와 상의하여 자유롭게 사용할 수 있지만, 90일은 부부가 각각 반드시 사용하도록 규제했다. 아이의 나이 만 12세 전까지 육아휴직을 세 번에 걸쳐 자유롭게 나누어 사용할 수 있다.

스웨덴의 육아휴직은 기본적으로 유급이다. 전체 육아휴직 기간 중 처음에 자신에게 할당된 절반의 기간에서 얼마를 배우자에게 양도한다 해도, 해당 기간의 육아휴직 급여는 본인의 급여가 기준이 된다. 부모 각자에게 할당된 240일 중 80% 정도인 195일에 대해서 휴직 전 급여의 77.6%를 보전해 주고(최대 수령 가능 금액 연 44만7783크로나, 약 5750만 원), 나머지 45일에 대해서는 하루 180크로나(약 2만3000원)를 지급한다. 만약 출산 전 240일의 소득이 하루 250크로나(약 3만2000원) 미만이었다면, 240일 동안 하루 250크로나를 준다.

현재 스웨덴 보육시설의 95%는 국가가 운영한다. 스웨덴에서 보육서비스를 국가가 본격적으로 담당하기 시작한 것도 마찬가지로 1970년대다. 당시 자녀 등 가족 돌봄의 영역이 여성이 아닌 국가 차원에서 책임져야 할 복지의 대상으로 인식되면서 다양한 성평등 정책이 등장했는데, 그중 하나가 보육 서비스의 공적 지원 확대다.

스웨덴은 아동수당을 지급하는 나라이기도 하다. 스웨덴 국민뿐만 아니라 개인 번호(우리나라로 치면 주민등록번호. 외국인도 1년 이상 체류하면 발급받을 수 있다)가 있는 모든 사람에게, 자녀의 나이가 만 16세가 되기 전까지, 자녀수에 따라 달리 지급한다. 차상위계층은 추가 수당을 받을 수 있다.

일반적으로 스웨덴의 공공보육기관은 오전 6시부터 오후 7시까지 운영된다. 유연근무제를 이용해 오전 6시부터 일하는 사람이 있기 때문에 이용자가 원한다면 보육 기관은 오전 6시에 문을 열어야 한다. 반대로 퇴근이 늦어질 때는 사전에 기관과 협의하면 늦은 시간까지 아이를 맡길 수 있다. 또한 아이에게 장애가 있으면 특수시설을 이용할 수 있고, 필요에 따라 관할 지자체에 보육도우미를 신청할 수도 있다. 사전에 보육도우미와 협의가 된다면 주말에도 이용할 수 있다.[19]

핀란드의 육아 정책

스웨덴보다 4년 늦은 1978년에 남성 육아휴직 제도를 도입한 핀란드는 2022년 8월 새로운 육아휴직 제도를 시행했다. 기존에는 어머니 105일, 아버지 54일, 어느 쪽이나 자유롭게 쓸 수 있는 158일, 총 317일로 구

19 홍희정. (2019). [스웨덴의 일·생활 균형 정책과 시사점]. 한국보건사회연구원.

성돼 있었는데, 바뀐 제도가 시행되면 어머니 137일(40일의 출산휴가 포함), 아버지 97일, 배우자 혹은 다른 양육자에게 양도할 수 있는 126일, 총 360일이 된다. 전체 기간이 늘어났지만, 핀란드 육아휴직제도 개편의 핵심은 아버지에게 의무적으로 할당되는 기간을 대폭 늘린 데 있다.

바뀐 제도는 어머니와 아버지 양쪽에 각 160일의 유급 육아휴직을 주었다. 160일 가운데 97일은 본인이 사용하지 않으면 소멸한다. 나머지 63일은 상대에게 양도할 수 있다. 임신 말기 40일의 출산휴가까지 포함하면 유급 휴직일 수는 총 360일이 된다. 여기에 쌍둥이라면 84일이, 세쌍둥이라면 168일이 더해지는 식으로 기간이 더 늘어난다. 유급 휴직은 일주일에 6일씩 적용되므로, 기본 360일을 기준으로 총 휴직 기간을 계산하면 14개월가량이 된다.

전체 기간 중 40일의 출산휴가는 출산 예정일이 한 달 내지는 2주 정도 남은 시점부터 시작해서 한 번에 쭉 이어서 쓰게 돼 있다. 그 외 320일의 유급 육아휴직은 아이가 만 2세 되기 전까지 최대 4번에 걸쳐 나눠서 사용할 수 있다.

북유럽 복지 강국다운 긴 유급 육아휴직과 아버지의 높은 육아휴직 참여에도 불구하고 핀란드가 부성휴가를 늘리는 방향으로 육아휴직을 개편한 건 분명한 목적이 있어서다. 핀란드 사회보건부는 정책목표를 가족 내에서 부모 양쪽에게 휴직과 양육의 책임을 동등하게 부여하는 것, 직장 생활에서 비차별 및 평등을 강화하는 것, 성별에 따른 임금 격차를 줄이는 것이라고 밝혔다.[20]

---

20 Ministry of Social Affairs and Health. (Jan. 31. 2022). [Family leave reform enters into force in August 2022]. Finland Government.

이렇듯 핀란드에서는 출생 후 약 1년은 부모가 양육할 수 있도록 유급 육아휴직을 제공한다. 그 이후에는 다양한 교육과 보육을 선택할 수 있다.

핀란드에서 보육시설 공급의 책임은 지방자치단체에 있고 중앙정부는 지방자치단체에 보조금을 지원한다. 취학 전의 모든 아이는 '무조건적으로 보육을 누릴 권리'가 있다. 지방자치단체는 부모의 육아휴직이 끝날 무렵부터 다양한 보육 서비스 선택지를 제공할 의무가 있다. 따라서 지방자치단체에서 제공하는 보육시설은 부모의 소득 수준과 취업 여부와 관계없이 원하면 모두 이용 가능하며 비용은 소득에 따라 달리 부과한다. 모든 보육시설은 연중 운영되고, 종일제, 시간제, 저녁 시간, 주말 등 원하는 형태로 이용할 수 있다. 24시간 보육 서비스도 제공한다.

1995년에 유치원 교사는 대학 졸업 이상, 보육교사는 3년제 직업학교 졸업자로 자격을 상향 조정했다. 유아교육·보육교사의 전문성 및 초등학교 교사와 협력을 강화하여, 유치원과 초등학교의 연계를 수월하게 하려는 취지다.[21]

우리나라에서 영유아 무상보육·교육이 가능할까

대한민국 [헌법]은 의무교육과 무상교육을 천명하며 교육을 받는 것은 국민의 권리라고 선언하고 있다. [헌법] 제31조는 모든 국민은 능력

21 곽노의. (2017). [핀란드의 유아 교육과 보육 통합과정에 관한 연구]. 한국초등교육. 28(1). p.329-341.

에 따라 균등하게 교육을 받을 권리를 가지고, 보호하는 자녀에게 적어도 초등교육과 법률이 정하는 교육을 받게 할 의무를 지며, 의무교육은 무상으로 한다고 규정한다. 의무교육을 벗어난 고등학교 교육에서도 2019년 고등학교 3학년 학생, 2020년 고등학교 2학년 학생을 대상으로 학교운영지원비, 입학금, 수업료, 교과서비를 지원하는 무상교육이 시행됐고 2021년에는 자율형사립고나 일부 사립 특목고를 제외한 고등학교 전 학년을 대상으로 무상교육이 시행되었다.[22] 이에 따라 2004년 참여정부에서 중학교 무상교육이 완성된 이후 17년 만에 초중고 무상교육이 실현됐다.[23] 무상 교복도 전국으로 확대되어 2022년 1월 현재 경북 일부 지역을 제외한 전국 17개 시도 교육청 또는 광역·기초 지자체에서 중고등학교 신입생에게 교복 구매 비용을 지원하고 있다.

영유아 단계에서는 어린이집과 유치원의 과정을 하나로 통합하는 유보통합(유아교육과 보육의 통합)이 지난 몇 년 꾸준히 논의됐다. 현재 정부는 영유아 정책을 교육과 보육의 두 개념으로 나누어 수립·시행하고 있다.[24] 따라서 우리나라 어린이집과 유치원은 관리부처와 지향점, 전달체계와 지원체계까지 전혀 다른 구조로 되어 있다.[25] 전문가들은 현재 교육과 보육의 개념이 혼용되고 있으며 유치원과 어린이집을 관할하는 운영 부처가 교육부와 보건복지부로 이원화하여 정책적으로 효율적이지

22 교육부. (2022). "[Q&A] 고교 무상교육, 그것이 궁금하다!" 대한민국 정책브리핑.

23 교육부. (2021). "새 학기부터 고교도 전면 무상교육 초중고 무상교육 완성". 대한민국 정책브리핑.

24 김경록. (22.9.6.). "유보통합, 논의 주체부터 정해야…교육부 주도 필요". 뉴시스.

25 박창현. (2021). [문재인 정부 5년 유아 교육정책 평가: 미래 유아 학교로의 체제 개편을 위한 제언]. 교육 비평, (48), (p 8-31).

[그림 12-4] 세종시에 위치한 교육부 건물

않다고 계속해서 문제를 제기했다.[26] 대표적으로 현재 영아 보육료는 복지부 예산으로 분류되지만, 유아 보육료는 교육부 소관으로 분류되어 있다.[27]

이기숙 이화여대 유아교육과 명예교수는 한 기고문에서 "만 3~5세의 유아를 대상으로 하는 유치원과 만 0~5세의 영유아를 대상으로 하는 어린이집의 기능이 점점 유사해지고 경계가 모호해지면서 운영난과 혼란이 가중되어 행정관리와 국가 재정투자의 효율성이 떨어지고 있으며 영유아 교육과 발달의 연속성이 저해된다"고 지적하며 무상보육과 유보통합 시스템 구축을 주장했다.[28]

2021년 9월 [육아정책연구소]에서 발표한 〈유아 의무교육 및 무상교

---

26 김해리, 이기성. (2021). [유아교육과 보육의 통합 정책의 쟁점과 개선방안 탐색]. 사회과학논총, 24, (p 33-53).

27 이민수. (22.2.7). "보육 정책의 방향". 경기일보.

28 이기숙. (22.1.24.). "유치원과 어린이집 통합에 대한 논쟁의 종지부를 찍어야 한다". 베이비뉴스.

육·보육의 쟁점과 과제〉 연구에서는 유아 의무·무상교육이 현재 30% 수준인 국공립 유치원 이용률을 80% 수준까지 올려 유치원의 질적 균등성이 보장되어야 가능하다고 주장한다. 이 연구는 교육부 내에 유보통합 기구인 영유아보육국(가칭)을 만들고 '유아학교 체제'를 구축해 2026년까지 3~5세까지 유아 완전 무상교육과 의무교육을 실현함으로써 영유아 교육의 공정성을 마련해야 한다고 제안했다.[29]

또한 정치적 책임성과 별개로 지방정부 및 교육부의 '투명한 재정 운영' 책임성 강화를 위해 정부 모니터링 시스템을 도입하여 각 지방정부 및 어린이집 시설의 투명한 운영이 이루어지고 있는지 조사할 필요가 있다.[30] 근본적으로는 국공립 어린이집 확충, 어린이집 관리·감독, 보육교사 처우 개선과 신분보장 대책 마련, 육아와 관련한 일·생활 양립 정책을 마련해 저출산 문제를 해결할 무상보육으로 나아가야 한다는 것이 전문가들의 주장이다.[31] 〔육아정책연구소〕는 현재의 현금 중심 지원에는 뚜렷한 한계가 있으므로 공고한 돌봄 인프라 구축이 필요하다는 의견을 제시했다.[32]

---

29 박창현, 김근진, 윤지연. (21.9.19). [유아의무교육 및 무상교육·보육의 쟁점과 과제]. 육아정책연구소. (p 139. 141-142, 167, 171.).

30 연지현, 강인성. (2018). [교육의 공공성 강화를 위한 누리과정 발전 방향에 관한 연구]. 사회과학논총, 21(1), (p 131-155).

31 편집부. (2015). [[기자회견 및 긴급행동] 땜질식 보육정책, 화가 나서 미치겠다!!]. 월간 복지동향, (197), (p 42-43).

32 이윤진. (2019). [독일 보육 정책, 변화와 시사점]. 육아정책포럼, 60(0), (p 35-43).

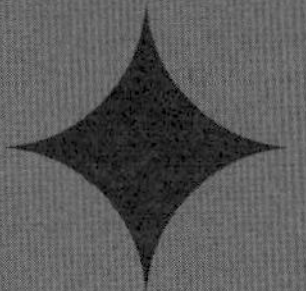

13장

성매매 합법화와 성노동자의 노동권 보호

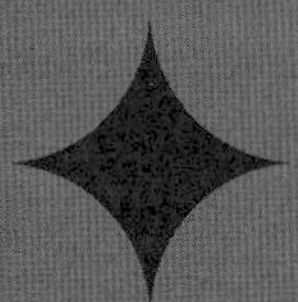
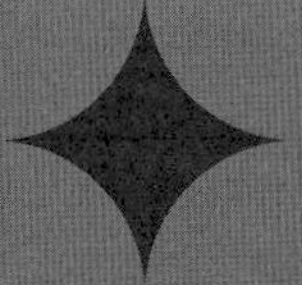

2002년 1월 29일 오전 11시 전북 군산시 개복동 일명 쉬파리 골목 내 유흥업소에서 불이 났다. 불은 빠르게 진화됐으나, 이날 14명의 여성이 목숨을 잃었다. 2층에 머물던 그들이 1층에서 발생한 화재를 대피할 수 있는 공간이 없었다.[1] 2층의 유일한 출구는 1층 출입구였다. 손님을 접대하는 2층의 모든 창문은 합판과 스티로폼으로 완전히 폐쇄됐고, 바깥은 잠겨 있어 나갈 수가 없었다. 탈출할 길 없이 연기에 질식당할 수밖에 없는 구조였다.[2] 2000년에 군산시 대명동에서 비슷한 사건이 있었음에도 2년 사이에 달라진 게 없었다. 2000년 당시엔 여성 5명이 사망했다.[3]

우리나라의 여성운동은 2000년대 초반 군산 화재사건을 계기로 성매매가 여성에 대한 인권침해이자 성적 폭력이라는 관점에서 〔윤락행위등방지법〕 대신 〔성매매특별법〕 제정 운동을 전개하였다. 당시 페미니스트들은 '윤락'이란 용어가 "스스로 타락하여 몸을 망친다"라는 뜻으로 성을 파는 자에게 도덕적 평가를 부과하는 지극히 성차별적인 용어라고 비판했다. 손덕수와 이미경(1987년)은 '매매춘'이라는 용어를, 원미혜(1999년)는 '성매매'라는 용어를 제안했다.

이 흐름에 따라 1961년에 제정된 〔윤락행위등방지법(윤방법)〕은 폐지됐고,[4] 기존 규제방식을 강화한 〔성매매특별법〕이 제정됐다. 〔성매매특

1 김서현. (20.1.31.). "감금된 업소서 화재에 숨진 여성들... 성매매 특별법 뒤엔 19명의 여성이 있었다". 여성신문.

2 MBC. (2014). "군산 화재 사건 이후 '성매매 특별법' 시행…10년 지난 지금 실태는?". MBC.

3 김지은. (02.7.4.). "성매매 방치, '국가에 책임 있다' 첫 판결". 오마이뉴스.

4 이경재. (2009). [성매매특별법 시행 4년에 대한 평가와 제언]. 형사정책연구, (p 701).

별법]은 [성매매 알선 등 행위의 처벌에 관한 법률(성매매처벌법)]과 [성매매 방지 및 피해자 보호 등에 관한 법률(성매매방지법)]로 구분된다. 2004년 3월에 제정돼 9월 23일 시행됐다.[5] 현재 우리나라 성매매 처벌법에 따르면, 성매매란 불특정인을 상대로 금품이나 그 밖의 재산상 이익을 수수하거나 수수하기로 약속하고 다음에 해당하는 행위를 하거나 그 상대방이 되는 것을 말한다. 법적으로 처벌 가능한 행위는 성매매, 성매매 알선 행위, 성매매 목적의 인신매매, 성을 파는 행위를 하게 할 목적으로 다른 사람을 고용·모집, 성매매가 행해진다는 사실을 알고 직업을 소개·알선하는 행위, 업소 광고 행위를 포함한다.[6]

역설적이게도 [성매매특별법] 시행일인 이날 집창촌에서 일하는 '여/성노동자'들은 [성매매특별법]을 반대하는 집단행동에 나섰다. 이들은 생존권과 노동권 보장을 요구하고 스스로를 노동자라고 칭하며 '성노동자운동'을 전개하였다.[7] [국제사면위원회]는 성노동자(Sex Worker)란 18세 이상의 성인이 합의된 성접대에 대한 대가로 현금이나 현물을 정기적으로 또는 수시로 받는 자로 규정한다. 성매매는 성 판매자와 구매자 간에 합의된 조건으로 성인 간에 성적인 행위를 포함한 성적인 서비스를 교환하는 것을 의미한다고 정의한다.[8]

---

5 이경재. (2009). [성매매특별법 시행 4년에 대한 평가와 제언]. 형사정책연구, (p 706-708).

6 성매매알선 등 행위의 처벌에 관한 법률 제2조, 4조.

7 오김숙이. (2016). [젠더 · 노동 프레임과 여/성노동자의 재현-성매매특별법 제정 후 페미니즘 담론을 중심으로]. 여성학연구, 27(1), (p 7-34).

8 국제엠네스티. (16.5.26.). [Sex workers at risk].

우리나라 성매매 현황

〔성매매특별법〕 법제화 이후에 성매매는 근절되지 않았고 지하경제에서 대규모로 유통되고 있다. 암시장 데이터 제공업체인 〔하보스코프〕는 2015년 발행한 〈매춘, 세계 성매매 시장 가격 및 통계〉에서 중국 약 500만 명, 미국은 약 100만 명, 한국 14만7000명의 성매매 종사자가 있는 것으로 발표했다. 한국의 성매매 시장 규모는 2008년 기준 12억 달러로 당시 한국 GDP의 1.6%에 해당한다. 한국의 성매매 판매비용(2012~2014년)은 종묘공원 19~29달러(나이 든 여성), 서울 강남 117달러, 미성년자 275달러이고 약 4만6000개 성매매 업소가 존재하는 것으로 조사됐다.[9]

2016년 〔한국형사정책연구원〕 보고서에 따르면 2016년 현재 국내 성매매 시장 규모는 30~37조 원이다.[10] 여성가족부에 따르면 2021년 9월 현재 전국에 남아 있는 성매매집결지는 총 14개다. 2004년 〔성매매특별법〕 제정 당시 35개였던 집결지는 2016년 24개, 2021년 14개로 폐쇄 속도가 빨라지고 있다. 남아 있는 집결지도 세 곳을 제외하면 대부분 환경정비구역으로 지정돼 폐쇄가 추진 중이다.[11]

그러나 성매매 집결지의 폐쇄가 성매매 시장 규모의 축소를 뜻하지는

---

9 (2015). [Prostitution: Prices and Statistics of the Global Sex Trade], Havoscope.

10 강석구 외 7명. (2016). [조직범죄단체의 불법적 지하경제 운영실태와 정책대안 연구(II): 전통적 소득원의 진화과정을 중심으로]. (p 377).

11 최현재. (21.6.10.). "전국 성매매 집결지 15곳 남아". 매일경제.

않는다. 집창촌이 사라지면서 전국 각지에서 다양한 장소·형태의 성매매가 여전히 활개를 치고 있다.

성매매는 노동이다

자유주의 페미니즘

자유주의는 각 개인이 자기 자신에 대해 육체와 정신의 주권자로서 목숨, 노동, 사유재산과 같이 자신에게 연관된 부분에 절대적 독립성을 가진다고 본다.[12] 이러한 맥락에서 자유주의 페미니즘은 성매매는 다른 상품의 매매와 다를 것이 없으며 성매매에 대한 법적인 제재는 부당하다고 주장한다. 이것은 곧 여성에 대한 법적 불평등이며 개인이 자신의 몸에 갖는 권리의 침해이기 때문이다. 자유주의 페미니즘에 따르면 여성은 스스로 원한다면 성을 자유롭게 사고 팔 권리가 있다.[13]

사적 부도덕성은 형법의 문제가 돼서는 안 되며, 매춘은 공중질서에 반하고 일반 시민에게 공격적이고 해를 끼치는 종류에 한해 규제를 가해야 한다는 것이 이들의 주장이다.[14] 따라서 매춘은 합법화가 되어야 한다고 본다. 자유주의 입장의 약점으로는 '성매매가 실제로 상호 자유

12 김혜숙. (1993). [경제적 합리주의와 매춘]. 철학과 현실, (p 189).

13 이장형. (2004). [성의 매춘화와 성매매(Sex Trafficking)에 대한 윤리학적 고찰]. 기독교사회윤리, 8, (p 270).

14 김혜숙. (1993). [경제적 합리주의와 매춘]. 철학과 현실, (p 190).

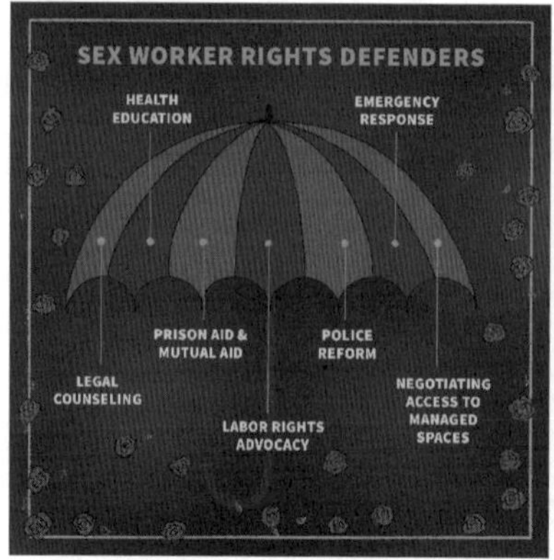

[그림 13-1] 성노동자 인권 운동가가 하는 일

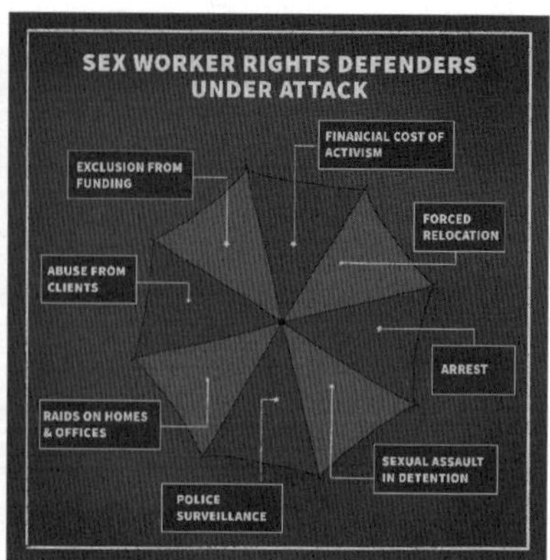

[그림 13-2] 성노동자 인권 운동가가 받는 외부 공격

로운 계약에 근거하였는가' 하는 계약 당사자의 지위 문제, 자발적 성매매라 하여도 내용상 경제적 강제에 의한 것이 많다는 사회 구조의 문제를 눈감았다는 것이 지적된다.[15] 또한 자유주의 페미니즘은 경제적 권리보다 정치적 권리에 우선권을 부여하여 사실상 형식적 자유 보장에 그쳤다는 비판을 받는다.[16]

포스트모던 페미니즘

성매매 여성을 일종의 성적 개척자로, 정치적 저항가로 파악하기도 하는 포스트모던 페미니즘은 성매매에 대해 자유주의 페미니즘과 유사한

15 이장형. (2004). [성의 매춘화와 성매매(Sex Trafficking)에 대한 윤리학적 고찰]. 기독교사회윤리, 8, (p 271).

16 주승희. (2005). [법여성주의 이론의 흐름과 형사법에의 투영 -성매매특별법을 중심으로-]. 법철학연구, 8(2), (p 285).

입장을 취한다. 성매매에 관한 사회적 금기에 '행위주체성'이 우선한다는 것을 근거로 개인은 (성매매) 계약을 체결할 권리를 가진다고 본다. 사회적으로 낙인찍히고 페미니즘에서 배제된 성매매 여성이야말로 담론의 객체가 아닌 주체로 존중되어야 한다고 믿는다. 더 나아가 일부 포스트모던 페미니스트들은 성매매가 긍정적인 사회적 가치를 지니고 있다고 보고 있다. 급진적 민주주의 투쟁의 한 부분으로 성매매에 대한 새로운 이해방법을 제시한다.[17]

이렇게 되면 성매매 여성은 성을 착취당하는 '성적 노예'가 아닌 '성적 노동자'의 위치에 서게 되며 성매매는 단순 방임의 차원을 넘어선 권리의 성격을 가지게 된다.[18] 성매매를 성 노동으로 보는 근거 중 하나는 성매매가 여성이 놓인 다른 상황보다 오히려 더 낫다는 점이다. 성매매가 훨씬 짧은 시간을 일하고 더 많은 돈을 벌며 수입의 대부분이 세금으로부터 자유롭다. 매춘은 일반적으로 여성이 접근할 수 있는 많은 유형의 노동보다 좋은 거래라는 것이 일부 포스트모던 페미니즘의 주장이다.[19]

성매매 여성 역시 행위주체로서 평등을 요구할 권리가 있다는 점 또한 거론된다.[20] 이들은 남성만큼이나 여성도 배회할 권리가 있으며 특히 여성의 호객행위는 여성에 대한 남성의 유혹 혹은 성희롱보다 훨씬 덜

---

17 김은경. (2002). [성매매에 관한 페미니즘 담론과 형사정책적 딜레마]. 형사정책, 14(2), (p 47).

18 주승희. (2005). [법여성주의 이론의 흐름과 형사법에의 투영 -성매매특별법을 중심으로-]. 법철학연구, 8(2), (p 289).

19 김은경. (2002). [성매매에 관한 페미니즘 담론과 형사정책적 딜레마]. 형사정책, 14(2): 47.

20 주승희. (2005). [법여성주의 이론의 흐름과 형사법에의 투영 -성매매특별법을 중심으로-]. 법철학연구, 8(2), (p 289).

위협적이라고 본다. 포스트모던 페미니스트들은 성매매 여성이 '매춘여성'이라는 직접적 활동을 분명히 하며 평등을 요구할 권리가 있다고 주장한다. 상업적 성(性)을 비상업적 성(性)만큼이나 정당하고 가치 있는 것으로 인정함으로써 부정적 정체성의 긍정하고 동시에 가치를 재평가한다는 생각이다. 마지막으로 포스트모던 페미니즘은 성매매 권리를 옹호하는 여성이 '한 명의 파트너'라는 고정관념에 도전하는 것이라 믿는다. 그렇다면 나아가 성매매 옹호는 가부장적 질서를 해체하고 혼외 성관계, 익명적 성, 여가적 성 그리고 성적 새로움과 다양성을 도덕적으로 반대할 수 없게 만든다고 주장한다.[21]

포스트모던 페미니즘에 관한 비판은 '학자들을 위한 여성주의'라는 것이다. 축복받은 자신들의 주변 환경을 거의 떠나는 일 없는 서구백인 여성중심의 여성주의 담론으로, 대다수의 여성과 무관한 발언일 뿐이며 착취당하는 여성의 현실을 외면했다는 비판을 받는다.

성매매는 착취다

도덕적 여성주의

반면 성매매가 그 자체가 비도덕적이고 비윤리적이므로 추방되어야 한다는 도덕적 여성주의 주장이 있다.[22] 주로 영국 빅토리아 시대 여성운

---

21 김은경. (2002). [성매매에 관한 페미니즘 담론과 형사정책적 딜레마]. 형사정책, 14(2). (p 47).

22 주승희. (2005). [법여성주의 이론의 흐름과 형사법에의 투영 -성매매특별법을 중심으로-]. 법철학연구, 8(2), (p 283).

동가·도덕주의자가 강력히 지지한 도덕적 여성주의는 성매매가 사회 구성원의 재생산을 목적으로 한 일부일처제를 파괴한다는 근거를 들었다. 반(反)쾌락주의, 금욕주의를 강조한 그 시대 종교개혁가의 주장과도 연결된다. 도덕적 여성주의는 당시 19세기의 시대적 관습에 반하여 성매매 종사자들을 '문제적 여성(Trouble Maker)' '비난의 대상'에서 '문제에 처해 있는 여성(Women in Trouble) 연민의 대상으로 재개념화하고 성매매 자체로부터 분리했다는 점에서 긍정적 평가를 받는다.[23]

그러나 도덕적 여성주의는 국가의 사회적 정화나 개혁 운동에 흡수되어 오히려 여성에 대한 국가와 경찰의 통제권을 더욱 강화하는 구실을 주었다는 점에서 비판의 대상이 된다. 결론적으로 성매매 여성의 인권에 역행하게 된다. 또한 성매매의 부도덕함을 오로지 '가족제도의 붕괴'만으로 증명하려 했다는 점에서 성매매 여성을 타자화하고 남성 중심 담론만 강화했다는 지적을 받았다.[24, 25]

사회주의 페미니즘

사회주의 페미니스트는 성매매를 기본적으로 자본주의 체제의 부산물로 바라본다. 자본주의 사회에서 돈을 위해 성매매를 하는 여성은 다른 임금 노동자와 마찬가지로 착취와 소외의 대상

---

23 이나영. (2005). [성매매 : 여성주의 성정치학을 위한 시론]. 한국여성학, 21(1), (p 47).

24 이성숙. (2002). [매매춘과 페미니즘, 새로운 담론을 위하여]. (p 24).

25 박미선. (2006). [성노동, 성매매, 변혁적인 개념화와 엄밀한 이론화를 향해서].
이성숙. 『매매춘과 페미니즘, 새로운 담론을 위하여』(책세상, 2002).
정희진. 『페미니즘의 도전: 한국 사회 일상의 성정치학』(교양인, 2005). 여성이론, (14), (p 210).

[그림 13-3] 성노동자 권리 주장과 관련한 그림

이며 계급적으로 가장 비참하고 저급하다는 것이 이들의 주장이다.[26] 노동자가 개별적 인간으로 고려되지 않고 노동력이라는 상품으로 결정되

26 주승희. (2005). [여성주의 이론의 흐름과 형사법에의 투영 -성매매특별법을 중심으로-]. 법철학연구, 8(2), (p 285).

듯 매춘부 역시 마찬가지라는 생각이다. 노동자가 임금을 위해 그들의 손과 삶을 제공하듯 성매매 여성은 돈을 위해 사랑을 제공한다는 것이다. 이들은 성매매를 하나의 고립된 현상이 아닌 사회 경제적 상황과 결부하여 파악하였다.

따라서 사회주의 페미니스트들은 자본주의 사회체제가 붕괴하면 성매매는 필연적으로 사라지고 여성은 자유를 획득할 것이라고 보았다. 더 나아가 그때가 되면 남녀 간 사랑은 순수한 상호 이끌림 동기에 의해 이뤄질 것으로 낙관했다.[27,28] 그러나 사유재산제도가 사라지면 성매매가 사라질 것이라는 주장은 종종 반론에 직면한다.[29] 경제적 요인만이 성매매의 주요 원인이 아니기도 하다. 예컨대 스웨덴에서 1930년대 경제적 불황 속 매매춘이 급속히 감소한 반면 사회복지가 잘 갖춰진 1970년대 이후에 오히려 매춘 여성이 급증하였다.[30]

또한 사회주의 페미니즘은 성매매가 계급뿐 아니라 젠더 권력에 의해 차별받는 노동임을 간과하고 있다는 비판을 받는다.[31] 특히 사회주의 페미니즘은 성매매에 평가가 덜 구체적이며 '매매춘 자체에 대한 비평이

---

27 김혜숙. (1993). [경제적 합리주의와 매춘]. 철학과 현실, (p 191).

28 이장형. (2004). [성의 매춘화와 성매매(Sex Trafficking)에 대한 윤리학적 고찰]. 기독교사회윤리, 8, (p 273).

29 이장형. (2004). [성의 매춘화와 성매매(Sex Trafficking)에 대한 윤리학적 고찰]. 기독교사회윤리, 8, (p 274).

30 주승희. (2005). [법여성주의 이론의 흐름과 형사법에의 투영 -성매매특별법을 중심으로-]. 법철학연구, 8(2), (p 286).

31 박미선. (2006). [성노동, 성매매, 변혁적인 개념화와 엄밀한 이론화를 향해서].
이성숙. 『매매춘과 페미니즘, 새로운 담론을 위하여』(책세상, 2002).
정희진. 『페미니즘의 도전: 한국 사회 일상의 성정치학』(교양인, 2005). 여성이론, (14), (p 210).

급진적
여성 해방론자

아닌 자본주의에 대한 비평'이라는 지적 역시 받는다.

급진적 여성해방론자는 계급 문제가 해결된다고 하더라도 여성의 문제는 여전히 남을 것이라 보며 임금노동과 성매매와는 차이가 있다고 본다.[32] 성매매는 여전히 모든 성착취의 토대로서 남녀불평등의 권력 관계를 내포한다고 여기기 때문이다.[33] 특히 빈곤 때문에 먹고 살기 위해서 또는 강간 등의 성적 학대를 당한 후에 성매매를 하게 될 때 과연 그 성매매를 자유의지에 의한 선택이라고 할 수 있는 것인가 의문을 제기하고 있다.

결론적으로 급진적 페미니즘은 성매매가 성매매 여성뿐 아니라 모든

[그림 13-4] 성노동자들의 권리 보장을 주장하는 시위 모습

32 김혜숙. (1993). [경제적 합리주의와 매춘]. 철학과 현실, (p 192).

33 이장형. (2004). [성의 매춘화와 성매매(Sex Trafficking)에 대한 윤리학적 고찰]. 기독교사회 윤리, 8, (p 274).

여성에게 해롭기 때문에 성구매자와 알선자를 처벌해야 한다고 주장한다. 이때 성매매 여성은 다른 직업기회의 제한에 따른 결과이므로 비범죄화할 것을 제안한다.[34] 그러나 성매매에 대한 급진적 페미니즘의 분석은 성매매 공간 속 여성의 경험이 동일하지 않으며 그들의 정체성 역시 고정되어 있지 않음에도 불구하고, 이를 '성착취'의 문제로 단순화한다는 점에서 비판의 대상이 된다. 여성 고객을 위한 성매매 남성이 존재하고 증가하는 현상을 어떻게 해석할지도 의문이다.[35]

성매매 합법화와 비범죄화 해외 사례

성 판매를 노동으로 인정하는 관점에는 '합법화'와 '비범죄화'가 있다. 성매매의 비범죄화는 구성요건 배제만으로 실현될 수 있으나, 성매매 합법화는 비범죄화와 함께 성매매를 규율하기 위한 법과 제도의 정비가 필연적으로 수반돼야 한다.[36] 즉 합법화 국가는 성 판매를 노동으로 인정하면서도 다른 산업과 구분해 성매매에만 적용하는 특정한 규제를 만들어낸다. 이러한 통제가 필연적으로 합법 성매매와 불법 성매매라는 구분을 만들고, 결과적으로 이를 어기는 성판매자는 불법으로 간주된다. 반면 비범죄화는 성판매자에게 불리할 수 있는 모든 규정을 폐

---

34 이성숙. (2002). [매매춘과 페미니즘, 새로운 담론을 위하여]. (p 24).

35 김혜숙. (1993). [경제적 합리주의와 매춘]. 철학과 현실, (p 192).

36 박성민. (2015). [성매매특별법상 자발적 성매매행위의 비범죄화 가능성 고찰]. 형사법연구, 27(4), (p 3-23).

지하고, 다른 산업에 동일하게 적용되는 규정을 둔다. 두 관점의 차이는 성매매 관련 정책의 목표와 접근 방식, 그리고 국가의 규제 적용 범위라 말할 수 있다.[37]

세계 최초로 성매매 합법화를 도입한 국가는 네덜란드다. 네덜란드는 2000년 10월 1일 형법상 〔성매매금지령(The Ban on Brothels of 1911)〕을 폐지해 성매매를 노동으로 인정했다. 본래 기독교와 도덕주의 입장에서 1911년 형법에 성매매 금지 조항을 넣었으나 2000년에 이 조항을 삭제하고 성매매, 포주행위, 성매매업소 운영 등을 합법화했다. 다만 미성년자 성매매, 강제적 성매매, 인신매매 등의 비자발적이고 범죄적인 성매매를 처벌하는 내용을 신설했다.[38]

성매매가 합법적인 업무이기 때문에 네덜란드에서 성판매자는 다른 노동자와 같은 권리를 향유한다. 노동관계가 엄격히 조사될 수 있고 성매매자에게 노동보호법이 적용된다. 성매매 업소는 성매매 위생, 작업장의 구성, 노동조건의 기준 등을 유지해야 하고, 성 판매자의 건강과 안전한 성관계에 책임을 진다. 또한 성매매 업소와 성 판매자는 모두 세금을 내야 한다. 성 판매자의 건강검진은 의무사항이 아니지만, 정부는 성매매 여성에게 3개월마다 익명의 건강검진을 종합병원에서 받을 것을 권고하고 있다.[39]

자치단체들은 성매매금지 규정 폐지를 예상하고 사전적으로 성매매

---

37 안창혜. (2017). [성매매 '합법화'와 '비범죄화' 논의 재고]. 한국여성학, 33(3), (p 199-233).

38 허경미. (2019). [네덜란드의 성매매 합법화의 배경과 딜레마 연구]. 교정연구, 29(2), (p 33-56).

39 신옥주. (2013). [성매매 규율유형을 중심으로 살펴본 자발적 성매매 합법화논의에 관한 비교법적 고찰]. 법학논집, 18(1), (p 29-68).

관련 정책을 정비했다. 암스테르담은 전통적인 홍등가 밖에 위치한 성매매업소를 폐쇄하고 성매매업소에 불법 이주 노동자와 미성년자를 고용하지 못하도록 자치조례를 제정했으며 위반 시 업소를 폐쇄할 것이라고 경고했다. 또한 암스테르담 보건당국은 성매매업소에서 일하는 여성에게 성병 검사나 에이즈 검사를 실시했고, 필요한 예산을 확보했다.

뉴질랜드는 2003년 〔성매매개혁법〕을 제정해 성매매의 모든 영역을 비(非)범죄화했다. 원래도 뉴질랜드에서 성판매와 성구매 행위 자체는 처벌 대상이 아니었다. 다만 업소 운영, 성매매를 통한 수익으로 생계를 유지하는 것, 그리고 성관계를 알선하는 행위는 형법에 처벌규정을 뒀다.

현재 뉴질랜드는 알선 등 제3자의 개입까지 포함해 성매매를 비범죄화했다. 성 판매자에 피고용자 혹은 개인사업자로서의 법적 지위를 부여하고, 성 구매자와 성 판매자 간 계약 관계를 인정했다. 뉴질랜드는 성 판매자와 성 구매자 모두에게 안전한 성관계를 법적으로 규정한다. 콘돔 등의 보호장구 착용을 의무화하였고, 위반 시 성 구매자와 성 판매자 모두 벌금형에 처한다. 성매매 관련 법에 의무 규정이 존재하고 있어 뉴질랜드 비범죄화를 합법화라고 보는 시각이 있다.[40]

국제 〔엠네스티〕에 따르면 뉴질랜드 성노동자는 성매매 비범죄화 이후 범죄 제재가 두려워서 자신의 직업을 의료 종사자들에게 공개하는 것을 덜 꺼리게 됐다고 한다. 또한 성 노동자가 폭력이나 범죄를 경찰에 신고할 가능성이 전과 비교했을 때 높아졌고, 포주에 의한 성추행 문제

---

40 안창혜. (2017). [성매매 '합법화'와 '비범죄화' 논의 재고]. 한국여성학, 33(3), (p 199-233).

를 법원을 통해 해결할 수 있었다고 했다.[41]

〔국제사면위원회〕는 2015년 8월 영국 더블린에서 개최한 국제대의원 총회에서 자발적 성매매의 비범죄화를 권고했다. 성 구매자만 처벌하는 노르딕 모델을 지지하지 않으며, 성매매의 모든 행위를 비범죄화할 것을 주장한다. 성 구매자와 포주를 처벌하면, 이들에 대한 단속과 처벌로 인해 성 판매자가 단속의 위험을 감수해야 하는 상황이 초래돼 결국에 성 판매자의 인권이 유린될 가능성이 있다. 성 판매자의 착취, 유린과 인신매매를 막아 성 판매자의 인권을 보호하는 데에 법의 초점이 맞춰져야 한다고 주장하였다.[42]

'성매매근절' 대 '성노동'

2011년 11월 제2회 광주국제영화제에서 성노동자 4명이 자신의 노동을 말했다. 여성의 몸과 노동을 다룬 다큐멘터리 영화 〈레드 마리아〉 상영회에 자신을 '성노동자'라고 밝힌 여성 미나, 혜리, 연희 씨 등 3명이 토론자로 나섰다. 이들은 자발적으로 성매매를 선택했다고 밝혔고, 스스로를 성노동자로 명명하고 성노동자로서 스스로 일하고 조직할 권리를 주장했다. 성노동을 시작한 이유에 대해 "단지 돈이 없어서"라고 답했다. 이들은 〔성노동자 권리모임지지(持志, GG)〕 회원이다. GG는 〔성

41 Sex workers at risk: A research summary on human rights abuses against sex workers.

42 박성민. (2015). [성매매특별법상 자발적 성매매행위의 비범죄화 가능성 고찰]. 형사법연구, 27(4), 3-23.

매매특별법] 시행 이후 집창촌 재개발과 성매매 단속에 항의해 민주성노동자연대(민성노련)와 성노동운동네트워크 활동가들이 결성한 단체다. 성노동자가 합법적으로 일할 권리를 확보하려고 '성매매특별법 폐지 헌법소원'을 추진하기도 했다.

[그림 13-5] 영화 〈레드 마리아〉 포스터

2004년 [성매매특별법]을 둘러싸고 집창촌 여성들의 시위와 성노동자 담론이 등장하면서 논의가 활발하게 진행되었다.[43] 그 과정에서 페미니스트들은 '성매매근절' 대 '성노동'이라는 입장으로 양분되었으며, 이 입장의 차이를 넘어서는 소통의 구조를 만들지 못했다.[44]

[성매매특별법]은 강제적으로 성판매를 한 '성매매 피해여성'을 제외한 성판매 여성을 범죄자로 규정한다. 이 법의 추진 세력과 매춘여성 간

---

43 이나영. (2009). [여성주의 '성노동' 논의에 대한 재고]. 『경제와사회』(84). 비판사회학회. (p 133).

44 한국여성단체연합(2004년 3월 2일, 9월 22일), 성매매특별법의 올바른 시행을 위한 전국 80개 시민사회단체(2004년 10월 7일), 성매매 없는 사회 만들기 원로 및 각계 대표 311명(2004년 10월 23일자 성명)(이재인 엮음, 2006: 280-307)은 당시 성매매특별법 제정을 환영하고 시행을 촉구하는 성명들의 공통된 기조였음을 알 수 있다.

의 차이를 보여준다.[45] 이 법의 제정 과정과 추진 절차에 당사자 여성의 의견수렴 과정이 전혀 없었다.[46] 이 법의 제정이 추진되던 시기에, 성노동자 여성이 수행하는 일을 매춘노동, 성노동자라는 용어로 규정하거나 성매매를 비범죄화해야 한다는 입장이 제기되었다.[47] 그러나 이러한 입장은 당시 논의에서 큰 반향을 일으키지 못했다. 〔성매매특별법〕 제정 당시 여성주의자들은 도덕적 프레임에 맞서 젠더(여성인권) 프레임을 관철하기 위해 고심했으며, 성노동 관점이나 당사자 여성의 주체성·행위성 문제는 인식하지 못했음을 알 수 있다.[48]

성노동의 비범죄화 입장에서는 '노동'이라는 명명과 여성이 주로 성적 서비스를 하는 현재의 성거래를 긍정적으로 보는 것은 다른 문제라고 주장했다. '더러운' 일을 하는 추한 여성이 아니라, 가부장제 사회에서 살아남기 위해 모든 모순을 몸으로 감당했다는 사실을 사회적으로 인정하고 그 일을 '노동'으로 인정해야 한다는 생각이다. 성노동 인정을 시작으로 성노동을 둘러싼 환경을 바꿀 수 있으며 성노동자 여성들의 자치조직을 지원하고 노동권, 생존권과 건강권과 시민권 등 자신들의

---

45 고정갑희. (2006). [성매매특별법과 여성주의자의 방향 감각]. 『성매매의 정치학-성매매 특별법 제정 1년의 시점에서』. 이재인 엮음. 한울아카데미.
고정갑희, 이희영. (2005). 성노동자와의 서면대담. 『여/성이론』 제13권. 여성문화이론연구소.

46 김애령. (2008). [지구화 시대의 성매매와 한국의 '성매매방지법']. 『경제와사회』 제79호. 비판사회학회.
김지혜. (2010). [성매매특별법의 입법과정에 대한 연구]. 『이화젠더법학』 제1권 1호. 이화여대 젠더법학연구소. pp. (p 237-242).

47 장지화. (06.10.09.). "강력한 성특법 집행과 처벌로 풍선논리 터뜨려야". 한국인권뉴스.

48 오김숙이. (2016). [젠더 · 노동 프레임과 여/성노동자의 재현-성매매특별법 제정 후 페미니즘 담론을 중심으로]. 여성학연구. 27(1). (p.7-34).
[성매매특별법 제정 후 페미니즘 담론을 중심으로]. 여성학연구, 27(1)(2017.2), (p 7-34).

권리를 위한 그들의 운동을 지원할 것을 제안했다.[49]

노동 대 폭력, 강제 대 자발 등 성서비스에 대한 엇갈린 시각은 1980년대부터 서구 페미니스트 사이에서도 핵심적인 논쟁 주제였다. 이 논쟁은 서구에서 '페미니스트 성 전쟁'으로 불리는 시기인 1980년대와 1990년대 이래 지속되고 있는 뜨거운 쟁점으로, 매춘에 반대하는 페미니스트와 성노동을 옹호하는 페미니스트 사이에 균열이 깊어졌다.

한국의 〔성매매특별법〕 제정이 성매매 또는 성서비스에 종사하는 여성의 '인권'이라는 관점에서 접근하였다면, 성매매 합법화는 성서비스 노동 당사자의 '노동권'이라는 인식으로 전환하려는 시도다. 모든 성노동은 단순하거나 같지 않으며 서로 다른 유형에서 일하는 성노동자는 성적 서비스를 판매한다는 공통점에도 불구하고 개별적인 경험과 피해자화, 착취, 행위성과 선택 등에서 다양하고 많은 차이점이 있다.[50] 성노동자의 개인적이고 경험적인 삶을 탐구하는 것은 피해 여성 대 행위자, 또는 강제 대 선택이라는 이분법적 인식을 넘어선 이해를 가능하게 한다. 성노동에 대한 법제화나 사회 정책을 결정하는 데 필요한 정보로서 성노동자의 일 경험과 그것을 재현하는 방식, 성산업의 작동, 성노동을 둘러싼 정치 지형 등을 주의 깊게 탐구할 필요성이 제기된다.[51] 요는 소위 '더러운' 일과 무관한 사람들의 인권감수성을 만족시키기 위해 매춘 여성 인권의 보호가 필요한 게 아니라, 현실적으로 존재하는 성노동자

---

49 고정갑희. (2009). [매춘 성노동의 이론화와 성/노동/상품의 위계]. 비판사회학회. (81).

50 [Deficiencies in the sociology of sex work]. December 2000D_Sociology of Crime Law and Deviance 2, (p 259-279).

51 오김숙이. (2016). [젠더 · 노동 프레임과 여/성노동자의 재현-성매매특별법 제정 후 페미니즘 담론을 중심으로]. 여성학연구. 27(1). (p 7-34).

의 노동권을 존중하는 가운데 인권이 지켜질 수 있어야 한다. 〔성매매특별법〕은 재검토되어야 한다.

14장

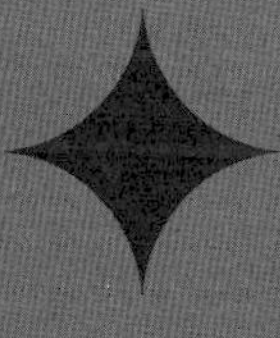

동물권,

새로운 공동체를

상상하다

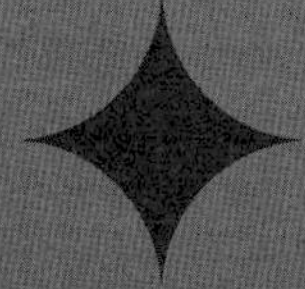

새벽이를 구하다

2019년 경기도 화성시의 한 종돈장. 악취와 오물이 가득한 농가에 수천 마리의 돼지가 사육되고 있었다. 어미 돼지는 좁은 스툴에 갇혀 꼼짝하지 못했다. 젖을 찾아 달려드는 아기 돼지들은 비명소리를 질러댔다.[1] 동물해방공동체 〔직접행동 디엑스이(Direct Action Everywhere Korea)〕 활동가들은 그곳에서 한 아기 돼지를 구조했다. 아기 돼지는 '새벽'이라는 이름을 달고 철창 밖으로 나왔다. 활동가들이 구조한 새벽이는 그곳에서 '고기'가 되지 않고 살아남은 첫 번째 동물이 됐다.

〔디엑스이〕는 농장과 도살장을 넘나들며 우리나라의 동물권을 끌어올리려는 활동가들의 네트워크다. 소속 활동가들은 축산동물의 열악한

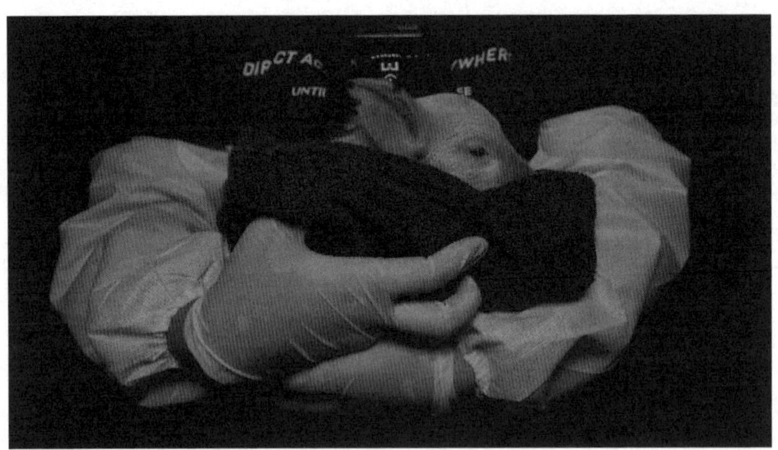

[그림 14-1] 구조된 새벽이

1 직접행동DxE유튜브채널. (19.7.28.). "직접행동 DxE 공개구조(Open Rescue) - 새벽이, 노을이 그리고 별이 (자막 있음)".

현실을 알리는 데 힘을 집중하고 있다. 은영 활동가는 "우리가 현장에서 본 아기 병아리는 뼈가 으스러진 채 고통받았고, 태어난 지 6개월밖에 안 돼 우리에 갇힌 아기 돼지는 눈알에 염증이 있거나 아예 빠져 있었다"고 말했다. 섬나리 활동가는 "다른 전시·야생·실험동물에 비해 축산동물을 향한 폭력은 우리 사회에서 너무나 일상적이다"며 "축산업에서 일어나는 폭력은 눈앞에 드러나지 않을 뿐 아니라 너무 당연한 관계로 인식된다는 게 문제"라 지적했다.

〔디엑스이〕가 구조한 새벽은 우리나라 최초의 축산동물 생추어리인 '새벽이생추어리'에서 살아가고 있다. 생추어리(sanctuary)는 공장식 축산 등 동물 착취 산업의 피해 동물이 살아가는 '피난처'이자 '안식처'다.[2] 섬나리 활동가는 "새벽의 이야기를 전하는 것은 다른 감금된 동물의 이야기를 환기하고 확산해 인간과 동물의 새로운 관계를 보여 줄 수 있다는 데에 의미가 있다"고 말했다.

물고기 아니고 물살이

"물고기 아니고 물살이" 〔동물해방물결(〔동해물〕)〕이 '2021 동물권 행진'에서 내건 슬로건이다. 2021년 〔동해물〕은 일상 속에서 동물을 도구화하거나 비하하는 종(種)차별 언어 표현을 찾고 새로운 대항 표현을 만들어 사용하자는 캠페인을 벌였다. 물에서 사는 고기를 뜻하는 '물고기' 대신 물에서 사는 존재를 뜻하는 '물살이'라는 표현을 제안한 게 대표적이다. 동물의 수를 세는 단위로 '마리'가 아니

2 이하늬. (2021.5.30.). "새벽이생추어리, 고기 아닌 돼지로 살아갑니다". 경향신문.

라 '명(命)'을 사용하자는 것도 종차별적 언어 표현을 개선하려는 시도다.[3]

동물운동가 수나우라 테일러에 따르면 종차별주의는 인간이 다른 모든 동물보다 우월하다고 믿는 신념을 말한다. 종차별주의는 약이나 가정용품 실험에 동물을 사용할 때, 재주를 부리게 하려고 코끼리에게 불훅(bullhook)이라고 불리는 쇠갈고리를 사용할 때, 동물원에서 우리에 갇힌 동물을 바라볼 때, 우리의 이익을 위해 동물의 서식지를 파괴할 때, 우리의 이익을 위해 동물을 도살장에 보내거나 그 몸을 상품화할 때 모습을 드러낸다.[4]

〔동해물〕은 이러한 종차별 철폐와 동물해방을 내세우며 2018년 발족한 동물권 단체다. 〔동해물〕은 2020년 11월 경남어류양식협회 관계자들이 집회 과정에서 살아있는 방어와 참돔을 바닥에 내던지고 비닐에 묶어 행인들에게 배포한 행위를 동물보호법 위반으로 경찰에 고발했다.[5] 경찰은 3개월의 조사 끝에 이 사건을 검찰에 송치했다.[6] 어류 동물에 대한 동물 학대 혐의를 이례적으로 인정한 것이다.[7]

〔동해물〕 이지연 대표는 "'동물'이 예전에는 인간이 아닌 다른 모든 동물을 통칭하는 말이었는데 이는 인간과 동물을 이분법적으로 사고하는 단절된 인식을 보여준다"며 "동물에 인간을 포함해 모두 지각력 있

---

3 주영재. (2021.5.31.). "'몇마리가 아니라 몇명(命)' 종차별적 언어 바꾸자". 경향신문.

4 수나우라 테일러. 『짐을 끄는 짐승들』. 오월의 봄. (p 161).

5 김창길. (20.12.2.). "바닥에 내동댕이쳐진 방어". 경향신문.

6 김동욱. (21.8.18.). "활어 땅바닥에 던진 집회… 경찰 '동물학대'로 검찰 송치". 머니S.

7 윤나리. (21.12.29.). "동물해방물결의 2021 톺아보기!". 동물해방물결.

[그림 14-2] 종차별 철폐를 위한 [동해물]의 시위

는 존재로 바라봐야 한다"고 말했다. 인간을 포함한 모든 동물이 고통을 느낀다면 '물살이'도 고통을 느끼는 지각력 있는 존재다. 가수로도 활동하는 전범선 풀무질 대표는 "'우리는 모두 동물이다'가 동물해방 운동의 중요한 슬로건으로 떠오르고 있다"고 말했다.

동물은 고통을 느끼는 존재

동물권에 대한 관심이 높아지고 있다. 2015년 이후 동물권은 우리나라에서 동물 문제를 다루는 주된 담론으로 부상했다. 〔동물의권리를옹호하는변호사들〕 김도희 변호사는 "최근 나오는 동물 담론은 주로 동물권에 기반해 논의되고 있다"고 말했다. 앞선 두 사례는 각각 축산 동물과 어류 동물이라는 전혀 다른 동물에 집중하는 것처럼 보이지만, 공통점이 있다. 고통을 느끼는 동물이 인간에 의해 이용된다는 점에서다. 김

변호사는 "사람들이 동물을 용도에 따라 임의로 구획해 동물에게 그 역할을 기대하는 것 자체가 인간 중심적 시각"이라 지적했다.

통상적인 동물권의 개념은 동물이 객체가 아닌 주체로서 향유할 수 있는 권리를 의미한다. 〈동물의 정치적 권리 선언〉을 공동 번역한 박진영·오창룡 역자는 책에서 "동물권에 따르면 동물은 인간과 마찬가지로 존중받아야 하는 주체이며, 인간은 동물의 권리를 존중하는 과정에서 파생되는 불편함을 기꺼이 감수해야 한다고 본다"고 말했다.[8] 은영 활동가는 "동물권은 축산업을 비롯해 동물을 감금·학대하고 죽여서 이윤을 만들어내는 시스템에 문제를 제기하는 과정이므로 의식의 변화가 동반될 수밖에 없다"고 덧붙였다.

동물해방을 추구하는 이들은 동물권을 쾌고감수능력(快苦感受能力)에 근거해 설명한다. 동물도 인간과 마찬가지로 고통을 느끼는 '지각력' 있는 존재라는 것이다.[9]

쾌고감수능력은 동물해방운동 선구자인 철학자 피터 싱어를 통해 동물권 논의에서 대중화한 개념이다.[10] 싱어는 자신의 저서 〈동물 해방〉에서 "인간 이외의 동물도 고통과 즐거움을 느낄 수 있는 생명체로서 보호받기 위한 도덕적 권리를 지닌다"고 말했다.[11] 쾌고감수능력은 동물도 인간과 마찬가지로 윤리적인 대우를 받아야 한다는 동물 윤리의 기본

---

8 앨러스데어 코크런. 『동물의 정치적 권리 선언』. 창비. (p 159).

9 주영재. (21.5.29.). "축산동물의 피난처 생추어리, 펀딩으로 만든다". 경향신문.

10 수나우라 테일러. 『짐을 끄는 짐승들』. 오월의 봄. (p 137).

11 도재기. (21.7.19.). "동물은 물건이 아니다". 경향신문.

[그림 14-3] 동물의 정치적 권리 선언

전제다.[12]

쾌고감수능력은 현실의 법과 제도를 설계하는 기준으로 활용되기도 한다. 김 변호사는 "전 세계에서 동물보호법을 비롯해 관련 동물법이 있는 나라에서는 '고통을 느낄 수 있느냐 없느냐'를 중심으로 동물의 법적 적용 대상 여부를 판단하고 있다"고 말했다. 우리나라는 동물보호법 제2조 제1호에서 동물을 "고통을 느낄 수 있는 신경체계가 발달한 척추동물"로 정의한다. 포유류와 조류를 비롯해 파충류, 양서류, 어류를 포함

12 수나우라 테일러. 『짐을 끄는 짐승들』. 오월의 봄. (p 155).

하는 조항이다.[13] 김 변호사는 "고통 중심의 시각으로 동물 관련 법과 제도가 만들어져 있다 보니 쾌고감수능력은 보다 현실적인 차원에서 다뤄지는 문제이기도 하다"고 부연했다.

착취와 폭력에 저항하는 동물권

동물권은 동물에게 가해지는 착취와 폭력에 반대하는 개념으로 사용된다. 은영 활동가는 "여성·장애인 등에 가해지는 부당하고 끔찍한 폭력에 맞서기 위해 권리 운동이 생겨났듯, 동물에게 어떤 권리를 부여하자는 주장에 앞서 '동물을 착취하고 학대하는 현실이 존재했기에 동물권 운동이 있다'는 맥락을 이해해야 한다"고 말했다. 섬나리 활동가는 "인간과 동물을 구분 짓고 동물을 폭력적으로 대해도 된다는 위계적 이분법을 극복하는 게 동물권 운동의 중요한 목표"라 밝혔다.

동물해방 활동가들은 축산업의 폭력적 구조에 균열을 내고자 한다. 다른 동물 운동에 비해서 급진적이다. 이들은 축산업을 지탱하는 약한 고리로 동물복지 축산농장을 든다. 동물복지 축산농장은 동물이 본래의 습성 등을 유지하면서 살 수 있도록 정부가 인증해 관리하는 농장이다.[14] 전 대표는 "인도적으로 도살하고 살처분한다는 얘기를 할 때 주로 동물복지가 등장한다"며 "동물권이 보장되지 않는 상태에서 동물복지

---

13 법률 [동물보호법].

14 윤희일. (19.8.8.). "동물이 행복해야 인간도 행복… 동물복지농장 '급증'". 경향신문.

를 운운하는 건 사실상 논의를 동물권까지 끌고 가지는 않겠다는 것"이라 말했다. 은영 활동가는 "집단적으로 동물이 고통받는 상황에서 횃대를 하나 더 설치해 동물복지 인증을 받는다고 해서 동물의 고통과 죽음이 완전히 사라지는 건 아니다"고 지적했다.

동물복지 선진국으로 알려진 스웨덴의 한 도축장에서 일한 수의사 리나 구스타브손의 이야기는 축산업의 동물복지에 불편한 질문을 던진다.

> "나는 곤돌라 위에 서서 옆과 위에 창살을 두른 철통에 갇힌 암퇘지들을 본다. (중략) 녀석들은 이리저리 몸을 뒤채며 빠져나가려고, 숨 쉬려고 안간힘을 쓴다. 곤돌라 전체가 흔들거린다. (중략) 동물보호를 외치면서도 우리는 쉼 없이 그런 짓을 한다. 바닥이 젖었다고, 동물들이 울타리에 부딪혀 다칠 수도 있다고 보고서를 쓰면서 우리는 연신 그런 짓을 한다. 새삼 새로울 것은 하나도 없다. 하지만 가까이서 보면 알던 지식이 살아 움직인다."[15]

현장에서는 동물권이 확장돼야 동물복지가 가능해진다고 입을 모은다. 전 대표는 "여태까지는 동물복지가 기본이고 동물권은 있으면 좋고 없으면 어쩔 수 없는 것으로 여겨졌다"며 "인권이 확대된 게 복지인 것처럼 모든 동물의 권리가 있은 다음에야 동물복지를 개선할 수 있다"고 말했다.

동물권과 동물복지가 현실에서 충돌하는 이유에 대해 박진영·오창룡

---

15 리나 구스타브손. 『아무도 존중하지 않는 동물들에 관하여』. 갈매나무. (p 201-203).

[그림 14-4] 동물의 권리 선언

역자는 "동물복지 개념이 인간의 관점에서 정의됐기 때문"이라고 말했다. 인간의 이익을 위해 곧 희생될 동물의 고통을 사는 동안만 덜어주는 것이 동물복지라는 설명이다. 이들은 "동물 처우에 대한 사회적 관심이 확산하는 국내의 현시점에서 동물권 혹은 동물복지를 과잉으로 대비시키는 접근은 불필요하다"며 "동물에 대한 생명 존중을 확대하는 큰 방향에서 여러 긍정적인 흐름을 만들어나가는 게 더 중요하다"고 말했다. "닭, 돼지, 소 등 축산동물의 고통을 줄여주는 정책은 기본적인 동물권 보장의 하나로 추진할 수 있는 사안이며 동물 실험, 동물 학대, 동물 엔터테인먼트, 야생동물 관리 등의 쟁점 역시 동물의 생명과 가치를 존중하는 동물권 논의로 접근할 수 있다"고 덧붙였다.

동물의 내재적 가치를 찾아

동물권 논의 내부에서도 다양한 토론이 이뤄지고 있다. 박진영·오창룡 역자는 "동물권은 그 어떤 외부적인 기준에 구애받지 않는 동물 본연의 내재적 가치로, 개체의 생명과 삶을 존중받을 수 있는 권리를 의미한다"면서도 "동물의 내재적 가치를 어떻게 설정할 것인지, 어떤 범위까지 존중해야 하는지는 지속적인 논쟁의 대상이다"고 말했다.

가령 쾌고감수능력이 동물의 내재적 가치를 판단하는 유일한 기준일 수 있을까. 현행 동물법상 이 기준에서 제외되는 동물이 있다. 축산동물이 대표적이다. 김 변호사는 "식용으로 키우는 축산동물을 '먹으려고 키우는 동물인데 살아있는 존재로 봐야 하느냐'는 사람들의 인식이 그래서인지 현행 동물보호법 적용에서도 제외돼 있다"고 말했다. 동물보호법 시행령 제2조에서는 파충류, 양서류, 어류를 대통령령으로 정하는 동물의 범위에 포함하고 있으나 "식용을 목적으로 하는 것은 제외한다"는 단서 규정을 두었다.[16] 축산동물의 생명권을 보장하려면 소비자의 시선에서 벗어나 인간과 동물이 어떻게 공존할 것인지 고민하고, 공장식 축산과 동물 생명 경시가 인류를 어떻게 공멸의 길로 내몰고 있는지 공론화하는 게 중요해 보인다.

동물을 단순히 고통받는 수동적인 존재로 바라본다는 지적이 있다. 천명선 서울대 수의과대학 교수는 "인간과 마찬가지로 쾌락을 추구하고

16 법령[동물보호법시행령].

고통을 최소화하는 것만이 동물을 설명하는 전부는 아니다"며 "동물도 나름의 목적을 갖고 하고 싶은 일을 하며 인간과 관계를 유지하기 위해 기꺼이 고통을 감수하기도 한다"고 말했다. 천 교수는 "쾌고감수능력이 동물과 인간에게 같이 적용되면 '살아있는 동물보다 쾌고감수능력이 없는 식물인간에게 실험하는 게 낫다'는 논리로 연결될 수 있다"며 "이때 사회가 도덕적으로 받아들일 수 없는 굉장히 많은 얘기가 나올 수 있다"고 강조했다.

동물권을 쾌고감수능력에서 나아가 정치적인 이해관계로 바라봐야 한다는 목소리가 나온다. 섬나리 활동가는 "쾌고감수능력이라는 기준은 '동물이 고통조차 느끼지 못한다'거나 '고통을 느껴도 인간보다 열등하니 괜찮다'는 주장을 반박하는 데 유용했으나, 한편으로 동물권을 정치적이고 사회적인 차원이 아닌 개별적인 윤리 문제로 축소하기도 했다"고 말했다. 은영 활동가는 "인간의 권리를 내려놓고 동물의 권리를 올리자는 게 아니다"며 "현장에서 할 수 있는 일들과 동떨어진 채 '어떤 동물의 고통이 있느냐 없느냐' 논하기보다는, 동물과 인간의 재설정된 관계와 공동체를 중심으로 동물을 대변할 수 있는 제도를 만들어 관계성을 회복하는 일에 집중해야 한다"고 주장했다.

동물권을 폭넓게 고민하는 일은 인간과 동물의 관계뿐 아니라 공동체를 구성하는 방식에 커다란 질문을 던진다. 전 대표는 "영미권에서는 동물을 공동체의 일원으로서, 더 나아가 정치적인 주체로서 어떻게 바라봐야 하는지에 관한 논의가 진행 중"이라며 "우리나라도 동물의 기본권부터 시작해 동물을 어떻게 정치적으로 대의할 수 있을지 차츰 논의해 나가야 한다"고 말했다.

동물에게도 정치적 권리가 있다

여기서 윤리적인 잣대 너머 동물이 사회구성원으로 갖는 정치적 권리를 논의하는 장이 열린다. 동물의 정치적 권리는 '동물 윤리'에서 '동물 정치'로 동물권을 확장한다. 셰필드대학교 정치·국제관계학과 앨러스테어 코크런 교수는 자신의 저서 〈동물의 정치적 권리 선언〉에서 "동물이 정치 공동체 내에서 어떤 대우를 받아야 하는지, 시민과 정부 당국 등이 동물을 위해 무엇을 제공할 의무가 있는지 등을 의미한다"고 설명했다.[17]

'동물권의 정치화'는 동물의 권리를 정치적으로 대표하려는 시도다. 현행법부터 정치적 결사체까지, 동물에 관한 인식을 전환하기 위한 구조적 변화를 동반한다. 천 교수는 "그동안 동물의 사회적 지위에 대해 윤리적으로 얘기해왔다면, 이제는 동물의 존재를 인식하려는 움직임이 현실적인 정치 안에서 나타나고 있다"며 "동물의 권리를 보장하려는 법적·제도적 노력은 동물들의 상태를 실질적으로 나아지게 만들 수 있다"고 말했다.

근 몇 년간 동물 관련 법 개정이 급물살을 타면서 2021년 농림축산식품부는 동물보호법 시행규칙 개정안을 공포했다.[18] 법무부가 같은 해 "동물은 물건이 아니다"는 조항을 담아 입법 예고한 민법 개정안은 국

---

17 앨러스테어 코크런. 『동물의 정치적 권리 선언』. 창비. (p 19).

18 도재기. (21.7.19.). "동물은 물건이 아니다". 경향신문.

무회의 의결을 거쳐 현재 국회 통과를 앞두고 있다. 동물을 물건으로 간주하지 않고 그 자체로 존중받는 동물의 내재적 가치를 인정한 것이다.

그럼에도 동물보호법은 축산동물처럼 매일 죽음을 앞두고 착취당하는 동물을 보호해주지 못한다. 위반해도 처벌 규정이 없어 있으나 마나한 선언적인 법이며 개정안도 반려동물 관리에 관한 내용이 대부분이다. 김 변호사는 "민법이 바뀌더라도 동물 절도나 강도가 발생하면 동물이 형법상 보호를 받지 못하는 상황이므로 개별법을 구체적으로 정비하려는 논의가 필요하다"며 "개정안이 '법률에 특별한 규정이 없으면 물건에 관한 규정을 준용하도록 한다'고 한 것으로 미루어보아 반려동물에만 초점을 맞추고 다른 동물이 배제될 가능성이 높다"고 우려했다.[19]

동물은 우리나라 법체계에서 권리의 주체가 아닌 객체로 다뤄진다. 동물권을 보장하려면 동물의 법적 당사자성이 필요하다. 2021년 미국에서는 처음으로 동물을 '법인(Legal Person)'으로 인정했다.[20] 미 법원은 콜롬비아 마그달레나강 유역에 거주하는 하마가 소송의 원고로서 요청한 사안을 받아들였다. 김 변호사는 "지금껏 동물은 원고로서 판단조차 받지 못해 퇴소하거나 각하되는 경우가 대부분이었다"며 "동물보호법을 발전시켜 동물의 소송 당사자성을 인정한다면 동물의 권익을 보다 잘 대변할 수 있다"고 말했다.

동물의 권리를 헌법적으로 보장하려는 움직임이 있다. 독일은 지난 2002년 헌법에 동물권을 명시했다. 독일 헌법 20a 조항은 "국가는 미래

19 법제처 입법예고. (21.7.19.). "민법 일부개정법률안 입법예고". 법제처.

20 김정은. (21.10.23.). "악명높은 '마약왕' 소유 하마, '법인'으로 인정… '법적 권리' 행사한다". 매일경제.

세대를 위한 책임으로서, 헌법 질서의 범위 내에서 입법을 통하여 그리고 법률 및 법이 정하는 바에 따라 행정과 사법을 통하여 자연적 생활기반과 동물을 보호한다"고 명시한다.[21] 독일은 이 조항에 '동물(und die Tiere)'을 삽입했다. 〔동물자유연대〕 조희경 대표는 "독일이 생명에 대한 존엄성을 미래 세대에 물려주겠다는 목표를 분명히 하고, 동물에 대한 책임이 국가에 있음을 명시했다는 점에서 의미가 크다"고 평가했다.

헌법에 동물권을 반영하는 게 모든 동물 문제에 종지부를 찍는 건 아니다. 박진영·오창룡 역자는 "독일에서 수평아리 분쇄 문제는 여전히 답보 수준인 반면 프랑스는 헌법에 동물권을 명시하지 않지만 최근 달걀의 성별 감지기를 도입해 수평아리 분쇄 논란을 종식했다"며 "헌법의 동물권 명시가 만능은 아니지만, 인간의 사사로운 이익을 위해 동물이 쉽게 희생되는 걸 막고자 최소한의 방향과 개념을 제시하는 헌법 수준의 원칙이 필요하다"고 주장했다.

시민사회에서 동물권을 위한 정치·사회적인 변화를 길어 올리기도 한다. 〔디엑스이〕를 비롯한 시민 활동가들은 '모든 동물의 불가침한 기본권'을 명시한 동물권리장전 제정 운동을 이끄는 중이다.[22] 동물권리장전은 동물에게 필요한 다섯 가지 기본권을 골자로 한다. 2018년 미국 캘리포니아주의 한 양계장에서 구조된 닭 '로즈'의 이름을 따 〔로즈법〕이라고도 불린다.[23] 은영 활동가는 "동물권리장전 법제화는 많은 시민이 합의를 만들고 결집하는 과정을 동반한다"며 "단순히 의제를 올리고 국

21 세계법제정보센터. 법령정보. 독일기본법.

22 dxekorea 인스타그램의 동물권리장전.

23 섬나리. (21.9.22.). "닭장차를 탈출한 새 '여름이'와 최초의 락다운 시위". 한겨레.

[그림 14-5] I Am You, Only Different

회의원에게 청원하는 게 아니라 '동물과의 관계가 잘못됐다' '우리는 이러한 관계를 원하지 않는다'고 거리에 나와 함께 외치면서 시민을 변화하려는 정치적 노력"이라고 말했다.

동물 관련 법안의 더딘 진척 상황을 고려하면 국회에 '동물을 위한 정치'의 필요성이 대두된다. 동물의 정치적 권리를 대변하는 동물당을 창당해 동물의 법적 지위를 개선하자는 논의가 시민단체를 중심으로 시작되고 있다. [동해물]은 [동물법비교연구회]와 합동 세미나를 열어 동물당의 필요성을 논하고 온라인 비건 커뮤니티 '비건 클럽'을 기획하는 등 창당에 필요한 준비를 이어가고 있다.[24] 김 변호사는 "구체적인 방법론은 달라질 수 있겠지만 동물당이라는 결사체를 통해 정치적 합의를 모아내는 과정이 중요하다"며 "20개 정도의 국가에서 동물당을 실제로 창

24 동물해방물결 홈페이지(http://donghaeul.com).

[그림 14-6] 공장식 축산 농장에 반대하는 시위

당해 동물권을 지지하고 있다"고 전했다. 동물의 성원권과 참정권 등을 논의하려면 당내 위원회 차원을 넘어 동물의 정치적 주체성에 관한 최소한의 합의를 이뤄낼 수 있는 동물당을 우리나라에서도 장기적으로 만들어가야 한다고 관련 시민단체들은 판단한다.

동물권은 개체의 윤리를 넘어 지속 가능한 공동체를 꾸리는 정치의 문제로 떠오르고 있다. 박진영·오창룡 역자는 "인간과 동물을 거대한 생태계 각각의 평등한 주체로 인식하고, 바람직한 공생 방법을 모색하는 다양한 논의가 전 세계적으로 확산되고 있다"고 같은 책에서 짚었다.[25] 동물의 지속적인 삶에 관심을 기울이는 사회가 미래의 상생 모델이 될 수 있을까. 우리는 동물의 생명과 권리를 존중하는 것과 인간 중심성 사이의 까다로운 방정식을 풀고 있다.

---

25 앨러스데어 코크런. (2021). 『동물의 정치적 권리 선언』. 창비. (p 161).

GOVERNAN

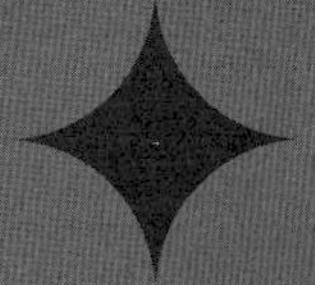

15장

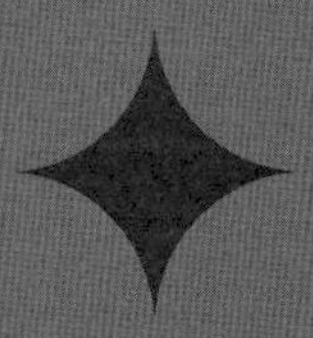

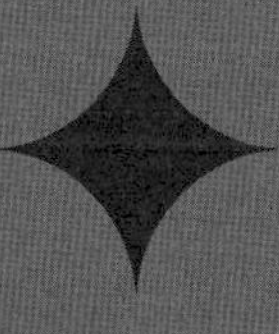

서울대를 없애고 국공립대 통합 네트워크로 한국대를 출범하자

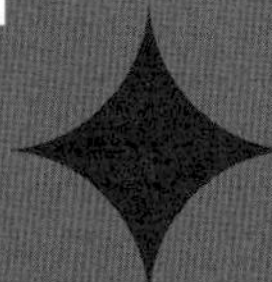

"금지하는 것을 금지한다 (Il est interdit d'interdire)"

1968년 5월 다른 세상을 꿈꾸며 거리로 뛰쳐나온 프랑스 젊은이들이 전면에 내세운 유명한 구호다. 68혁명으로 명명된 이 사건은 기성세대와 권위주의에 반기를 들어, 프랑스에서 낡은 사회체제의 골간인 대학을 전면적으로 개혁하여 대통합을 이루는 계기가 됐다.[1]

[그림 15-1] 금지하는 것을 금지한다

1968년 프랑스의 '5월의 사건들'은 대학에서 시작되었고, 대학생이 주도했다. 1960년대 서구 산업국가에서 한결같이 고등교육을 확대함에 따라 프랑스의 대학생 수도 1960년 20만 명에서 1968년 58만7000명으로 급격히 늘어났다. 사회적 신분 상승을 꿈꾸며 대학 문턱을 밟은 중산층 및 소시민 출신 학생이 급증한 탓이었다.[2]

대학 입학생이 한 해 평균 4만 명 이상 증가하는 추세가 지속하면서 프랑스 정부의 고등교육 예산 증액이 대학생 증가세를 따라잡지 못하게

1 이태상. (2012). [우리나라 국립대학통합론 등과 관련하여 미국, 프랑스의 사례가 주는 시사점]. 한국교육개발원. (p 10).

2 박단. (2014). [68혁명과 '새로운 파리 대학'의 출현]. 서강인문논총. 41. (p 9-10).

되었고, 교육환경이 열악해졌다. 드골 정부는 이에 따라 1964년 선별 입학 시험제를 도입해서 전체 대학생 인원을 제한하려고 했다. 드골 정부의 이러한 고등교육 정책은 반발에 부딪혔고 프랑스 사회에서 대학개혁 방향을 둘러싼 격렬한 논쟁이 일어났다.[3]

그렇다면 개혁 이후 프랑스 대학의 모습은 어떻게 달라졌을까. 대개 〔포르법(Faure Loi)〕으로 일컬어지는 〔고등교육 기본법〕에 따라서 소르본 대학은 1969년 여러 대학으로 분할되기 시작하였고 1970년대 초에 현재의 13개 파리 대학이 완성되었다. 이 중 현재 파리8대학의 기원인 뱅센 대학이 1969년 1월에, 현재 파리9대학인 도팽 대학이 1971년 1월에 새로 설립되었다. 다른 파리 대학 가운데 1대학부터 7대학은 1968년 이전에 파리 시내에 존재하던 파리 대학의 다양한 단과대들이 종합대학으로 확대된 것이며, 낭테르 대학은 10대학으로 명칭을 변경하며 종합대학이 되었다. 11대학은 파리 남쪽 교외에 위치하던 대학 건물을 기반으로 1971년 1월에 종합대학이 되었고, 12대학은 1969년에 건립된 의대 건물을 기반으로 1970년 3월에 종합대학이 되었으며, 13대학은 1960년대 초 건립된 파리 이과학대 부속 건물을 기반으로 1971년 1월에 종합대학이 되었다.[4] 전공학과 중심의 기존 단과대학들은 각자의 학문적 강점을 가진 독립된 종합대학으로 재편되고 뱅센느 대학과 같은 민주적이고 진보적인 실험대학이 창설되었다.[5]

---

3 윤지관. (2017). [대학체제 개편, 평준화인가 특성화인가]. 대학: 담론과 쟁점. (2). (p 154).

4 민유기. (2013). [68년 5월 운동과 프랑스의 대학개혁]. 프랑스사 연구. 24. (p 189-216).

5 윤지관. (2017). [변혁기 대학체제 개편과 국공립대통합네트워크 담론 비판: 미국 및 프랑스 사례와 관련하여]. 비교문화연구. 49. (p 186).

[그림 15-2] 프랑스 파리의 소르본 대학교

포르법의 세 가지 원칙(자율, 참여, 다(多)학문성) 가운데 다학문성(pluridisciplinarité)으로 인해 일부 단과대학(faculté)의 명칭이 바뀌기도 하였다. 예를 들어 문과대는 '문학과 인문과학 대학(Faculté des Lettres et Sciences Humaines)', 법과대는 '법학과 경제학 대학(Faculté de Droit et des la Sciences Économiques)' 등으로 바뀌었다.[6]

 프랑스의 대학개혁, 수월한 학문간의 연계와 높은 대학 접근성

프랑스의 대학 개편의 가장 큰 특징은 단과대에서 종합대 체제로 전

6 박단. (2014). [68혁명과 '새로운 파리 대학'의 출현]. 서강인문논총. 41. (p 14).

환하면서 다양한 학문 사이의 연계가 수월해졌다는 점이다. 다양한 학문 분야를 연결하면서 새로운 통합학문의 등장이 가능해졌다. 이미 20세기 중반부터 언어학과 인류학, 역사학과 심리학, 문학과 정신분석학, 철학과 수학 등이 결합한 상황에 비하면 많이 늦어진 것이긴 했지만 시대 변화에 부응하려는 의지가 담긴 개편이었다는 평이다.[7]

또 다른 특징은 '실험대학의 도입'이다. 어려운 형편으로 교육의 기회를 얻지 못한 이들에게 혜택을 주기 위한 재교육 기관으로 파리8대학이 설립된다. 대학 캠퍼스가 위치한 지역의 이름을 따서 뱅센느 대학이라고도 하는 파리8대학은 1968년 5월에 터져 나온 사회적 소외 문제를 극복하기 위한 시도였다. 인상적인 것은 이러한 성인 재교육 기관을 특수기관의 형태로 만들지 않고 일반 대학의 형태로 설치했다는 점이다.

파리8대학은 다른 대학과 동일한 체제로 운영되었지만, 대학입학 문호를 일반 직장인에게까지 확대했다는 점에서 차이가 있다. 일정 정도의 직장경력을 인정받으면 최종학력이 대학입학 기준에 미달하더라도 다른 학생들과 동등하게 학위 과정을 이수할 수 있는 자격을 부여했다. 예컨대 중학교 졸업이 최종학력인 공장 노동자라도 정식 대학교육을 받을 수 있는 길이 열린 것이다. 지원자의 학력 공백은 직장경력을 심사해 대신 인정해주었다.[8]

2018년 이전까지 프랑스의 대학은 공동입학, 공동학위 수준의 높은 통합도를 구현해왔다. 법적으로는 바칼로레아 시험에 합격한 학생이라

---

7 고원. (2004). [68년 5월과 파리대학]. 대학의 역사와 문화. 1. (p 140).

8 고원. (2004). [68년 5월과 파리대학]. 대학의 역사와 문화. 1. (p 140-141).

면 자신이 거주하는 지역의 대학에 입학할 권리를 가졌다. 고등학교 졸업자격시험인 바칼로레아 시험을 보기 전 학생들은 대학 지원 창구인 APB(Après Post-Bac) 시스템을 통해 자신의 계열(문과, 이과 등)에 맞는 학과로 최대 12개 대학(국립대학, 전문대학, 건축대학, 예술대학, 그랑제꼴 준비반 등. 몇몇 공대, 파리 정치대학 등은 제외)에 지원할 수 있다. 이후 시험 합격자들은 지망 대학의 학과에 지원순서에 따라 선착순으로 입학의 기회를 갖고, 지망 학과 정원보다 지망 학생 수가 많은 경우에는 대학과 거주지가 가까운 학생에게 입학 우선권이 돌아가는 추첨 방식에 의해 입학이 결정됐다.[9] 대학은 특별한 선발 절차를 거치지 않은 채 학생을 입학시키며, 학생 대부분이 원하는 대학에서 원하는 전공을 공부할 수 있으며,[10] 학부 재학 중 필요에 따라 쉽게 대학을 이동할 수 있었다. 프랑스에선 국공립대학이 전체 학부생 정원의 97% 이상을 교육하고 있고, 국공립대학이 전국적으로 평준화하였기에 가능했다.[11]

하지만 1968년의 대학개혁을 개혁할 필요성 또한 끊임없이 제기되었다. 대학 평준화로 프랑스 일반대에서 선별시험을 폐지한 결과 학부 재학생이 너무 많아 문제들이 불거지고 있고, 중도탈락 비율이 70%가 넘기 때문이다. 이에 따라 선별시험을 다시 도입해야 한다는 요구와 함께 국립이 갖는 경직성에서 벗어나서 예산 등 대학운영의 자율성을 높여야

---

9 박상완. (2016). [프랑스의 대학입시제도 분석 및 시사점]. [KEDI]연구보고서. 2016(4). (p 36-40).

10 최지선. (2019). [프랑스의 대학입시제도 현황]. 교육정책네트워크정보센터.

11 안정현 & 정세은. (2020). [프랑스 대학의 연합 및 통합 실험과 그 평가]. EU학연구. 25(3). (p 145).

한다는 주장이 2000년대 들어와서 꾸준히 불거졌다.[12] 프랑스 대학 평준화에 불구하고 지역에 따른 대학의 서열화와 불평등의 문제가 발생했다. 파리 시내 대학과 그 외 대학 사이의 서열은 암암리에 존재했다. 거주지 우선 학생에게 입학 우선권이 주어지는 입시제도에 따라 파리 시내에 거주하는 학생과 그렇지 못한 학생 간의 불평등이 문제시됐다.[13, 14]

2018년 엠마뉘엘 마크롱 프랑스 대통령은 대선 공약인 대학 입시제도 개혁을 실행했다. 보르도 지방법원은 추첨제에 의한 학과, 학교의 입학 선택권에 대해 위법 판정을 내렸다. 개정된 대학 입시 제도에 따라 대학은 지원하는 학생의 바칼로레아 성적, 고등학교 성적, 자기소개서, 진학 계획서, 추천서 등을 고려한 서류 전형 방식의 '선발'로 대체되었다. 이에 각 고등학교 학급 위원회는 학생들의 학교생활과 학업 및 진로 계획을 평가하고 평가한 내용은 바칼로레아의 결과와 함께 대학 입학 선발 시 반영된다. 이후 2021년 바칼로레아 체제와 그에 따른 고등학교 교육과정이 개편되었다.[15]

대학 입시제도 개편과 별도로 프랑스는 2013년부터 대학 통합 및 연합 정책을 추진하고 있다. 세계대학평가에서 프랑스 대학의 순위가 낮게 나타남에 따라 지역대학 경쟁력 강화의 필요성이 대두된 것이 그 배

---

12 윤지관. (2017). [대학체제 개편, 평준화인가 특성화인가]. 대학: 담론과 쟁점. (2). (p 157).

13 Dominique Glaymann. (2018). [FROUILLOU Leïla. Ségrégations universitaires en Île-de-France]. Inégalités d'accès et trajectoires étudiantes. 2018/2(203). (p 136-137).

14 Marine Miller. (Nov. 27. 2016). "Les étudiants sont très conscients des hiérarchies entre les universités". Le Monde.

15 이민경. (2022). [평등에서 경쟁으로?: 프랑스 대학입시제도 혁신의 특성과 쟁점]. 교육학연구. 60(2). (p 121-144).

경이다. 2005~2013년의 연구와 고등교육 거점(PRES, Pôles de Recherche et d'Enseignement Supérieur)이라는 명목하에 대학 간 혹은 대학과 연구기관 간 상호교류가 강화하였다. 2013년 7월 22일 고등교육에 관한 법, 당시 고등교육부 장관의 이름에서 비롯한 일명 〔피오라조 법(Loi Fioraso)〕에서는 조금 더 심층적으로 고등교육기관의 재구조화를 추진하고 있다.

프랑스 대학 통합 및 연합 정책의 4가지 추진 방안으로는 대학 및 연구기관을 단일대학으로 통합하는 가장 강력한 정책인 '대학 통합(Fusion)'과 기관의 정체성을 유지하면서 재정 지원을 강화하는 대학연합 형태인 '실험적 단계의 대학연합 혹은 대학공동체(Communauté d'université et d'établissement: ComUE expérimental)', 대학 간 협력을 위한 연계 협약이며 가장 느슨한 형태의 대학 연합인 '지역대학 연계협약(Conventions de coordination tér itoriale)', 그랑제꼴의 참여를 장려하기 위해 '실험적인 단계의 대학연합'의 규정을 완화하여 최종적으로는 대학 및 연구기관의 통합을 지향하는 '실험적인 단계의 공공교육기관 연합(Etablissement Public Expérimental, EPE)'이 있다.

대학 통합 정책의 자발적인 참여을 유도하기 위해 프랑스 정부는 국무총리 산하 투자사무국이 주관하는 미래투자 프로그램을 통해서 2010년부터 2020년까지 4차례에 걸쳐 총 770억 유로를 지원했다. 프로그램에는 우수대학 인증사업(idEX), 우수연구기관 인증사업(I-SITE), 우수대학연구소 선정사업(Labex), 연구장비 현대화 지원사업(Equipex) 등 4가지 사업이 있어 대학을 심사하여 인증 혹은 선정을 통해 예산을 배분하였다.

'대학 통합'사례로는, 2020년 1월 1일 파리5대학과 파리7대학, 파리

물리연구소가 여러 해의 협의를 거쳐 통합에 합의하여 최종적으로 파리대학(Université Paris Cité)이 된 것을 들 수 있다. 이로서 기존 파리1~13대학까지 기존 단과대학과 유사한 학교 형태를 탈피해 파리 대학의 규모는 5만 8000명의 학생, 4500명의 연구원, 3000명의 행정·기술 직원과 156개의 실험실로 커졌다.[16] 2015년부터 대학 연합을 추진한 파리 소르본느 대학(4대학)과 파리6대학은 상호보완적 통합을 통해 2018년 대학 통합 우수대학 인증(idEX)를 받았다. '실험적 단계의 대학연합 사례' 중에는 그르노블 알프스 대학연합을 가장 성공적인 사례로 꼽을 수 있는데, 그르노블 이공계역 국립연구소, 그르노블 정치학교, 그르노블 국립건축학교와 같은 그랑제꼴과 그르노블 알프스 대학과 같은 국립대학의 연합으로 2016년 우수대학인증을 받았다.

최근에는 '실험적인 단계의 공공교육기관 연합'으로 형태 변경을 추진하고 있다. '지역대학연계협약 사례'로는 엑스-마르세유 대학, 아비뇽 대학, 툴롱 대학 등 세 개 대학과 마르세유 공과대학, 엑상프로방스 정치학교 등 두 개의 그랑제꼴 간의 연계 협의체로 지역 내 중소기업과 협력을 통해 지역경제 발전에 기여하고 있으며 2016년 우수대학으로 인증받았다. 마지막으로 '실험적인 단계의 공공교육기관연합'의 사례에는 '파리 인문과학 대학(Université Paris Sciences et Lettres, PSL)'을 들 수 있는데, 총 11개 교육기간이 참여했다. 국립대인 파리 도핀대학과, 파리국립고등연극예술원 등 8개의 그랑제꼴과, 콜레주 드 프랑스 연구소 등 두 개의 연구소가 연합했다. 2020년 우수대학인증을 받았다.

---

16 서혜정. (20. 2. 3.). "고지식한 프랑스, 왜 대학통합 나섰나". 에듀인뉴스.

프랑스의 대학 연합 정책의 결과로 국제적인 경쟁력 강화와 상생을 통한 지역발전 등 긍정적 효과를 거두었다는 평가와 함께 이미 연구 역량을 갖추었고 국제적으로 명성이 있는 일부 교육기관에 재정지원이 집중되고, 수도권 대학의 재정 지원 선정률이 높아 대학 간 격차가 벌어져 지역 불균형을 초래하고 있다는 비판이 함께 제기되고 있다.[17, 18]

핀란드와 노르웨이의 대학개혁

핀란드는 정부에 의한 강제적인 대학 통폐합 대신 인센티브 제공을 통해 자율적이면서 과감한 대학 통폐합을 이뤘다. 2000년대 들어 유럽연합(EU)은 2010년까지 유럽 공통의 고등교육 학위체제를 만드는 '볼로냐 프로세스(Bologna Process)'를 진행했고, 핀란드 교육문화부는 이러한 국제적 흐름에 부응하여 고등교육 재구조화 방향을 설정했다. 2006년 핀란드 교육문화부는 〔대학 통폐합과 특성화를 촉진하는 계획〕을 발표하면서 고등교육기관 간 학과 중복을 최소화해 세계적인 경쟁력을 확보하는 것을 핵심 목표로 내세웠다. 또 산학협력을 촉진하기 위해 지역별 특성을 반영한 고등교육 기관 간 역할의 분화를 제안했다.

이에 따라 같은 해 대학체제가 개편돼 핀란드의 종합대학교 20개 중 12개가 5개로 통폐합하면서 전체 종합대학이 13개로 줄어들었다. 5건의

17 재외동포교육담당관. (2021). [2021년 7월 해외교육정보 동향자료]. 교육부. (p 18-23).

18 고현석. (21.8.30.). [프랑스의 대학 통합 및 연합정책... 프랑스 고등교육 체계 재구조화]. 대학지성.

통폐합 중 4건은 같은 도시에 있는 대학 간의 통폐합이었다. 예외적으로 동핀란드대학(University of Eastern Finland)은 캠퍼스 간 거리가 90km나 되는 대학 사이의 통폐합이었다.[19]

노르웨이는 1960년대부터 현재까지 세 번에 걸쳐 대학 통폐합을 추진하였다. 1단계인 1960년대부터 2000년 초까지 직업계 고등교육기관의 통폐합이 집중적으로 이루어졌다. 2단계인 2000년부터 2013년까지는 직업계 고등교육기관의 종합대학 승격 욕구에 기반한 자율적 통폐합이 진행되었다. 직업계 고등교육기관은 정부가 요구하는 기준을 충족하여 종합대학교로 승격하거나 인근 지역의 종합대학과 통폐합함으로써 경쟁력을 강화하였다. 3단계인 2013년에는 새 정부가 출범하여 정부 주도의 대학 통폐합을 체계적으로 추진하기 시작했다.

현재도 진행 중인 3단계의 대학 통폐합 정책의 주요 추진 방향은 소규모 대학의 낮은 경쟁력이란 구조적 문제를 해결하기 위해 학위 단계별 교육체제를 체계화하고, 대학 교원의 연구력을 강화하며, 전공의 다양성을 높이는 데 있다. 2013년 이후 대학의 통폐합을 추진한 결과 33개 국립 고등교육기관이 총 21개교로 통폐합되었고, 2016년엔 15개교가 5개교로, 2017년에는 7개교를 3개교로 추가적으로 통폐합되었다.

노르웨이 대학 통폐합의 특징은 소규모 대학의 통폐합을 적극적으로 추진하였다는 것과 핀란드와 달리 장거리에 있는 대학 간 통폐합이 많이 이루어졌다는 것이다. 2016년 세 개의 대학이 통폐합되어 만들어진 노르드 대학(Nord University)은 캠퍼스 간 거리가 최대 664km에 달한다.

---

19 채재은 & 변수연. (2019). [핀란드와 노르웨이의 대학 통폐합 사례 분석 및 정책적 시사점]. Journal of Digital Convergence. 17(8). (p 63-64).

대학통폐합의 시너지 효과를 최대화하기 위해 지리적 근접성보다는 학문적 관련성, 혹은 상호 보완성을 더 우선시했다고 볼 수 있다.[20]

기회의 평등을 보장하는 미국 캘리포니아 주립대학

미국 캘리포니아주는 1960년대에 학생 수가 급증하자 캘리포니아 주립대학 체제를 개편했다.[21] 증가하는 고등교육 수요를 소화하면서 대학교육의 질을 지키기 위한 폭넓은 개혁조치였다. 상위권 학생을 수용하는 연구중심 대학은 선별 기준을 높이고, 대신 성적과 무관하게 입학할 수 있는, 등록금이 매우 저렴한 커뮤니티칼리지를 활성화했다. 늘어난 고등교육 수요에 대처하는 동시에 상위대학 편입을 대폭 허용함으로써 기회의 폭을 넓히는 방향의 개방성을 지향했다. 캘리포니아 주립대학 체제는 지금까지 유지되고 있다.[22]

캘리포니아 주립대학 시스템은 4년제 연구중심 대학(UC), 4년제 교육중심 대학(CSU), 2년제 커뮤니티칼리지(CCC)로 3분할 체제다. UC는 10개의 캠퍼스가 있고 교교 졸업생의 상위 8분의 1에 응시 자격을 부여한다. CSU는 지역별 23개 캠퍼스가 있고 응시기준은 졸업생 성적 3분

---

20 채재은 & 변수연. (2019). [핀란드와 노르웨이의 대학 통폐합 사례 분석 및 정책적 시사점]. Journal of Digital Convergence. 17(8). (p 65-66).

21 Governor's office of Planning and Research. (2018). [Review of The Master Plan at 50:Assessing California's Vision for Higher Education] Report.

22 윤지관. (2017). [대학체제 개편, 평준화인가 특성화인가]. 대학: 담론과 쟁점. (2). (p 155).

[그림 15-3] UCLA

의 1 이내에 들어야 한다.[23] CCC는 진학 혹은 취업을 위한 교육을 담당하는 2년제 대학으로 72개 지역에 113개의 대학이 있고, 고교졸업생이면 누구나 무시험으로 입학할 수 있다. UC는 주의 주요 공공연구 대학으로 학사, 석사, 박사 및 기타 전문학위를 수여하며, CSU는 교양 및 과학 교육에 중점을 두고 주로 학사 및 석사 학위를 수여한다. CCC는 4년제 대학으로 편입할 수 있는 하위 학군 교육과 직업 훈련을 시행하고, 준학사 학위 및 수료증을 준다.[24]

---

23 윤지관. (2017). [대학체제 개편, 평준화인가 특성화인가]. 대학: 담론과 쟁점. (2). (p 152-153).

24 Governor's office of Planning and Research. (2018). [Review of The Master Plan at 50:Assessing California's Vision for Higher Education]. Governor's office of Planning and Research.

등록금은 각 단위의 대학에 차등하여 책정되어 있어 UC가 1만3000달러인 반면 USC는 6000달러로 UC의 반액이다. CCC 등록금은 1000달러 정도이고, 많은 학생이 학비를 면제받는다.[25] 미국 캘리포니아 주립대학은 기능에 따라 대학입학의 기준을 확고하게 정해 대학교육의 수준을 지키면서도 동시에 모든 고교졸업자에게 2년제 커뮤니티칼리지 입학을 개방하고 있다.[26]

동시에 상위 대학 편입을 쉽게 하는 방식으로 두 번째 기회를 준다. 2020년 UCLA편입 비율을 보면 신청자의 85%가 캘리포니아주 커뮤니티칼리지(CCC) 재학생이었으며 그중 27%가 편입에 성공했다.[27] 상위 대학 진입장벽을 대폭 낮추어 기회의 평등을 보장하고 있다.

[표 15-1] 2020년 UCLA 편입 비율[28]

편입생의 이전 학교유형	신청자	전체 신청자 중 % 비율	편입 성공	전체 편입 성공 중 % 비율	편입성공률
CCC	22,009	85%	5,878	93%	27%
other UC	1,020	4%	210	3%	21%
CSU	432	2%	37	1%	9%
이외	2,494	10%	181	3%	7%

25 윤지관. (2017). [대학체제 개편, 평준화인가 특성화인가]. 대학: 담론과 쟁점. 2, (p 155-156).

26 윤지관. (2017). [대학체제 개편, 평준화인가 특성화인가]. 대학: 담론과 쟁점. 2, (p 161-162).

27 UCLA. Transfer Applications for Fall 2021. UndergraduateAdmission. TransferProfile. UCLA.

28 UCLA 홈페이지.

해외 사례를 참고하며 한국의 특수성을 반영하는 대학개혁

앞서 살펴본 여러 나라의 대학개혁은 충분히 참고할만한 사례이지만, 각각의 역사적 배경과 특수성이 있음을 감안해야 한다.

첫째, 파리 대학과 캘리포니아 주립대학 체제 개편은 둘 다 1960년대 대학이 팽창하던 국면에서 이루어졌다. 고등교육의 대중화 단계를 준비하는 성격을 가졌다. 프랑스는 1960년대 베이비붐 세대의 대학입학 적령기가 도래하면서 고등교육 기관의 절대 부족과 정원 제한으로 교육수요를 감당하는 데 근본적인 어려움에 봉착했다. 고등교육 수요 대응과 고등교육 대중화 시대에 걸맞은 행정개혁이 필수적이었다.

캘리포니아 주립대학 또한 학생 수의 급증에 대비하여 기존 3분할 체제(연구중심 대학, 교육중심 대학, 커뮤니티칼리지)를 더 공고히 하고 커뮤니티칼리지의 확대를 통해서 대중수요에 대응하는 한편 4년제 대학의 입학 자격을 전보다 강화함으로써 교육의 질을 유지하고, 적절한 예산 배정 등으로 행정 효율 제고를 도모했다.

두 나라의 대학 체제 개편의 시대적 배경은, 인구감소로 급격한 규모 축소를 대비해야 하는 현재 한국 대학의 상황과는 상반된다.[29] 교육부는 학생 수 감소로 이미 2019년에 향후 3년 내 국내 대학 38개교가 폐교될

29 윤지관. (2017). [대학체제 개편, 평준화인가 특성화인가]. 대학: 담론과 쟁점. 2, (p 158).

수 있다고 전망했다.[30] 2019년 이후 실제로 폐교 대학은 전문대 2곳(동부산대학교 2020, 서해대학 2021), 일반대 1곳(한려대학교 2022)과 통폐합 대학은 전문대 2곳(상지영서대학교 2020, 한국복지대학교 2023), 일반대 4곳(상지대 2020, 경상대 2021, 경남과학기술대학교 2021, 한경대학교 2023) 등이다.[31] 통계청 장래인구추계에 따르면 학령인구(6~21세)는 2020년 789만 명에서 향후 10년 195만 명이 줄어들고, 2070년엔 328만 명에 불과할 것으로 전망된다.[32] 따라서 우리나라는 프랑스나 미국 캘리포니아주와 달리 인구 감소를 염두에 두며 대학체제 개편에 접근해야 한다.

둘째, 전술한 대학통합 사례는 국가나 지방정부가 주도한 것이어서 사립대학이 많은 한국에 그대로 적용하기엔 무리다. 프랑스의 고등교육기관은 일부 사립을 제외하고는 거의 모두 국립이며, 그랑제콜을 제외한 일반 종합대학은 등록금 수입에 의존하지 않고 국가 예산으로 운영된다. 대학개혁 당시 핀란드 고등교육기관도 모두 정부와 지자체 지원을 받는 공립기관이었다.

반면 한국의 대학은 사립이 압도적이다. 대학 재학생의 80%가량이 사립대학에 재학 중이다.[33] 사립대가 많다고 알려진 미국의 사립대 비율(66.3%)보다 높다.[34] 우리나라의 사립대 비중이 월등하게 높다 보니 당장

---

30 은수진. (19.3.12.). [국공립대 통합네트워크, 선택 아닌 시대적 과제]. 이슈브리핑 2019(13). 민주연구원.

31 한국대학교육협의회 대학정보공시센터(대학알리미).

32 은수진. (19.3.12.). [국공립대 통합네트워크, 선택 아닌 시대적 과제]. 이슈브리핑 2019(13). 민주연구원.

33 윤지관. (2017). [대학체제 개편, 평준화인가 특성화인가]. 대학: 담론과 쟁점. 2, (p 159).

34 반상진. (2017). [국립대 연합체제 구축 방안 논의]. 교육비평. 39, (p 66).

실현가능한 대학개혁 방안의 하나로 유력하게 거론되는 '국공립대 통합'은, 자칫 통합된 국공립대를 서울의 유수 사립대보다 아래의 대학교로 전락할 가능성이 크다는 점에서 정책 입안자들을 망설이게 한다.

지금껏 논의에 그친 국공립 통폐합 방안

2004년에 민주노동당은 경상대학교 사회과학연구원의 정책 입안을 중심으로 국공립대 공동학위제를 주요 정당 정책으로 내세웠다. 이후 국공립대 통합은 총선과 대선에서 주요 공약으로 등장하게 된다. 2007년 대선에서 민주노동당 권영길 후보는 개방 입학제를 도입해 대학 평준화를 이루자는 공약을 제시했다. 2012년과 2017년에는 '국공립대 연합 체제 구축 방안'이 문재인 대통령 후보의 대선 공약으로 채택되었다.[35] 2017년 문재인 후보 대선 공약집에 따르면 중장기적 국공립대 연합체제 구축을 위해 국공립대를 연구 교육 직업 등 기능별, 중점 분야별 특화를 추진하고자 했다.

35 김영석. (2017). [국립대 네트워크의 의의와 쟁점]. 교육비평. 39, (p 77-94).

국립대 통합네트워크 제안

경상대학교 사회과학연구원

국공립대 통합네트워크는 총 3단계로 이뤄진다. 1단계에서는 거점 국립대학교 10개(서울대, 강원대, 경북대, 부산대, 전남대, 전북대, 충남대, 충북대, 경상대, 제주대)를 '국립한국대학'이란 이름 아래 네트워크로 묶는 방안이다. 2020년 기준 4년제 대학의 입학 정원은 약 31만 명이고, 10개 거점 국립대 입학 정원은 서울대 3,330명을 포함하여 총 3만1453명으로 전체 입학 정원의 10%다. 국립대를 통합한 다음 2단계로는, 12개 지역 중심 국립대학(강릉원주대, 경남과기대, 공주대, 군산대, 금오공대, 목포대, 부경대, 서울과기대, 순천대, 안동대, 한경대, 한밭대)을 통합한다. 12개 대학의 입학정원은 1만8950명이며 전체 입학정원의 6.1%다.[36]

[그림 15-4] 한국 거점 국립대학교 10개

36 교육부. (2020). [4년제 대학 모집단위별 입학정원]. 교육부.

3단계에서는 독립형 사립대를 포함해 네트워크를 확장한다.[37]

이러한 국립대 통합네트워크의 기본 뼈대는 2003년 경상대학교 〔사회과학연구원〕이 제시한 국립대 통합네트워크 안이다.[38] 경상대학교 〔사회과학연구원〕이 제시한 국립대 통합네트워크는 먼저 서울대를 포함한 기존 국립대학들을 하나의 통합네트워크로 구성하고, 일정한 수준이 되는 사립대학교도 국립대 통합네트워크에 편입시킨다. 네트워크 안에서 학부 과정을 이수한 모든 학생은 공통으로 국립대 학사 학위를 받게 된다.[39]

경상대학교 〔사회과학연구원〕은 국립대 통합네트워크가 이뤄지기 위해서는 입시제도의 개혁, 대학개혁, 제도개혁이 동시에 이뤄져야 한다고 주장했다. 먼저 절대 평가형 내신과 입학자격 시험에 의한 선발을 시행하고, 대학은 수용 능력을 고려해 대학입학 자격 수준을 제시한다. 자격이 충족된 학생은 지원순위와 추첨을 통해 대학을 배정한다. 서울대는 학부 학생을 두지 않고 대학원화하고, 지역 국립대는 현 거점대학을 중심으로 통합해 몇 개의 캠퍼스로 조직화한다. 대학원은 일반대학원과 전문대학원으로 나눠, 현재 전문직을 위한 학부 과정은 전문대학원으로 옮긴다. 마지막으로 통합네트워크로 가는 과정에서 등록금 인하, 지역인재 고용할당, 재원 마련을 위한 조세제도 개혁 등의 제도를 동시에 도입해야 한다.[40]

---

37 김종영. (2019). [세계적 대학체제로서의 대학통합네트워크]. 경제와사회. (p 171-213).

38 정진상. (2012). [학벌주의 이데올로기 깨뜨리기]. 우리교육. (p 52-63).

39 조옥경. (2019). [대학의 공유성장을 위한 대학체제 개편 방안 연구]. 한국교육개발원. (p 89).

40 조옥경. (2019). [대학의 공유성장을 위한 대학체제 개편 방안 연구]. 한국교육개발원. (p 89).

서울특별시 교육청

대학통합네트워크 정책은 국립대와 사립대를 한꺼번에 편입해 바로 출범하기에는 어려움이 따른다는 판단하에 네트워크 과정이 세분돼 제시된다. 세분된 대학통합네트워크는 먼저 국공립대를 통합하고 동시에 사립대학교 및 사립전문대학을 공영형으로 전환하며, 공영형 사립대학교가 안정되면 국공립대통합테트워크와 공영형 사립대학 간 통합을 추진하는 방식이다.

서울특별시교육청도 2017년에 대학통합네트워크의 단계적 실현 방안을 제시했다. 먼저 지역 거점 국립대 간에 네트워크를 구축한 후 국립대와 공영형 사립대학교의 연합 네트워크를 구축한다. 연합 네트워크는 통합네트워크 이전 단계로, 대학들이 일종의 플랫폼을 공유한다. 이때 국립대는 기초학문을 지원받고, 사립대는 실용학문을 지원받는다. 마지막 단계로, 연합에서 더 나아가 독립형 사립대를 포함해 전체 공통교양과정을 운영하고, 교육 및 학교 운영에 있어서 상호적, 통합적 교류 체제를 구축하는 통합네트워크를 형성한다.[41]

하지만 이미 지방 거점 국립대와 비교해 수도권 주요 사립대를 더 선호하는 상황 속에서 기초학문을 국립대로, 취업에 유리한 실용학문을 사립대로 집중해 지원한다면 현실적으로 국립대의 선호가 더욱 떨어질 것이라는 반론이 있다. 또한 어떤 대학이 공영형 사립대학교가 될지 제대로 논의가 이루어지지 않았다. 사립 명문대학교가 과연 공영형 사립대학교 편입에 참여할지 미지수이며, 만약 참여하지 않는다면 사립 명

---

41 조옥경. (2019). [대학의 공유성장을 위한 대학체제 개편 방안 연구]. 한국교육개발원. (p 89-93).

문대학교를 중심으로 새로운 학벌을 형성할 가능성이 크다.[42]

국공립대학 네트워크로 서울 지상주의 완화

한국의 엘리트 대학은 수도권에 집중돼 있다. 2021년 세계대학학술순위(ARWU)에 따르면 세계대학 랭킹 500위 안에 든 한국 대학은 총 11개다. 그중 서울대가 101~150위 안에 들었으며, 한양대, 카이스트 등 5개 대학이 201~300위 안, 경북대, 경희대 등 5개 대학이 301~400위 안에 들었다. 세계 랭킹 상위권에 든 우리나라 대학 11개 중 6개가 서울에 위치한다. 이러한 현상은 안 그래도 심한 서울 지상주의를 더 심화한다. 서울은 극소수를 위한 공간이며, 나머지 절대다수에게는 폐쇄와 배제의 공간이 된다.

다른 나라는 우리나라와 달리 고등교육 기관이 지역적으로 골고루 분포한다. 프랑스는 대학을 평준화한 만큼 대학 서열화에 따른 지역 차이가 미미하다. 엘리트 양성 기관인 그랑제콜은 200개가 넘으며 프랑스 전국에 퍼져 있다. 그랑제콜 연합회에 따르면 그랑제콜은 파리 68개, 프랑스 북부 24개, 프랑스 중서부 30개, 프랑스 중동부 50개, 프랑스 남서부 25개, 프랑스 남부 10개 등 고루 포진한다.

미국 엘리트 대학도 전국에 퍼져 있다. 상하이 세계대학 순위 상위 100위 안에 든 미국 대학 50개는 동부 17개, 중부 12개, 서부 12개, 남부

42 조옥경. (2019). [대학의 공유성장을 위한 대학체제 개편 방안 연구]. 한국교육개발원. (p 98).

9개 등 전국적으로 분포한다. 우리나라와 비슷한 입시체제를 가지고 있는 일본도 한국과 비교했을 때 공간적 병목현상이 심각하지 않다. 상하이 세계대학 순위 상위 100위 안에 드는 대학은 도쿄 대학, 교토 대학, 나고야 대학, 오사카 대학이며, 상위 200위권 대학은 도호쿠 대학, 홋카이도 대학, 규슈 대학으로, 이 대학교들은 일본열도를 따라 고르게 위치한다. 일본 유수 대학의 전국적인 고른 분포는 지역 균형 발전뿐 아니라 학문적 경쟁력을 유지하는 데에 기여한다.[43]

국공립대 통합네트워크가 안정적으로 운영되려면 대학의 참여가 절실하지만 서울대와 다른 국공립대 사이의 격차가 커 서울대를 끌어들일 유인이 매우 부족하다. 서울대를 포함한 국공립대 통합네트워크가 성사되더라도 이후 주요 사립대에 선호가 몰리지 않게 하려면, 통합네트워크에 전폭적인 지원이 이뤄져야 한다. 네트워크 참여대학과 비(非)참여대학 간 차별화가 분명해야 한다는 의견이 많다.[44] 경희대 사회학과 김종영 교수는 "통합네트워크 시행 시 참여하는 모든 국립대에 서울대 수준의 예산을 지원해야 한다"며 "단기적인 관점에서는 사립대가 우세할지도 모르나 장기적으로는 대학 병목현상이 해결될 것"이라고 전망했다. 통합네트워크 참여대학에 대해 교육 및 연구, 시설 여건 등의 확고 재정지원이 바탕이 돼야 한다.[45]

현재 우리나라 고등교육 예산은 초중등교육 예산과 비교해 안정성이 현저히 낮다. 2015~2020년 교육예산 구조와 추이에 따르면 교육 분야

---

43 김종영. (2019). [세계적 대학체제로서의 대학통합네트워크]. 경제와사회. (p 171-213).

44 김영석. (2017). [국립대 네트워크의 의의와 쟁점]. 교육비평. 39. (p 77-94).

45 정진상. (2012). [학벌주의 이데올로기 깨뜨리기]. 우리교육. (p 52-63).

예산은 연평균 7.3% 증가했다. 교육 분야 예산에 배정된 유아·초중등교육 예산과 고등교육 예산을 비교해보면, 유아·초중등교육은 2015년에서 2020년 사이 예산이 연평균 8.8%나 증가했으나, 고등교육 예산은 동일한 기간에 연평균 증가율이 0.6%에 그쳤다. 심지어 고등교육 예산은 2015년에 10조 5280억 원이었으나 2016년과 2018년 사이에는 10조 원보다 적었고, 2019년에도 2015년 예산액보다 적었다. 고등교육예산은 교육예산의 구조적 성격으로 인해 경직적이다. 따라서 고등교육 재정 확보를 위한 제도 신설과 법 제정이 동시에 이뤄져야 한다.[46]

인구절벽과 4차 산업혁명, 위기에 놓인 교육, 국공립대 통폐합부터

이미 현실로 성큼 다가온 인구절벽 문제에 대응하려면 사립대 비율을 줄이고 국공립대 네트워크를 형성해 연대와 협력이 가능한 고등교육 패러다임을 만드는 변혁적인 시도가 필요하다. 김종영 교수는 "인구절벽으로 심각한 타격을 받는 곳은 지방 사립대와 거점 국립대다. 부산대학교도 미달 사태가 있지 않았나. 국공립대 통폐합은 타격이 가는 거점 국립대에 수요를 창출하는 것이어서 인구절벽에 대응하는 정책이라고 할 수 있다"라고 말한다. 김 교수는 "결국 돈을 어떻게 쓰느냐, 우선순위를 어디에다 둘 것이냐의 문제"라며 "미래 세대에 투자하는 것이 국가경쟁

46 최병호, 이근재. (2020). [고등교육의 공공성 강화를 위한 고등교육재정의 개혁 과제: 거점국립대학을 중심으로]. 지방정부연구 24(3), (p 181-202).

력을 키우는 가장 효율적인 정책"이라고 강조했다.

코로나19로 인해 새로운 패러다임으로 가는 경로는 이미 마련됐다. 비대면 교육의 장기화로 대학과 고등교육의 진정한 의미에 관한 사회적 고찰이 이루어지고 있고, 기기를 통한 비대면 만남이 자연스러워지며 초연결사회로 대변되는 시대가 도래했다. 4차 산업혁명 시대에는 더는 소수 엘리트만을 집중적으로 육성하는 수직적 서열화의 시스템이 통하지 않는다. 단독의 개인, 기관의 역량을 통한 경쟁력보다 연대와 협력을 통한 다원화와 다양화의 경쟁력이 살아남는 시대이므로 고등교육의 패러다임 역시 이에 걸맞게 바뀌어야 한다. 국공립대 통폐합이 시작점이 될 수 있다.

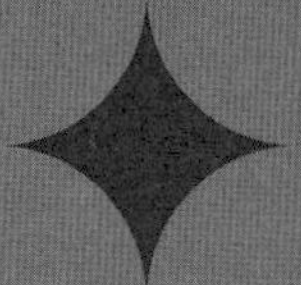

16장

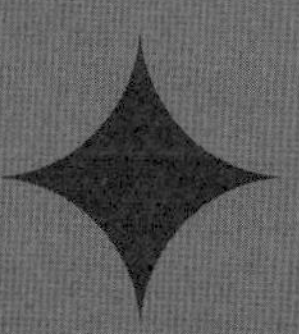

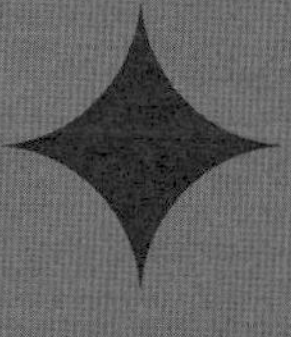

국회의원 중 30%를 청년에게 할당하라

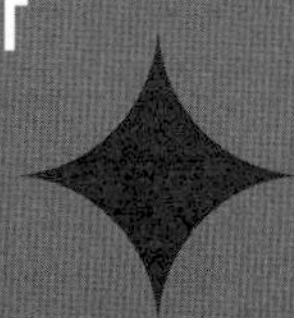

국제의원연맹(IPU)의 보고서(2021년)에 따르면 2020년 기준 한국의 30세 이하 청년의원의 비율은 0%로 니콰라과, 마다카스카르 등 26개국과 함께 의회 성격이 비슷한 136개국 중 공동 꼴등을 했다. 한국의 40세 이하 청년의원 비율은 3.7%로 136개국 중에서 107위였다. 아르메니아가 57.58%로 청년의원 비율이 가장 높았고, 이어 우크라이나(46.34%), 이탈리아(42.7%) 순이었다. 청년의원 비율이 40%를 넘는 국가는 이 3개국이었다. 136개국의 청년의원 비율 평균은 2.6%였다. 한국의 청년의원은 27명 중 한 명꼴에 불과했다. 의원 청년 할당제를 도입한 나라는 스웨덴(35세 이하 25%), 베트남(40세 이하 26.5%) 등 8개국이다.[1] 21대 국회에서 청년(40세 이하) 15명(5%)이 국회에 진출해 그나마 지난 20대 국회(4명·1.3%)보다는 청년의원이 늘어났다.[2]

청년이 정책의 대상이 아닌 주체로 인식된 것 역시 최근의 일이다. 우

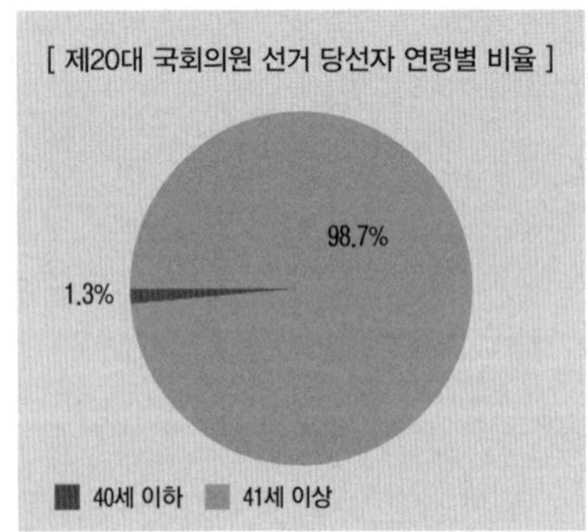

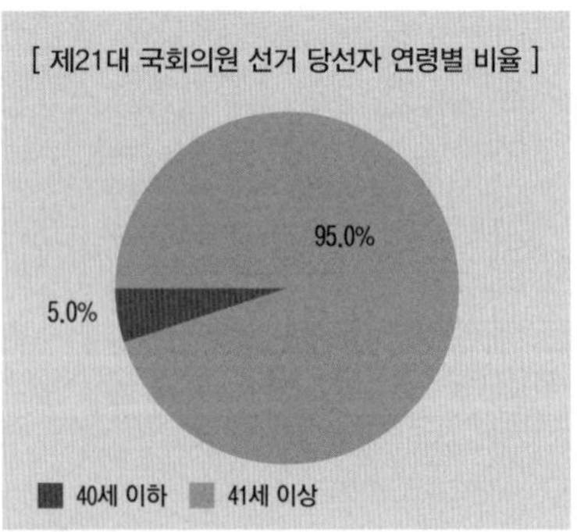

[그림 16-1] 제20대, 제21대 국회의원선거 당선자 연령별 비율 차트

---

1 [Youth participation in national parliaments]. IPU 2021보고서.

2 중앙선거관리위원회 선거통계시스템(http://info.nec.go.kr/).

리나라에서 청년 문제는 2000년대 초반 이슈화하기 시작했다. 이때 미약하게나마 청년에게 주어진 정책 참여의 기회가 우리의 인식을 바꾸고 청년정책을 확산하는 토대를 만들었다. 하지만 장기적 전망하의 계획적 정책 수립이 아닌 필요에 따라 대처하는 방식에 불과하였다.[3]

특정 연령대 집단인 청년을 정책 대상으로 인지한 결과물은 2004년에 제정한 〔청년실업해소특별법〕이 처음이었다. 여기서 청년을 취업을 원하자는 자로 정의하며 청년을 취업의 지표로 보았고 취업을 원하지 않는 청년의 존재는 부정했다.[4] 제도의 방향성을 결정하는 청년의 정의가 단지 취업을 원하는 사람으로 규정되면서 이 법 이후 국가의 청년정책은 청년고용 측면에 고착되었다.[5]

취업을 넘어 교육, 경제, 주거, 문화 등 복합적으로 전개되는 청년 문제 해결을 위한 청년정책의 사회적 요구를 반영한 〔청년기본법〕은 2020년 8월 5일에 시행되었다. 2014년 19대 국회에서 〔청년발전기본법〕 발의를 시작으로 2015년 3건의 발의가 모두 폐기되고 2016년 5월 30일 20대 국회에서 〔청년기본법〕이 발의되어 2020년 2월 4일에 제정되었다. 서울시와 경기도가 2015년에 청년기본조례를 제정한 것을 고려하면 자치법규보다도 법의 제정이 5년이 더 걸린 셈이다.

〔청년기본법〕 제정은, 청년지원을 법으로 명문화해야 할 정도로 그동안 청년이 사회 구성원으로서 제대로 보장받지 못한 현실을 입증한다.

---

3 전경숙. (2021). 「청년기본법」 제정의 의의와 청년정책의 방향성 고찰|. 입법과 정책. 13(1), (p 118, 124).

4 청년실업해소특별법(약칭: 청년고용법) [시행 2004. 6. 6.] [법률 제7185호, 2004. 3. 5., 제정].

5 오재호. (2020). [청년기본법, 어디를 향해 가야하나?]. 이슈&진단(406).

〔청년기본법〕은 처음으로 "청년은 19세 이상 34세 이하의 사람"이라고 명확한 정의를 제시하였고 국가와 지방자치단체의 확고하고 통합적인 청년정책이 추진되도록 법적 기반을 마련하였다.[6]

[그림 16-2] 서울시 [청년기본법] 홍보 이미지

하나의 개별 문제에 국한하지 않고 행복한 삶을 영위할 권리를 지닌 자로 청년을 존중하고 청년의 삶을 바라본다는 점에서 〔청년기본법〕은 큰 전환점을 만들었다.[7] 하지만 이러한 법과 제도가 효력을 갖고 정책추진의 파급효과를 최대화하기 위해서는 정책 당사자인 청년의 목소리가 반영되도록 청년의 적극적인 정치 참여가 필요하다.[8]

6 전경숙. (2021). [「청년기본법」 제정의 의의와 청년정책의 방향성 고찰], 입법과 정책, 13(1), (p 124).

7 오재호. (2020). [청년기본법, 어디를 향해 가야하나?]. 이슈&진단(406).

8 전경숙. (2021). [「청년기본법」 제정의 의의와 청년정책의 방향성 고찰], 입법과 정책, 13(1), (p 125).

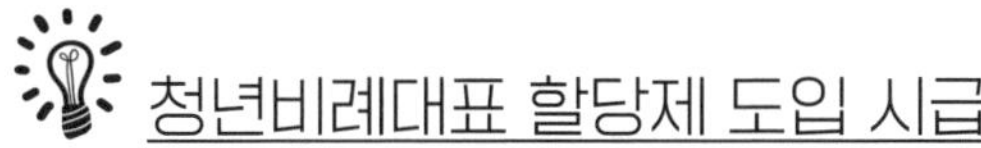

청년비례대표 할당제 도입 시급

이처럼 청년의 적극적인 정치 참여가 필요한 상황임에도 사회적·제도적 어려움으로 청년의 정치 활동이 쉽지 않다. 특히 기성 정치인에게 유리한 선거제도와 청년의 활동을 제한하는 현행 정당의 구조가 문제로 언급된다.[9] 오늘날 정당의 영향력이 점점 강해지는 추세여서 정치 지망생은 개인의 능력보다는 소속 정당이 어디냐에 따라 정치권에 진출할 확률이 결정된다.[10] 새로운 인물이어서 지명도가 낮아도 지지율이 높은 정당을 통하면 당선될 기회를 잡을 수 있는가 하면 정당의 폐쇄성과 기득권화는 정치 신인을 기존 정치인의 그늘에서 벗어나기 힘들게 만든다.[11]

단기적인 선거 경쟁의 승리만을 목표로 하는 한국의 정당은 인지도가 높은 외부인재의 영입에만 집중할 뿐 장기적인 관점에서 정당에 맞는 인재 육성에는 투자하지 않았다. 이로 인해 정당 내 청년 정치는 청년위원회에 국한하는 저조한 수준에 머물고 있다.[12] 청년 대표성 개선을 위해 각 정당에서 비례대표 국회의원으로 청년을 진출시키고 있지만, 청

---

9 이정진. (2021). [청년 정치참여 현황과 개선과제], 국회입법조사처 이슈와 논점(1803). (p 2).

10 윤혜영. (2020). [여성과 청년의 과소 정치대표성에 대한 연구]. 국내박사학위논문 충북대학교, (p 26).

11 권세훈. (2017). [프랑스 신진정치인의 진입규제와 완화에 관한 법적 연구]. 유럽헌법연구, (25), (p 290).

12 곽관용. (2021). [청년 대표성의 제고 요인에 관한 연구]. 국내박사학위논문 성균관대학교 일반대학. (p 87).

년에 배분된 비례 대표의원 자리가 많지 않아 청년 세대의 대표성 문제를 근본적으로 해소하지 못할뿐더러 국회에 입성한 뒤에 주로 보여주기식의 제한된 역할을 맡기곤 한다.[13, 14, 15]

[그림 16-3] 청년비례대표 도입을 위한 국회 기자회견

2022년 지방선거를 앞두고 국민의 힘 정당 내의 여성·청년 가산점제 폐지 논의에 앞서, 당시 당대표인 이준석은 청년 정치 할당제의 대안으

---

13 이정진. (2021). [청년 정치참여 현황과 개선과제]. 국회입법조사처 이슈와 논점, (1803), (p 2).

14 곽관용. (2021). [청년 대표성의 제고 요인에 관한 연구]. 국내박사학위논문 성균관대학교 일반대학원. (p 87).

15 정다빈, 이재묵. (2018). [지방선거에서 청년 세대의 대표성 제고 방안연구: 지방의회의 입법 활동성을 중심으로. 사회과학연구, 25(1), (p 20).

로 '공직 후보자 선출 시 기초 자격시험'과 '토론 배틀'을 할당제의 대안으로 내놓았다.[16] 이준석은 당대표 선거에서 "당 대변인 및 주요 당직에 대해 공개경쟁 선발을 통해 인선하겠다"는 공약을 내놓았고 당선 이후 실제로 도입했다. 국민의 힘은 '나는 국대다'라는 대변인 토론 배틀 선발대회를 2021년 6월과 2022년 4월에 실행하여 1회에는 대변인으로 27세, 26세, 상근부대변인으로 35세, 55세의 지원자를 선발했고, 2회에는 21세 2명을 포함하여 28세, 25세, 27세, 37세, 22세, 31세 등 21세에서 37세의 청년 대변인과 부대변인을 선발했다. 국민의 힘 정당은 2022년 6월 지방선거에서 광역·기초의원 출마 후보자부터 '공직 후보자 기초자격 평가(PPAT)'를 도입했고, 2022년 9월에는 평가를 광역단체장과 국회의원으로 확대하기로 의결하였다.[17] 그러나 이 두 제도는, 다양한 의견을 민주적 절차에 따라 조율하고 합의를 만들어가는 민주주의 체제에서 필요한 역량을 측정하기 어렵고, 다른 의견에 대한 수용성이 낮은 사람만 합격할 수밖에 없는 구조라는 비판을 받았다.[18]

이대로라면 한국 정치에서 청년은 선거 시기에만 등장하는 상징적 구호에 머무를 뿐이다. 이에 따라 여성 할당제와 같이, 청년의원 역시 적극적 할당을 통해서 정치참여를 확대해야 한다는 의견이 있다. 획기적 전환 없이는 세대 기득권이 지배하는 기울어진 운동장을 바로잡기가 요원하기 때문이다.

---

16 김영화. (21.7.6.). "여성 · 청년 할당제, 정말 '시대착오적 잔재'일까?". 시사IN.

17 조재연. (22.4.15.). "141대 1 경쟁률 뚫고 '나는 국대다' 우승"…"정치인들 행복할까 의문, 법조인으로 당 돕고 싶어". 문화일보.

18 이재훈. (22.7.17.). "대안 우파 지도자로 떴다가 축출된 '청년 이준석'이 남긴 것". 한겨레.

청년비례대표 할당제는 산술적 대표성(Descriptive Representation: 성별, 지역, 인종 등 대표자와 피대표자 사이의 유사성을 공유하며, 이러한 특성을 의회에서 비례적으로 대표)을 확보하고[19], 역할 모델을 부여해 청년의 정치효능감을 높일 수 있다. 기성세대가 정치적으로 과대대표된 구조에서는 특히 분배 및 복지 문제에 있어 편향된 정책을 산출하는 경향이 나타나기에, 청년세대는 상대적으로 낮은 정치적 효능감을 가지게 되고 결국 장기적인 무관심과 소외의 지속을 낳게 된다.[20] 청년비례대표 할당제는 역할 모델의 기능을 수행하고, 해당 집단의 구성원들에게 정치참여의 동기를 부여할 수 있다.[21] 나아가 의회의 다양성 및 세대 간 다양성을 보장해 더 나은 심의 가능성, 독창적 해결 제시, 경험적 다양성 증가를 실현한다. 결과적으로 민주적 지배구조를 전체적으로 강화할 수 있다.

과거의 선례는 청년비례대표제 도입에 앞서 준비해야 할 두 가지 사항을 시사한다. 먼저 청년비례대표제 도입을 위한 철저한 준비가 필요하다. 제도 시행의 목표와 절차에 관해 왕성하게 홍보하고, 뉴스 및 SNS를 통해 청년비례대표제를 알려 시민의 의식과 인식을 고취하여야 한다. 또한 청년비례대표제가 무사히 안착할 수 있는 기반을 다져야 한다. 민의를 따르기보다는 파벌과 계파, 이익집단의 로비에 휘둘려 왔던 게 우리 정치의 부끄러운 현실이다. 청년의원들이 의회에 진출하여 실질적

---

19 윤지소, 권수현. (2020). [청년의 정치참여와 대표성: 청년당원의 인식을 중심으로]. 현대 정치연구, 13(3), (p 5).

20 곽관용. (2021). [청년 대표성의 제고 요인에 관한 연구(국내박사학위논문)]. 성균관대학교 일반대학원. 서울, (p 17).

21 윤혜영, 정태일. (2020). [청년의 정치대표성에 대한 검토 : OECD 국가를 중심으로]. 한국과 국제사회, 4(1), (p 7-30).

으로 자신의 능력을 펼칠 수 있도록 수평적인 의회 문화를 조성해야 한다. 기존 정당과 정치인이 오랜 시간 구축해 놓은 고유한 구조, 지방선거 공천과 관련하여 수직적인 관계를 바탕으로 개인 간의 거래가 이루어지는 소위 후견주의의 고질적인 정치관행을 깨는 것이 필요하다.[22]

더불어 청년의원의 역량을 키워줄 정당 내 관심과 지지가 필요하다. 더불어민주당의 대표적 육성프로그램인 '청년정치스쿨'처럼, 정당의 정치인 육성프로그램을 통해 청년당원을 도구적으로 바라보는 인식을 개선하고 미래인재로서 청년들에게 양질의 민주시민 교육 및 실무훈련을 제공해야 한다. 즉각적이고 효율적인 참여를 유도하기 위해 정당의 온라인 플랫폼을 활성화해야 한다. 디지털 네이티브(Digital Native)로서 청년세대가 가지는 상대적 장점을 최대한 발휘할 수 있게 한다는 점에서 청년의 정치적 역량을 촉진하는 기제가 된다.[23]

해외 청년정치후보 할당제

〔국제의원연맹(IPU)〕이 2021년에 발행한 보고서에 따르면 2020년 기준 전 세계 국가 중 청년정치후보 할당제를 도입·시행하고 있는 국가는 27개국으로 입법 할당제, 지정의석 할당제, 정당 할당제 등 세 가지 유

22 곽관용. (2021). [청년 대표성의 세고 요인에 관한 연구(국내박사학위논문)]. 성균관대학교 일반대학원. 서울, (p 105).

23 곽관용. (2021). [청년 대표성의 제고 요인에 관한 연구(국내박사학위논문)]. 성균관대학교 일반대학원. 서울, (p 102, 103).

형으로 구분된다.[24] '자발적 정당 할당제(Voluntary Political Party Quotas)'라고 불리는 정당 할당제(Political Party Quotas)는 각 정당이 자율적으로 청년 비율이나 순번에 관해 결정하는 반면 '입법 할당제(Legislative Candidate Quotas)'는 선거법에 각 정당의 후보자 추천 시 청년 비율이나 추천 순번을 규정하는 방식이다. '지정의석 할당제(Reserved Seats)'는 헌법이나 선거법에 청년만이 차지할 수 있는 의석수를 규정한 제도다.

27개국 중 자발적 정당 할당제 도입국은 18개국(니카라과, 루마니아, 멕시코, 몬테네그로, 베트남, 엘살바도르, 스웨덴, 모잠비크, 키프로스, 리투아니아, 헝가리, 세네갈, 앙골라, 터키, 크로아티아, 우크라이나, 스위스, 이스라엘), 입법 할당제 도입국은 5개국(필리핀, 튀니지, 가봉, 키르기스스탄, 이집트), 지정의석 할당제 도입국은 4개국(르완다, 모로코, 케냐, 우간다)이었다.

[청년정치후보 할당제]

자발적 정당 할당제	입법 할당제	지정의석 할당제
16개국	5개국	4개국
니카라과 루마니아 멕시코	필리핀	르완다
몬테네그로 베트남 엘살바도르	튀니지	모로코
스웨덴 모장비크 키푸로스	가봉	케냐
리투아니아 헝가리 세네갈	키르리스스탄	우간다
앙골라 터키 크로아티아	이집트	
우크라이나		

[그림 16-4] 청년정치후보 할당제 도입 국가

24 윤혜영 (2020). [여성과 청년의 과소 정치대표성에 대한 연구]. 국내박사학위논문 충북대학교. (p 132).

OECD 회원국 중에서 청년 할당제를 도입·시행하고 있는 헝가리, 멕시코, 스웨덴, 터키 4개국은 모두 정당 할당제로 형태가 같았다.[25]

청년 할당제를 시행하는 국가들의 연령별 의원 비율을 살펴본 결과 할당제 방식과 무관하게 30세 이하에서는 효과가 비교적 미미한 가운데 아르메니아, 우크라이나, 이탈리아에서는 40세 이하의 의원 비율이 각각 57.58%, 46.34%, 42.70%로 높게 나타났다.[26] 청년 할당제가 일정 부분 효과가 있음을 시사하며 이에 청년 할당제는 세계적으로 의회의 청년의원 비율을 높이는 제도로 적극적으로 이용되고 있고 할당제를 채택하는 국가도 점차 증가하고 있다.[27, 28]

우리나라도 청년정치를 활성화하고 최소한의 청년 대표성을 확보할 수 있도록 정당의 후보자 추천 과정의 청년 입법 할당제 도입을 서둘러야 한다. 당장 인구비례 수준의 산술적 대표성을 맞출 수 없지만, 장기적으로 이를 목표로 국회는 물론 지방의회의 비례대표를 추천할 때에 여성 할당제와 같이 일정 비율 이상의 청년 할당을 의무화해야 한다.[29]

더불어 한국의 청년 할당제가 성공적으로 정착하기 위한 사회적 토대를 마련해야 한다.

정당정치가 발달한 영국, 독일, 프랑스 등에서는 정당 가입 연령을 정

---

25 [Youth participation in national parliaments]. IPU 2021보고서 p.43-45.

26 [Youth participation in national parliaments]. IPU 2021보고서. (p 6).

27 윤혜영. (2020). [여성과 청년의 과소 정치대표성에 대한 연구]. 국내박사학위논문 충북대학교. (p 134).

28 이정진. (2021). [청년 정치참여 현황과 개선과제]. 국회입법조사처 이슈와 논점(1803), (p 7).

29 공직선거법[시행 2021.3.26.] [법률 제17981호, 2021.3.26. 일부개정] 제47조(정당의 후보자 추천).

[표 16-1] 국가별 의원할당표

국가	할당제 종류	연령 기준	할당 비율	여성 할당	30세 이하 비율	40세 이하 비율
카자흐스탄	법적할당제	36	15	별도	4.2	35.0
이집트	법적할당제	35	상이함*	별도	1.0	11.8
니카라과	정당할당제	파악불가능	40**, 15	통합	1.1	14.1
루마니아	정당할당제	파악불가능	30	별도	6.4	35.3
멕시코	정당할당제	30	30, 20	별도	7.6	35.7
몬테네그로	정당할당제	30	30, 20	별도	9.9	30.9
베트남	정당할당제	40	26.5	별도	1.8	12.3
엘살바도르	정당할당제	31	25	별도	2.4	14.3
스웨덴	정당할당제	35	25	별도	12.3	34.1
모잠비크	정당할당제	35	20	별도	0.0	17.2
키프로스	정당할당제	45, 35	20	별도	1.8	12.5
리투아니아	정당할당제	35	파악불가능	별도	2.8	19.2
헝가리	정당할당제	파악불가능	20	별도	2.0	29.4
세네갈	정당할당제	파악불가능	20	별도	0.0	11.0
앙골라	정당할당제	파악불가능	15	별도	0.6	11.1
터키	정당할당제	파악불가능	10	별도	0.2	8.8
크로아티아	정당할당제	파악불가능	파악불가능	별도	2.7	21.9
우크라이나	정당할당제	파악불가능	파악불가능	별도	5.0	41.2

주) 케냐를 제외하고 해당 국가의 국회 · 하원의 통계를 제시하고 있음

* 여성과 청년을 포함

** 4개 선거구에 최소 16명의 청년 후보를 지명해야 함

출처: Inter-Parliamentary Union (2018). Youth participation in national parliaments: 2018, 26.

당이 자율적으로 결정하도록 한다. 이에 따라 14~16세의 청소년기부터 자연스럽게 정당 활동을 하고 정치에 관한 관심과 참여가 높은 편이다.[30, 31] 스웨덴과 덴마크와 같은 북유럽 국가의 정당 지도자들이 대부분 청년당원 출신이고, 독일 사례를 보면 청소년기부터 정치인 훈련 과정을 거치며 성장하여 체계적으로 정치적 역량을 강화할 수 있었다.[32, 33] 독일 기독민주당과 사회민주당의 당원 가입 연령은 각각 16세, 14세이며, 이 정당들은 수만 명 회원을 둔 청년조직을 운영하며 청년 정치인을 양성하고 정책입안에 도움을 받는다. 영국 노동당은 14세 이상 청년 당원을 대상으로 한 청년노동당 조직을 통해 젊은 층의 관심사를 정책에 반영한다. 또한 영국, 호주, 독일, 스페인, 프랑스 등 OECD 국가 다수가 하원의원 피선거권 연령을 18세 이상으로 규정하고 있다.[34]

우리나라도 공직선거법 개정안이 국회에서 통과(2021.12.31.)되면서, 국회의원의 피선거권 연령이 기존 25세에서 18세로 하향 조정되었고 정당 가입 연령도 만 18세에서 만 16세로 낮추는 법안이 가결되면서(2022.1.11. 정당법 개정안 의결), 현 고교 3학년은 정당 가입과 함께 정당 공

---

30 이정진. (2021). [청년 정치참여 현황과 개선과제]. 국회입법조사처 이슈와 논점(1803), (p 2-3).

31 정다빈, 이재묵. (2018). [지방선거에서 청년 세대의 대표성 제고 방안연구: 지방의회의 입법활동성을 중심으로]. 사회과학연구, 25(1), (p 20).

32 정다빈, 이재묵. (2018). [지방선거에서 청년 세대의 대표성 제고 방안연구: 지방의회의 입법활동성을 중심으로]. 사회과학연구, 25(1), (p 20).

33 박희정. (2019). [지방의회 내 청년세대 과소대표 실태와 개선방안 연구 - 더불어민주당을 중심으로-]. 국내석사학위논문 성공회대학교 NGO대학원, (p 77).

34 연합뉴스. (22.1.11.). "청소년 정치참여 확대에 '시민으로 성장할 기회 vs. 시기상조'". 매일경제.

천을 통해 국회의원과 지방선거에 출마할 길이 열렸다.[35] 청소년이 직접 사회 의사결정 과정에 참여해 시민으로 성장할 권리를 보장한다는 취지에서는 환영할 만한 일이지만, 학교 내 정치적 중립성 침해 가능성이나 제도적·교육적으로 청소년의 정치 참여 환경 조성이 미비하다는 지적이 있다. 국내 정치 환경에 이념대립이 심하고 출결 문제 해결 등 학습권을 보장할 장치가 미비하다는 것이다.

청소년 스스로 정치 참여와 관련해 "준비되지 않았다"는 시각이 상당하다. 〔청소년정책연구원〕이 2020년 5~8월 전국 중1~고3 학생 3000명을 대상으로 한 실태조사 결과에 따르면 선거권 연령을 만 17세로 낮추는 데 반대 의견이 34.6%, 찬성이 27.4%였다. 교육감 선거권 연령을 만 16세 이상으로 낮추는 문제에도 반대(36.6%)가 찬성(23.3%)을 앞섰다. 이에 교육부는 정당법·공직선거법 개정에 따른 교육 현장 지원 대책을 조속히 마련하는 등 선거관리위원회, 시도교육청 등과 협력체계를 구축해 나갈 계획이다.[36]

의원의 겸직 제도 축소를 적극 검토해야 한다. 프랑스는 오랜 겸직 문화에도 불구하고 점진적으로 의원의 겸직을 축소하여 정치신인을 위한 기회의 문을 열어 정치적 다양성을 확보하고 있다.[37, 38] 특히 장관과 국회의원의 겸직을 금지하고 있는데 이를 통해 청년을 비롯한 신진정치인

---

35 배재성. (22.1.11.). "정당 가입 연령 16세로…고3은 출마도 가능". 중앙일보.

36 연합뉴스. (22.1.11.). "청소년 정치참여 확대에 '시민으로 성장할 기회 vs. 시기상조'". 매일경제.

37 권세훈. (2017). [프랑스 신진정치인의 진입규제와 완화에 관한 법적 연구, 유럽헌법연구]. 25, (p 291-295).

38 권세훈. (2017). [프랑스 신진정치인의 진입규제와 완화에 관한 법적 연구, 유럽헌법연구]. 25, (p 275).

이 기회를 더 가질 수 있게 하여 임명직 정치인으로 정치에 진입할 가능성을 높였다.[39]

한국도 이해충돌의 위험성을 방지하고 입법과 행정 간의 권력분립이라는 헌법상의 원칙을 위해 국회의원의 겸직금지를 국회법에 위임하고 있다. 하지만 〔국회법〕 제29조 제1항을 보면 "의원은 국무총리 또는 국무위원의 직 외의 다른 직을 겸할 수 없다"라고 규정하여 국회의원의 국무위원 겸직을 허용하고 있다. 프랑스처럼 의원의 다른 직에 겸직을 전면 금지한다면 청년의 정치 대표성을 높일 공간을 늘리면서 권력분립의 원칙을 강화할 수 있을 것이다.[40]

현직의 저항이 큰 국회의원 선수제한 같은 제도도 청년정치의 숨통을 트는 데 일조할 수 있다.

그 외에 청년의 정치 참여를 어렵게 만드는 공직선거 출마를 위한 기탁금 납부나 활동비용의 부담을 덜어주기 위한 비용 측면의 제도 개선이 필요하다.[41, 42] 선거자금이 없어 유능한 인재가 묻히는 일이 없도록 신진 정치인발굴을 위해 별도로 국가보조금 제도를 정착시킬 필요가 있다.[43] 예를 들어 청년 후보자를 추천하는 정당에 청년추천보조금을 지급

---

39 권세훈. (2017). [프랑스 신진정치인의 진입규제와 완화에 관한 법적 연구, 유럽헌법연구]. 25, (p 280).

40 정다빈, 이재묵. (2018). [지방선거에서 청년 세대의 대표성 제고 방안연구: 지방의회의 입법활동성을 중심으로]. 사회과학연구, 25(1), (p 9).

41 박희정. (2019). [지방의회 내 청년세대 과소대표 실태와 개선방안 연구 - 더불어민주당을 중심으로-]. 국내석사학위논문 성공회대학교 NGO대학원, (p 2).

42 이정진. (2021). [청년 정치참여 현황과 개선과제]. 국회입법조사처 이슈와 논점(1803), (p 2-3).

43 권세훈 (2017). [프랑스 신진정치인의 진입규제와 완화에 관한 법적 연구]. 유럽헌법연구, 25,

하여 정당이 청년 정치인의 교육과 육성에 투자하고 청년 후보를 늘리는 것을 고려해 볼 수 있다.[44]

청년정치가 일상이 되는 미래를 위한 과제

〔청년기본법〕에서 명시한 것처럼 청년이 사회의 정당한 구성원으로서 사회의 의사결정에 참여할 권리를 가지고 건전한 민주시민으로서의 책무를 다하기 위해서는 결국 국가가 평등한 기회와 성장 환경을 마련해야만 한다.[45,46] 이러한 맥락에서 장기적으로는 30%대 수준의 최소 산술적 대표성을 목표로 국가가 청년비례대표 할당을 책임지는 게 바람직하다.

중단기적으로는 여러 수준에서 현재 바닥 수준인 청년대표성을 확보하기 위한 구체적인 정책 목표를 수립하고 약속하여 이행하여야 한다. 정책목표를 세우는 공론화 과정 자체에 청년의 대표성이 엄정하게 반영돼야 함은 물론이다. 중장기목표를 세우는 데에는 IPU 조사 136개국의 평균치를 참고할 수 있다. 136개국 평균은 30세 이하(2.6%), 40세 이하(17.5%), 45세 이하(30.2%)였다.

(p 296).

44 이정진. (2021). [청년 정치참여 현황과 개선과제]. 국회입법조사처 이슈와 논점, (1803), (p 2-3).

45 청년기본법 [시행 2020. 8. 5.] [법률 제16956호, 2020. 2. 4., 제정].

46 윤혜영. (2020). [여성과 청년의 과소 정치대표성에 대한 연구], 국내박사학위논문 충북대학교. (p 139-140).

청년후보 입법 할당제의 효과가 제대로 발휘되기 위해서는 청년정치가 일상이 되고 당연하게 받아들여지는 사회적 분위기가 필요하다. 이러한 사회의 형성은 청년이 정책의 일방적 수혜자가 아닌 민주적 참여자가 되어 국가의 구성원으로서 책임을 완수하기 위해 자신의 역량을 개발하고 더 나은 사회를 만들기 위한 조건이 된다.[47]

또한 청년정치인의 육성과 민주시민의 양성을 위해 국가와 정당의 일상적인 정치교육이 우선되어야 한다.[48,49] 청년 할당제를 통한 후보자 자리를 늘려가더라도 적극적인 예비 청년정치인이 나타나지 않는다면 의미가 없다. 더불어 청년을 비롯한 사회 구성원들은 정치교육을 통해 정치가 자신에게 미치는 영향을 인지하고 자신의 판단으로 실제적인 참여와 행동을 할 수 있어야 한다.[50,51]

따라서 청년 할당제가 청년 대표성을 확보하기 위한 일시적 방안을 넘어 국가와 민주주의의 더 나은 발전으로 이어지기 위해서는 정치 인재 양성을 위한 교육과정 지원과 제도적 지원이 이루어져야 한다.[52] 지

---

47 전경숙. (2021). 「『청년기본법』 제정의 의의와 청년정책의 방향성 고찰」. 입법과 정책, 13(1), (p 140).

48 박희정. (2019). [지방의회 내 청년세대 과소대표 실태와 개선방안 연구 - 더불어민주당을 중심으로-]. 국내석사학위논문 성공회대학교 NGO대학원. (p 2).

49 장선화. (2014). [스웨덴의 시민정치교육과 정당의 역할, 유럽연구]. 32(1), (p 273).

50 윤혜영. (2020). [여성과 청년의 과소 정치대표성에 대한 연구]. 국내박사학위논문 충북대학교. (p 139-140).

51 최슬기. (2021). [보이텔스바흐합의에 기초한 통일교육 발전방안 연구]. 국내석사학위논문 국민대학교 일반대학원. (p 26-28).

52 윤혜영. (2020). [여성과 청년의 과소 정치대표성에 대한 연구], 국내박사학위논문 충북대학교. (p 139-140).

금까지 한국의 정치교육은 교육의 정치적 중립을 명목으로 현실의 갈등을 외면하고 정치의 중요성을 배제하였다.[53] 하지만 정치교육은 결국 민주주의의 실현을 목적으로 하는 만큼 정치적 대립 속에서 주체적이고 자주적인 판단을 할 수 있는 민주시민을 양성한다는 점에서 필요하다.[54]

정치적 대립 속에서도 정치교육에 관한 좌우의 합의를 이룬 독일의 '보이텔스바흐합의'와 같은 모범사례를 참고하는 등 우리나라도 취약한 민주주의 정치교육을 앞으로 강화해야 한다. 이 과제를 이루어 일상적인 정치교육이 진행된다면 현재의 정치에 대한 부정적 인식을 타파하고 시민들의 적극적인 참여를 유도할 수 있을 것이고 이는 결국 청년의 적극적인 정치 활동에 힘을 실어줄 것이다.[55, 56]

---

53 박희정. (2019). [지방의회 내 청년세대 과소대표 실태와 개선방안 연구]. 더불어민주당을 중심으로-, 국내석사학위논문 성공회대학교 NGO대학원. (p 77).

54 최슬기. (2021). [보이텔스바흐합의에 기초한 통일교육 발전방안 연구]. 국내석사학위논문 국민대학교 일반대학원. 22.

55 장선화. (2014). [스웨덴의 시민정치교육과 정당의 역할]. 유럽연구, 32(1), (p 273).

56 최슬기. (2021). [보이텔스바흐합의에 기초한 통일교육 발전방안 연구]. 국내석사학위논문 국민대학교 일반대학원, (p 9).

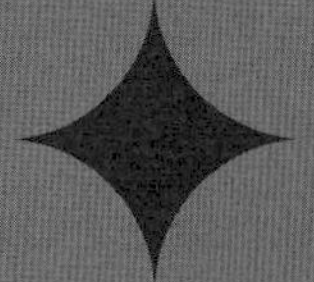
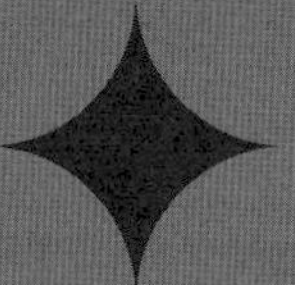

17장

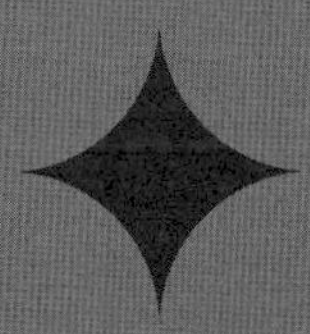

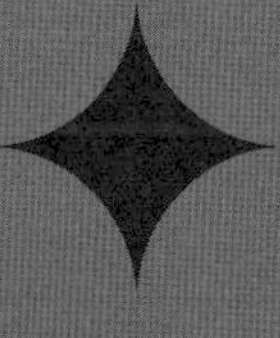

현재의 GDP는 틀렸다.
사회적 가치까지 측정하는
대안 GDP 도입해야

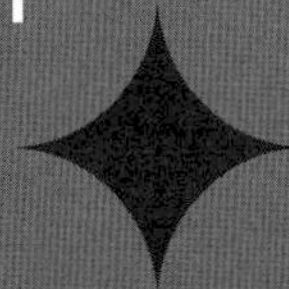

국민 후생의 대표적 측정 도구로 사용된 GDP(Gross Domestic Product, 국내총생산)가 도전에 직면해 있다.[1] 우선 GDP가 시장에서 측정되는 생산 활동에만 초점을 맞추었기 때문에 생산 활동이 긍정적인지 부정적인지를 구분하지 못한다는 비판이 있다.[2] 예를 들어 범죄와 관련된 활동은 아동의 건강과 보육을 위한 활동과 구분 없이 GDP에 포함되고 있다.

두 번째로 GDP는 청소, 요리, 육아와 같은 가사노동과 자원봉사와 같은 다양한 사회적 가치를 포함하는 생산 활동을 전혀 고려하지 못한다.[3] GDP는 화폐로 환산 가능한 경제적 가치만을 측정 대상으로 삼기 때문에 비임금 노동 등 가시적이지 않은 사회적 산출물을 관심 밖에 둔다는 지적을 받는다.

세 번째로 GDP는 불평등을 인식하지 않는다.[4] 소득이 오르더라도 국민 전체의 삶의 질이 반드시 상승하는 것은 아니다. 소득이 소수에게 집중된다면 국민 전체의 삶의 질은 GDP로 측정되지 않을 수 있다. 이 외에도 GDP는 환경과 지속가능성에 관해 고려가 미흡하다.[5] 행복이나 삶의 만족과 같은 한 사회의 질적 수준을 측정하는 데 한계가 있다는 등의

---

1 다니앤 코일, 김홍식 옮김. (2014). 『번영과 몰락의 성적표 GDP 사용 설명서』. 부키(주), (p 11).

2 이승준, 김지원 등. (2021) [대안GDP 어떻게 만들 것인가?: 도시·국가·국제기구의 사례 분석]. LAB2050 연구보고서, (p 4).

3 Kennedy, R. F. (67.3.15.) "The Image of America and the Youth of the World. As Broadcast over the CBS Television Network and the CBS Radio Network", CBS Radio Network.

4 Daly, H. E. 1996. 『Beyond Economic Growth: The Economics of Sustainable Development』. Beacon Press, Boston.

5 김경아, 문태훈. (2019). [참발전지수(GPI)의 개발 및 적용에 관한 연구]. 한국지역개발학회 학술대회. (p 499).

비판을 받는다.[6] 그런데도 GDP는 여전히 한국과 세계 각국에서 국가 발전의 수준을 판단하는 대표적 지표로 사용되고 있다.

GDP 증가는 단순히 경제활동의 증가를 나타낸 것일 뿐, 지속가능한 발전을 의미하지 않는다. 이에 따라 경제성장만이 아니라 국민이 얼마나 행복한지, 잘 살고 있는지를 측정하고 국민 개개인의 행복을 위해 노력하는 대안적 시도가 나타나고 있다. 부탄은 1974년 GDP가 아닌 국민총행복(GNH: Gross National Happiness)이 국가정책의 가장 중요한 목표라는 점을 헌법에 명시했다.

영국에서는 2010년 11월 캐머런 총리가 GDP는 국가의 성장을 측정하기에는 완전하지 않기 때문에 GWB(Genenral Well-Being)라는 기준을 설정

[그림 17-1] well being과 관련된 워드 클라우드

6 남주하, 김상봉. (2010). [한국의 경제행복지수 측정에 관한 연구]. 국제경제연구. 18(20). (p 2).

할 필요가 있음을 강조하면서 행복지수를 통해 영국인의 삶에서 무엇이 우선순위인가를 평가해서 장기적으로 정책에 반영하겠다고 천명했다.[7]

우리나라도 국가의 정책적 관심이 경제성장에서 삶의 질로 옮겨가야 한다는 문제의식을 바탕으로 다양한 대안 GDP를 만들어왔다. 통계청(통계개발원)은 2011~2014년 〈국민 삶의 질 지표〉를 개발했고 2017년에 첫 보고서를 발표했다.[8]

사회적 가치를 계량화하는 것은 왜 중요할까

행복지표는 경제적 GDP를 넘어 삶의 질을 측정해 사람을 위한 성장과 발전을 고려할 수 있다는 점에서 의미가 있다. 하지만 행복지표는 화폐로 계량되지 않는다는 점에서 도전을 받는다. GDP는 각 지표의 값을 산출해서 어떤 부분이 더 나아졌는지를 확인할 수 있다. 즉 계산이 용이하고 쉽게 화폐가치로 산출할 수 있다. 행복지표는 화폐가치로 계량하지 않았기 때문에 GDP와 직접적인 비교가 어렵다. 양적 성장과 질적 발전의 격차를 확인하고 표현하기 힘들다는 뜻이다.

행복지표의 문제의식에서 한 걸음 더 나가 만약 화폐화 방식의 사회적 가치 측정 체계를 도입한다면 사회정책의 타당성 및 실제 성과를 평가할 때 비용편익분석이 용이하여 활용도가 매우 높아질 것으로 기대된

---

7 변미리, 민보경, 박민진. (2017). [서울형 행복지표 구축과 제도화 방안]. 서울연구원 정책과제 연구보고서. (p 6).

8 통계청 통계개발원. (2020). [국민 삶의 질 2019] 보고서. 통계청.

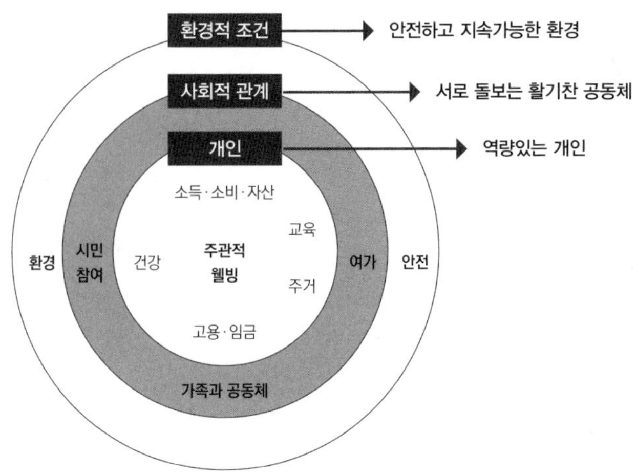

[그림 17-2] 국민 삶의 질 지표 영역

다.[9] 정량화한 성과값은 각 부처 및 지자체 등에서 운영하는 다양한 지원정책에 적합하게 조정하여 활용할 수 있다. 통일성 있는 이러한 측정 체계의 도입은 측정과 평가에 소요되는 비용을 절감하는 긍정적인 효과를 낳는다.

더불어 화폐화 방식의 사회적 가치 측정 체계를 도입하면 정책성과에 대해 범부처의 통합 측정이 가능하여 정부정책 및 사업 수행의 정당성을 확보할 수 있게 된다.[10] 공공 부문에서 사회적 책임과 사회적 가치

9 라준영, 김수진, 박성훈. (2018). [사회성과인센티브(SPC)와 사회적 기업의 사회적 가치 측정: 사회성과의 화폐가치 환산]. 사회적기업연구. 11(2), (p 138).

10 정현천. (2017). [화폐화 방식의 사회적 가치 측정 체계 도입]. 한국사회학회 심포지움 논문집. (p 205).

의 이행 결과를 검증하고 투입된 경제적 가치인 세금에 대한 산출 가치인 사회적 가치를 비교·계량화할 수 있기 때문이다. 공공기관은 세금의 투입 및 예산집행과 관련해 타당성을 얻을 수 있다.

[그림 17-3] 사회적 가치의 계량화

공공부문뿐 아니라 기업 부문에서도 화폐화 방식의 사회적 가치 측정은 많은 도움을 준다. 만약 사회성과를 시장과 경제활동의 언어인 화폐가치로 측정하게 된다면 제품과 서비스의 가격에 사회적 가치를 반영할 수 있게 된다. 이때 단위를 통일하기 때문에 다양한 자원 투입과 산출에 대한 비교 가능성이 높아지며 측정 방법의 반복 적용이 가능하기에 신뢰성을 확보할 수 있다. 또한 관리적 차원에서 향상된 사회적 가치에 관한 정량적 근거를 만들 수 있고 이러한 성과와 비용을 기반으로 자원을 효율적으로 배분할 수 있게 된다.

사회적 가치의 계량화는 조직 내부의 관리뿐 아니라 조직 외부로부터 자원을 끌어오는 것 역시 쉽게 만든다. 사회적 가치의 추구가 명목상 경제적 가치의 일부를 훼손하는 상충관계에 있다 할지라도 영업이익과 사회적 성과를 합산하여 총 가치를 제대로 관찰할 수 있도록 만들기 때문이다.[11] 지금까지는 경제적 가치의 손해를 감수하면서 사회적 가치를 창

11 정명은. (2019). [사회적 가치 측정: 합의, 자가측정, 화폐화]. 한국행정연구, 28(3), (p 78).

출할 때 동기부여가 되기 힘든 측면이 있었다.[12]

기업 경영의 사회적 가치 측정 방법론: SROI

기업의 사회적 책임(CSR)이 중요해지면서 기업이 창출한 사회적 가치를 측정하기 위한 여러 가지 방법론이 개발됐다. 그중 사회적 투자수익률(SROI)은 사회문제 해결을 위한 공공기관의 개입이나 프로그램, 정책이나 조직에 의해 창출되는 사회·경제·환경적 가치를 이해하고 측정·보고하는 데 사용되는 방법론이다.[13] SROI의 특징은 사회적 가치를 화폐가치로 책정하려고 시도한다는 것이다. 경제적 가치와 더불어 사회적 가치를 동시에 상승시키는 전략을 모색하기 위함이다.

따라서 환경과 사회 등 서로 다른 측정지표 간에 비교할 수 있을 뿐 아니라, 측정 주체가 달라도 비교할 수 있어 직관적인 의사결정이 가능하다.[14] 난점은 사회문제 해결 효과가 장기간에 걸쳐 나타날 수 있다는 것. 사업에 있어 단기 결과물로만 사회적 가치를 측정하게 되면 그 가치가 과소평가될 가능성을 배제하지 못한다.[15]

---

12 최태원. (2014). [새로운 모색, 사회적 기업]. 이야기가 있는 집.

13 이용탁. (2021). [사회적 프랜차이징의 사회적 가치측정: SROI의 적용]. 사회적기업연구.14(1). (p 123-124).

14 정아름, 허승준, 송기광, 김보영. (2020). 사회적 가치 측정방법의 특징 분석 및 최신 동향]. Korea Business Review. 24(3) (p 151).

15 조일형, 윤영진, 이미영. (2020). [공공서비스 연구개발 성과의 사회적 가치 추정: 사회문제해결형 국가연구개발사업의 사회적투자수익률(SROI)]. 서비스경영학회지.21(2). (p 259).

국제사회에서의 사회적 가치 측정 방법론: GPI

GDP의 한계를 극복하기 위해 국제사회 역시 GDP의 여러 대안 지표를 개발해왔다. 그 중 참진보지수(GPI, Genuine Progress Indicator)는 GDP로 측정되지 않는 환경적, 사회적 요소를 통합하여 국가의 경제 규모와 관련된 후생을 고려하는 지표다.[16] GPI는 경제 후생의 더 정확한 측정치를 제공하기 위해 자연 자본과 사회적 자본을 감소시키는 경제활동과 사회적 자본을 증가시키는 경제활동을 구분하여 파악한다. 지속 가능한 경제 후생 측정의 시도다.[17]

GPI는 SROI의 측정방식과 마찬가지로 사회적 가치에 대해 '화폐가치 전환 방식'을 활용한다. 그러나 단일지수 및 영역별 대시보드 형식으로 제공되는 GPI 산출 방식은 SROI와 달리 '개인의 소비'를 바탕으로 계산된다. 경제, 환경, 사회 부문의 세부지표들을 '화폐단위'로 환산하여 더하거나 빼는 방식을 사용한다. 이때 더하는 값은 '가치'이고, 차감하는 값은 '비용'을 의미한다.[18]

구체적으로 GPI는 비(非)시장 이익을 고려하는데, 여가와 육아와 같은 사회적으로 생산적인 시간과 관련한다. 소득 불평등, 가계 자본과 공

---

16 김경아, 문태훈. (2019). [참발전지수(GPI)의 개발 및 적용에 관한 연구]. 한국지역개발학회 학술대회. (p 503).

17 Hanley, N., Moffatt, I., Fainchney, R.,& Wilson, M. (1999). [Measuring sustainability: a time series of alternative indicators for Scotland]. Ecological Economics, vol.28, (p 55-73).

18 이승준, 김지원 등. (2021). [대안GDP 어떻게 만들 것인가?: 도시·국가·국제기구의 사례 분석]. LAB2050 연구보고서. (p 26).

공서비스 역시 지표에 반영한다. 그런 다음, 공해 관련 비용과 같이 경제발전의 부작용을 포함하는 비용이나 교통사고 비용과 같은 순수하게 방어적인 지출을 경감한다. 이 단계에서 기존 및 미래 세대에 의해 발생한 자연 자본의 감소 및 고갈과 관련된 비용에 대한 공제가 이루어진다. 소득 불평등 및 범죄 비용, 환경 악화 및 여가 손실, 자원봉사와 가사노동과 관련한 추가비용 역시 적용된다. 특히 소득의 불평등한 분배를 고려하고, 지속가능한 소비와 지속가능하지 않은 형태의 소비를 구분함으로써 GDP 결함의 시정을 시도한다.[19]

17개 국가의 1인당 GDP와 1인당 GPI를 비교한 결과 1950년대 이후

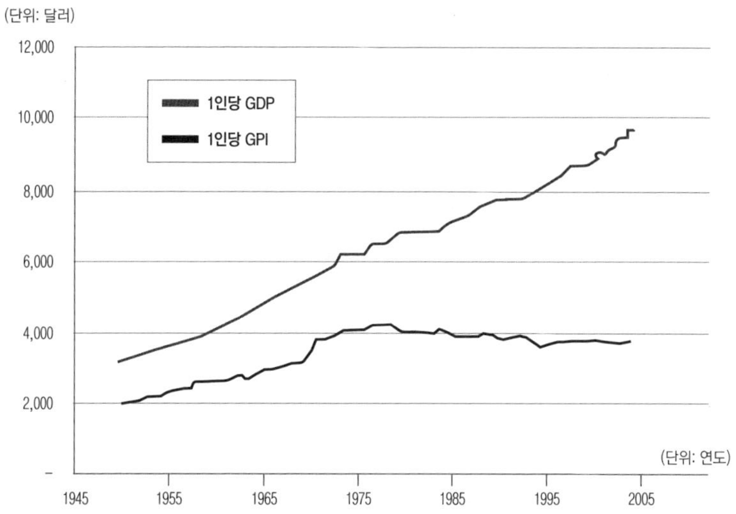

[그림 17-4] 세계 1인당 GDP와 세계 1인당 GPI

19 Talberth, J.,& Weisdorf, M. (2017). [Genuine Progress Indicator 2.0: Pilot Accounts for the US, Maryland, and City of Baltimore 2012-2014]. Ecological Economics, vol.142, (pp.1-11).

전 세계 1인당 GDP와 1인당 GPI는 지속해서 성장하고 있으나, 1970년대 이후로 1인당 GPI는 제자리 걸음을 하다가 이후에 감소한다.[20] 양적 경제성장이 사회 전체의 후생을 증가시키지 않는다는 것을 보여준다.

우리나라에서도 1인당 GDP와 1인당 GPI의 격차는 점점 벌어지고 있었다. 한 연구에 따르면 GPI와 GDP의 변화 추이를 파악했을 때 2006년 이후 GDP는 지속해서 증가했지만, 이와 달리 GPI는 정체돼 소폭 증가하는 데 그쳤다. 1인당 GDP와 1인당 GPI를 비교했을 때는, 1인당 GDP가 1970년 2,032,086원에서 2017년 33,232,357원으로 나타나 연평균 6.13% 증가했다. 반면 1인당 GPI는 2,595,645원에서 16,939,547원으로 계산돼 연평균 4.07% 증가하는 데 머물렀다. 1970년대 이후 양적으로 경제는 성장했지만, 사회문제 및 환경문제는 고려하지 않아 GDP와 GPI의 격차가 시간이 갈수록 벌어진 것으로 판단된다.[21]

GPI는 GDP와 직접 비교가 가능하고 정규화나 표준화 방식을 따르는 다른 지표들에 비해 상대적으로 간단하기 때문에 국가 정책에 활용될 가능성이 크다. 무엇보다 GPI와 같은 사회적 가치 측정 방법론을 통해 경제적 활동의 편익보다 사회적 비용이 더 비싸다는 것을 계산할 수 있다면 해당 경제 활동을 멈추거나 개선하는 행동을 유도할 수 있다.[22]

---

20 Costanza and Others. (2014). [Development: Time to leave GDP behind], Nature.

21 김경아, 문태훈. (2019). [참발전지수(GPI)의 개발 및 적용에 관한 연구]. 한국지역개발학회 학술대회, (p. 507).

22 김경아, 문태훈. (2019). [참발전지수(GPI)의 개발 및 적용에 관한 연구]. 한국지역개발학회 학술대회 (p. 503).

국가적 지표 도입의 선행 과제

화폐단위로 사회적 가치를 계산하는 방법론은 마련돼 있지만, GDP 만큼이나 널리 활용되지는 않는다. 상명대학교 경영학과 조일형 교수는 "사회적 가치를 화폐 액으로 변환할 때 사람마다 추정치가 달라서 명확한 답을 내릴 수 없다"며 "다양한 이해관계자가 모여서 합리적인 사회적 가치 측정 체계를 의논하고, 그것을 제도화하고 문화 관습화해야 한다"고 말했다.[23] 안치용 ESG연구소장은 "사회적 가치의 측정 방법론을 개발하는 것은 경제학의 문제가 아니라 사회학의 문제"라며 "어떤 가치를 사회적 가치로 보고, 그것에 얼마만큼의 가치를 부여할지는 결국 공동체가 합의할 사항"이라고 지적했다.

국내에서 사회적 가치에 관한 입법 시도가 이어지고 있으나 발의안에서 사회적 가치 측정방식과 지표의 가이드라인을 제시하지는 않았다. 2014년 문재인 당시 새정치민주연합 의원이 처음 발의한 〔사회적 가치법〕은 2020년 제21대 국회가 시작된 후 박광온 더불어민주당 의원이 다시 발의해 입법됐다.

이 법은 사회적 가치를 "사회·경제·환경·문화 등 모든 영역에서 공공의 이익과 공동체의 발전에 기여할 수 있는 가치"로 정의했고, 세부적으로 13개로 구분했다. 발의안에 따르면 사회적 가치 실현 성과는 매년 평가해야 하지만 방식에 관해서는 대통령령으로 정한다고 명시돼 있을

---

23 상명대학교 조일형 교수. (21.10.24). 전화 인터뷰.

뿐 어떤 지표를 이용해 평가할지 밝히지 않았다.[24]

모든 경제주체의 사회적 가치를 측정하기 위한 지표는 기업, 국민, 정부, 학계 등 모든 당사자가 참여해서 사회적 가치의 정의와 측정 방법을 지속해서 논의해야 한다. 모든 당사자가 참여하는 협의체를 구성하여 숙의의 긴 논의를 거친 다음 사회적 가치를 측정할 수 있는 제도화 단위의 기구를 만들어 지표와 방법론을 확정하는 과정이 필수적이다.

더 나아가 한국형 사회적 가치 측정지표를 개발한다면 앞으로 사회적 가치 측정의 국제적 표준을 만들 때 하나의 준거틀이 될 수 있다. 전 세계적으로 사회적 가치를 측정하는 다양한 방법이 사용되고 있으나 현재 절대적인 글로벌 측정기준은 없는 상황이다. 2010년대 들어서면서 국제사회에서는 사회적 가치 측정 방법에 관한 글로벌 표준화 논의가 꾸준히 있었다. 하지만 특정 사회적 가치 측정 방법을 표준으로 활용하기에는 한계가 있어 글로벌 합의를 통해 표준화한 기준을 제정하는 방식을 추진하고 있다.[25]

조일형 교수는 "국내에서 체계화한 측정방식을 만들었을 때 그 방식이 합리적이라면 향후 국제적으로 이런 흐름이 왔을 때 선도국가로서 국제표준을 제시할 수 있다"며 "우리나라가 선진국을 향해 나아갈 수 있는 발판이 될 수 있다"고 말했다.[26]

---

24 [공공기관의 사회적 가치 실현에 관한 기본법안]. 박광온의원 등 16인. 제2100001호(20.6.1.). 제378회 국회(임시회).

25 정아름, 허승준, 송기광, 김보영. (2020). [사회적 가치 측정방법의 특징 분석 및 최신 동향]. Korea Business Review. 24(3) (p 160).

26 상명대학교 조일형 교수. (21.10.24). 전화 인터뷰.

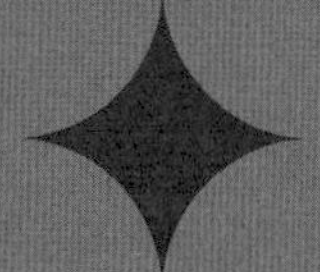
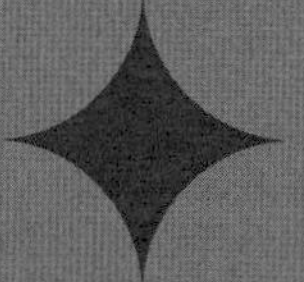

18장

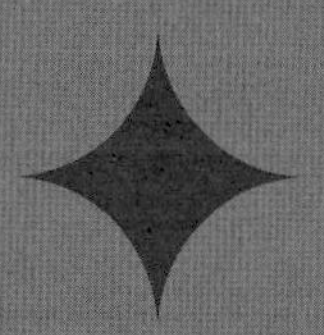

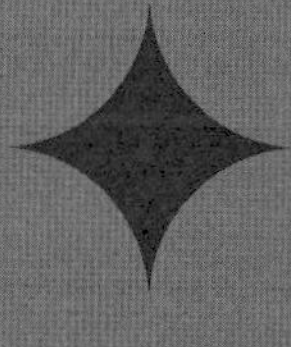

모든 조직의 ESG보고를 의무화하라

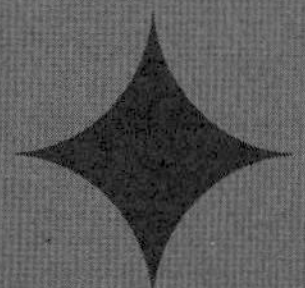
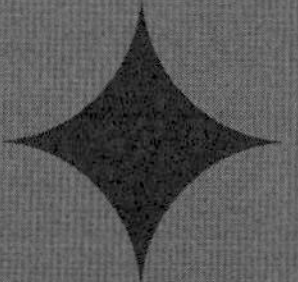

ESG의 열풍이 더욱 뜨거워지고 있다. 정기적인 ESG보고서 발간과 ESG 정보 공시는 국제적인 화두다. 이러한 배경에서 유럽연합(EU)은 지난 2006년 〔EU 회계지침(EU Accounting Directive)〕에 기업의 비재무 정보를 사업보고서 안에 공시하도록 했고 나아가 2014년 EU 집행위원회는 일부 대기업에 국한하여 비재무적 정보를 정기적으로 공시하는 기존 지침의 한계점을 보완하고 기업 전체의 사회·환경 문제를 개선하기 위해 ESG 정보 공개 의무화를 담은 〔EU 회계지침〕 개정안인 〔비재무보고지침(NFRD, Non-Financial Reporting Directive, 이하 NFRD)〕을 발표하였다.[1]

EU가 2018년에 지속금융액션플랜(Sustainable Finance Action Plan)의 하나로 '지속가능금융 공시 규제(SFDR, Sustainable Finance Disclosure Regulation)'를 제시했고, 2021년 3월 10일 유럽의 금융기관을 대상으로 1단계를 처음 시행했다. SFDR은 기후변화와 지속가능성에 대한 투자자의 인식·수요 제고와 함께 금융기관에 책임을 부여하여 그린워싱 행위를 방지하고 책임 있고 지속가능한 투자를 촉진하는 것이 목적이다. 1단계 시행 후 참조기간(Reference Period)을 거쳐 2023년 1월 1일부터 2단계 조치인 기술적 세부규칙(RTS, Regulatory Technical Standards)을 적용할 예정이다. SFDR은 투자대상 기업, 국가, 부동산 투자에 대한 18개 의무공시 사항을 포함하고 있으며, 이중 투자대상 기업의 ESG 정보 의무공시 항목이 14개로 대부분을 차지하고 투자대상 국가와 부동산 투자와 관련된 항목은 4개에 해당한다.[2] EU의 SFDR 실시로 글로벌 금융권의 ESG 제도화가 첫

1 김선민. (2013). [유럽연합(EU)의 비재무적 정보 공시 현황 및 시사점]. 한국기업지배구조원, CG 리뷰, 70, (p 72-77).

2 심수연. (22.6.13.). [EU지속가능금융공시규제(SFDR) 시행 및 관련 펀드현황]. 자본시장연구

걸음을 디디면서 ESG 정보 공개는 세계적인 대세로 자리 잡고 있다.

미온적이던 미국도 최근 금융기관의 ESG 점검 강화 방침을 밝혔다.[3] 2021년 3월 기후 공시 및 ESG투자 관련 위법 행위를 점검하는 태스크포스를 미국 〔증권거래위원회(SEC)〕가 발족했고 같은 해 5월에는 조 바이든 미국 대통령이 〔기후 관련 금융 위험에 관한 행정 명령(Executive Order on Climate-Related Financial Risk)〕을 발표했다. 이러한 개별적 조치뿐 아니라 연이어 6월에 〔기업 지배구조 개선 및 투자자 보호에 관한 법률(Corporate Governance Improvement and Investor Protection Act)〕이 하원을 통과하면서 미국의 ESG 공시 법제화의 기반이 마련되고 있다.[4]

작금의 상황에서 ESG 정보가 충분히 제공되지 않는다는 것은 앞으로의 사회 변화에서 기후변화를 비롯한 사회의 다양한 위험에 대한 정보의 부족을 의미하며 이에 따라 투자자와 기업이 자산의 적정 가치를 제대로 평가할 수 없어 비효율적인 자본의 배분을 초래하게 된다. 따라서 장기적인 관점에서 효율적인 자본 배분을 이루기 위해서는 기업이 ESG와 관련한 위험과 기회를 어떻게 관리하고 있는지에 관한 ESG 정보를 공개하는 ESG보고서가 매우 중요하며 필수적이다.[5]

원. 2022(12).

3 이상원, 박지은. (2021). [EU, 금융권 ESG 제도화의 본격 시행]. 국제금융센터.

4 문성후. (21.11.24.). "해외 ESG 정보 공시 전쟁은 시작됐다". 매거진 한경.

5 한국거래소. (2021). [ESG 정보 공개 가이던스]. 1-3.

기업의 ESG 사회보고의 필요성

다양한 조직 중에서도 자본주의 핵심인 기업의 ESG보고가 중요한 이유는, 첫째로 기업의 고객인 소비자가 변화했기 때문이다. '착한 소비'는 제품의 디자인이나 품질을 넘어서 그 제품에 담긴 가치관과 신념, 사회나 환경에 미치는 책임을 다하고 있는 지까지를 고려한 소비를 의미한다.[6]

사회 리스크를 줄이고 국가경쟁력을 높일 수 있다는 점에서 ESG보고는 매력적이다.

국내외 많은 연구에서 ESG 성과가 좋은 기업이 재무성과도 우수한 것으로 나타나고 있다. [뱅크오브아메리카]의 〈ESG from A to Z〉 보고서(2019년)는 MSCI의 ESG 점수 상위 20% 기업이 하위 20%보다 주가 프리미엄 격차가 최근 들어 더욱 증가하고 있음을 보여주면서[7] 기업이 ESG보고를 통해 ESG 요소를 전략적으로 관리할 필요가 있음을 지적했다.

마지막으로 기업은 이윤을 추구하는 경제 주체로서 해야 할 역할뿐 아니라, 사회발전을 위해 공생·공존의 역할과 책임을 모든 경영 활동과 일상에서 실천하는 '기업시민(Corporate Citizenship)'이므로 ESG보고는 기

---

6 삼정KPMG 경제연구원. (2021). [ESG의 부상, 기업은 무엇을 준비해야 하는가?]. Samjong INSIGHT 74(2021), (p 21).

7 삼정KPMG 경제연구원. (2021). [ESG의 부상, 기업은 무엇을 준비해야 하는가?]. Samjong INSIGHT 74(2021), (p 6).

업시민의 중요한 의무가 된다.[8]

결론적으로 투자자를 보호하고 사회 리스크를 줄이며 국가경쟁력을 높이는 효과와 더불어 기업이 사회구성원으로 행동하는 기업시민의 의무를 다하기 위해서 기업의 ESG보고가 의무화하여야 한다.

국내 기업과 다른 조직의 ESG 보고 현황

환경·사회·거버넌스의 ESG 중 기업의 환경 보고는 어떻게 이뤄지고 있을까. 2021년 4월에 〔환경기술 및 환경산업 지원법〕 개정안이 통과되었고 같은 해 10월 시행에 들어갔다. 환경부는 〔환경기술산업법〕 제10조의 4에 따라 '지속가능한 녹색 경제 활동' 여부를 판단하는 녹색 분류체계와 기업의 환경적 성과를 평가하기 위한 표준 평가체계를 구축하기로 하였다.[9] 또 ESG 중 환경성과 평가와 관련하여 민간 평가기관의 평가지표 및 평가방법론 분석을 토대로 표준 평가 가이드라인을 마련하고 추진할 계획이다.[10]

개정된 〔환경기술산업법〕 제16조의 8에 따르면 2022년부터 환경정보 공개 대상은 온실가스 배출권 할당 대상 업체 등 환경 영향이 큰 기업이

8 손예령. (2020). [문화를 통한 지속가능한 기업시민 실천을 위한 연구]. 예술경영연구, 56(1), (p 121-122).

9 환경기술 및 환경산업 지원법 제10조의 4.

10 환경부보도자료. (21.4.8.). "환경책임투자로 탄소중립 앞당긴다".

나 단체에서, 자산 총액이 일정 규모 이상인 기업까지로 확대되었다.[11] 공개항목은 용수, 에너지 사용량, 화학물질, 폐기물 발생량 등 총 19~27개다.[12]

거버넌스와 관련해서는 2017년에 기업지배구조 공시제도가 국내에 처음으로 도입되었다. 10개 항목(주주의 권리, 주주의 공평한 대우, 이사회 기능, 이사회 구성 및 이사 선임, 사외이사, 이사회 운영, 이사회 내 위원회, 사외이사 평가 및 보상, 내부감사기구, 외부감사인)의 준수 여부를 '원칙준수 예외설명(CoE, Comply or Explain)' 방식으로 밝히도록 했다.

금융위원회와 금융감독원은 2021년 1월 14일에 〔기업공시제도 종합개선방안〕을 발표하여, 2030년부터 모든 유가증권시장 상장사가 ESG 정보를 공시하도록 하였다. 거래소 자율공시를 우선 활성화하고, 유가증권시장 상장사를 대상으로 ESG 공시를 단계적으로 의무화하는 방안을 추진하기로 했다.[13] 또한 한국 스튜어드십 코드인 〔기관투자자의 수탁자 책임에 관한 원칙〕을 개정하여 ESG 관련 수탁자 책임을 강화하는 것을 검토하고, 의결권자문사의 전문성과 공정성을 확보하기 위해 관리와 감독을 단계적으로 강화할 계획이다.

---

11 환경기술 및 환경산업 지원법 제16조의 8.

12 환경부보도자료. (21.4.8.). "환경책임투자로 탄소중립 앞당긴다".

13 대한민국 정책브리핑 자료. (21.2.3.). 코스닥 상장사에 대한 ESG공시 의무화는 현재 결정된 바 없어", 금융위원회.

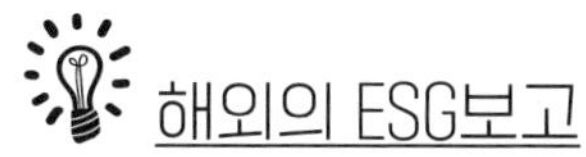

해외의 ESG보고

대부분 국가에서 ESG 공시제도 의무화의 대상을 대규모 기업을 중심으로 하는 것을 발견할 수 있다. EU는 전술한 대로 2014년에 고용인 500명 이상인 상장법인, 은행, 보험회사 등의 단체에 비재무 정보, 즉 ESG 정보의 보고를 의무화하였고,[14] 2021년에 모든 대기업과 상장법인으로 대상을 확대하였다.[15] 상장기업 중 노동자 10인 미만 또는 연매출액 70만 유로 이하를 제외한 모든 기업이 대상이 되면서 의무공시 기업이 기존 1만1700개에서 4만9000개로 늘어났다.

특히 비(非)EU 법인의 EU 자회사 및 EU에 상장된 비EU 법인도 보고 의무를 지게 됐다. 비재무 정보의 보고는 사업보고서를 활용해도 좋고, 지속가능보고서 같은 별도 보고형식을 취해도 된다. 공시가 불가능한 기업은 CoE[16] 원칙에 따라 그 이유를 제시해야 한다.[17]

영국에서는 ESG 정보의 공시제도를 회사법을 중심으로 추진하여, 대규모 기업을 대상으로 ESG 정보 공개를 의무화하였고, 비상장기업은 ESG 정보를 웹사이트에 공개하도록 하였다. 평균 고용인이 250인을 초과하는 상장기업은 대표이사와 종업원의 보수 격차 비율도 기재해야 한

---

14 DIRECTIVE 2014/95/EU OF THE EUROPEAN PARLIAMENT AND OF THE COUNCIL of 22 October 2014.

15 DIRECTIVE OF THE EUROPEAN PARLIAMENT AND OF THE COUNCIL of 4 April 2021.

16 김선민. (2013). [유럽연합(EU)의 비재무적 정보 공시 현황 및 시사점]. 한국기업지배구조원, (p 78).

17 강노경, 한승권. (2021). [EU의 ESG 관련 입법 동향과 시사점]. 한국무역협회 브뤼셀지부, (p 4).

다. 임의적인 공시제도로는 런던거래소의 ESG보고 가이드가 있다.

미국의 ESG 정보 공시제도는 〔규정 S-K(Regulation S-K)〕와 〔도드-프랭크 법(Dodd-Frank Wall Street Reform and Consumer Protection Act)〕에 부분적으로 규정되어 있으며, 미국 증권거래위원회(SEC) 등록 기업을 대상으로 비재무 정보 공시를 의무화하고 있다.[18] 미국은 사실상 모든 상장기업에 대해 ESG정보 공시를 의무화한 셈이다.

대부분 국가에서 기업의 시가총액 등을 기준으로 규모가 큰 기업에 ESG 공시 의무화를 진행하고 있고, 비상장기업이나 소규모의 기업에는 보고방식에 변화를 주거나 공시 자율화를 적용한 것을 알 수 있다. 한국에서도 지금까지는 이처럼 부분적인 ESG 공시 의무화를 추진하고 있는데, 다른 나라들처럼 비상장기업에도 ESG 공시 의무화를 확대해야 할지, 또는 공시방식에 변화를 줘서 의무화해야 할지 논의가 필요한 시점이다.

일본에서 다양한 비재무정보 보고기준을 혼용해서 사용하고 있는 상황을 고려하여 지배적 국제 보고기준인 GRI에 한정하지 않고 다양한 기준을 검토한 후 통일된 기준과 원칙을 수립할지 관련한 연구도 필요하다. 현재 국내 기업들은 주로 GRI스탠다즈, ISO26000 등 글로벌 지속가능경영 보고 기준의 요구사항 및 유엔 SDGs 세부 목표를 반영하여 ESG 보고를 하고 있고, IFRS(국제회계기준) 재단이 보고기준을 제정하면 도입하려고 하고 있다.

남아프리카공화국 요하네스버그 증권거래소가 모든 상장기업의 ESG

---

18 오성근. (2021). [환경·사회·지배구조(ESG)정보에 관한 공시제도의 개선방안 연구]. 동북아법연구 14(3). (p 105, 111-113).

보고를 재무보고와 통합보고(IR) 방식으로 의무화한 것을 참고하여,[19] 통합보고 방식을 보고 주체에게 선택하게 할 수도 있다. 사업보고서(+재무보고서)와 ESG보고서는 서로 다른 목적과 대상을 가지고 정보를 제공한다. 영업활동과 지속가능성 추구 활동, 재무성과와 비재무 성과 사이의 관계를 파악하기 어려운 상황을 극복하기 위해 통합보고가 하나의 대안이 될 수 있지만, 이윤진 ESG연구소 연구위원은 "두 보고서의 문법이 다른 만큼 억지로 통합보고를 할 이유는 없고, 보고 주체가 각자의 논리에 의거해 자율적으로 선택하게 하는 게 타당하다"라고 일률적 통합보고에 반대했다.[20]

공공기관과 지자체의 ESG보고

스웨덴에서는 모든 공기업이 GRI 스탠다드(standards)를 준용한 지속가능성 보고서(ESG보고서)를 발간하고 있는데 기업에 앞서 공기업이 책임 있는 모범을 보이고자 하는 취지다.[21] 윤리적 문제, 환경, 인권, 양성평등 및 다양성과 같은 지속가능발전과 관련된 문제에 책임을 지기 위해서는 명확한 보고와 후속 조치를 추진할 지속가능성보고가 필요하며

---

19 오덕교. (2017). [ESG 공시 강화에 대한 제언]. 한국기업지배구조원, (p 25).

20 방문옥. (2013). [통합보고(Integrated Reporting) 프레임워크 개발 동향]. CGS Report. (9), (p 8).

21 박윤정. (2013). [해외 지속가능성보고서 발간 및 비재무적 정보 공시규정 현황]. CGS Report, 2013(21), (p 13).

이에 따라 공기업의 ESG보고를 의무화하였다.[22]

우리나라 정부 또한 공공기관의 공공성과 효율성을 제고하고 책임경영을 유도하기 위해 매년 공공기관의 경영실적을 평가하고 있다. 2007년 4월 〔공공기관의 운영에 관한 법률〕이 시행되면서 모든 공공기관은 지정된 경영 지표, 현황을 자사 홈페이지와 공공기관 경영정보 공개시

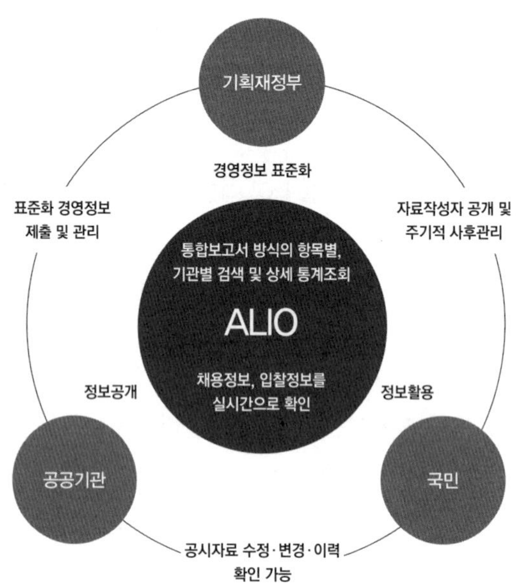

[그림 18-1] 공공기관 경영정보 공개시스템(ALIO)

22 REGERINGSKANSLIET. (2007). [Guidelines for external reporting by state-owned companies]. (p 1).

스템(ALIO)을 통해 정기적으로 공시한다.[23, 24] 또한 2020년 5월에 시행된 〔지속가능발전법〕에 따라 지속가능발전 지표에 따른 국가의 지속가능성 평가 결과를 2년마다 〔지속가능발전위원회〕에서 종합해 지속가능성 보고서를 작성하여 공표하도록 하면서 공공기관과 지자체의 지속가능성보고서 공개를 활성화하고 있다.[25]

그러나 기관마다 서로 다른 ESG 평가 방식을 도입하면서 공공기관과 지자체의 지속가능보고서의 신뢰성 문제가 제기되고 있다. 국내외로 600여 개 이상의 평가지표가 운영되면서 일관된 평가 대응 체계의 수립이 쉽지 않은 것은 ESG 평가의 어려움 중 하나다.

이에 산업 전반의 범용적 가이드라인으로 2021년 12월 1일 산업통상자원부가 〔K-ESG 가이드라인〕을 공개했다.[26] 〔K-ESG 가이드라인〕은 글로벌 기준에 부합하면서도 국내 상황을 고려한 ESG 요소를 제시하였고 공통적이고 핵심적인 항목을 추려 범용적이라는

[그림 18-2] K-ESG 가이드라인

---

23 안상아. (2014). [국내 공공기관의 지속가능경영보고서 발간 현황 분석]. 한국기업지배구조연구원, (p 74-75).

24 기획재정부 보도자료. (2021). [공공기관 공시항목에 ESG(환경, 사회, 지배구조) 대폭 확대]. 기획재정부.

25 법제처. (2020). [지속가능발전법 [법률 제17326호]]. 국가법령정보센터.

26 산업통상자원부. (2021). [K-ESG 가이드라인]. 17.

장점이 있다. 하지만 기존 지표를 나열하고 산업별 차이를 반영하지 못했다는 한계도 존재해 평가기관을 위한 지표보다는 ESG 평가를 위해 어떻게 준비할지에 관한 지침서의 성격이 더 강하다.[27, 28]

결론적으로 공공기관과 지자체는 ESG보고를 위한 통일된 평가 기준을 구축한 후 이에 따라 지속가능보고서를 작성하고 일부가 아닌 모든 지자체가 정기적으로 발간할 수 있도록 해야 한다. 더불어 ESG보고 과정에서 시민의 참여를 독려하여 소통의 장으로 확대할 수 있어야 한다.

여러 유형의 기관에 걸쳐 ESG보고서를 정기 발간하는 기관이 증가할수록 지속가능경영에 대한 자성과 개선의 기회, 이해관계자 간 이해와 소통을 돕는 선순환이 활성화할 수 있다.[29]

---

27 이신형. (21.12.03.). "K-ESG 가이드라인, 기존 ESG 평가지표와 어떻게 다른가". ESG경제.

28 강수인. (21.12.07.). "경실련 "K-ESG 가이드라인, 기존 지표 나열 수준". NSP 통신.

29 안상아. (2014). [국내 공공기관의 지속가능경영보고서 발간 현황 분석]. 한국기업지배구조연구원, (p 90).

19장

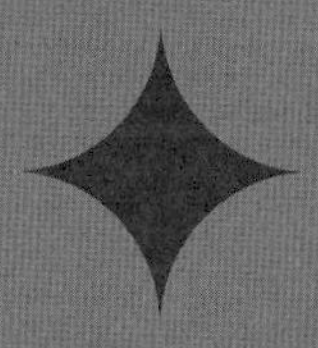

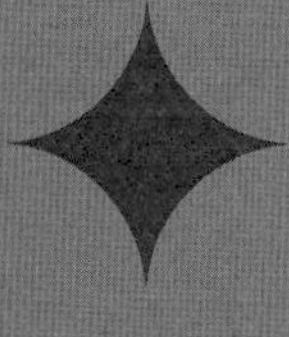

적게 일하는 삶,
주3일 근무제는 불가능할까

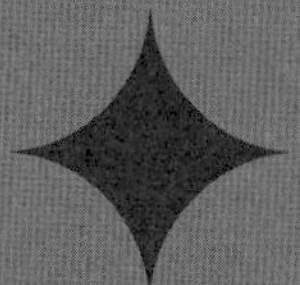
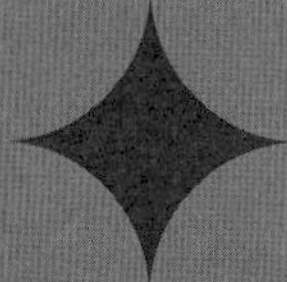

현재 대한민국의 법정근로시간은 주당 최대 52시간이다. 40시간을 기준으로 12시간의 연장근로까지 허용하는 '주 52시간 근로제'는 2018년 7월부터 사업장 규모 등에 따라 단계적으로 적용돼 2021년 7월 전면 시행됐다.[1] 단 택배 배송 기사, 배달 대행 라이더, 학습지 강사 등 '특수형태근로종사자'는 이 법의 적용을 받지 않는다.[2]

1953년 〔근로기준법〕이 처음 제정되었을 때 우리나라의 법정근로시간은 1일 8시간, 주 6일제(주 48시간)였으며, 연장근로까지 포함하면 최대 60시간이었다. 하지만 휴일 특근은 연장근로에 포함되지 않는 것으로 간주했기 때문에, 일요일 8시간을 더해 최대 68시간까지 허용하고 있었다. 또한 몇몇 특수 업종은 노사 간 합의를 거치면 12시간을 초과한 연장 근로가 가능했다.[3] 당시엔 〔근로기준법〕에 노동시간이 정해져 있다는 사실조차 모른 채 일하는 노동자가 많았다. 전태일이 "근로기준법을 준수하라"고 외치며 분신한 시대였다.

[그림 19-1] 전태일 흉상

한참 시간이 흐른 1989년에 법

1 '주52시간 근무제'. 네이버 지식백과 시사상식사전.

2 "[2016.02] 이상한 '자영업자', 특수형태근로종사자". 국가인권위원회 인권 웹진.

3 박희준. (2012). [우리나라의 장시간 근로 현황 및 근로시간 단축 노력에 대한 소고]. 경영논집, 46. (p 225-241).

정 근로시간이 주 44시간으로 단축됐다. 이에 따라 주당 최대 노동시간이 64시간으로 조정됐다. 1997년 외환위기가 발생했고 1998년 2월에는 〔정리해고법〕이 시행됐다. 해고되지 않기 위해 노동자는 휴가를 포기했고, 잔업과 휴일 근무 관행은 오히려 더 굳어졌다.[4]

2000년 김대중 정부가 주 40시간(주 5일제) 도입을 공식화하면서, 삶의 질을 개선해야 한다는 노동자의 목소리와 경영 타격을 우려한 재계의 목소리가 팽팽하게 맞섰다. 갑론을박이 이어지다 2003년에야 주 5일제 추진의 근거가 되는 〔근로기준법 개정안〕이 국회를 통과했다.[5] 법정 노동시간이 주당 40시간으로 변경된 것이다. 그러나 연장근로 12시간과 토·일요일 각 8시간씩의 휴일근로까지 더하면 주당 최대 노동시간은 68시간이 되어, 오히려 4시간이 더 늘어났다. 근무 관행이 주 6일에서 주 5일로 바뀌면서 토요일까지 휴일로 취급된 탓이다. 생산성 하락을 우려한 재계 목소리를 반영한 결과였다.[6]

2004년 부분적으로 도입한 주5일 근무제는 7년여에 걸쳐 단계적으로 적용 범위를 확장했다. 매월 2·4주 격주로 토요일을 쉬는, 이른바 '놀토'를 만드는 등 과도기를 거쳐 2012년에 매주 토요일을 쉬는 주5일제가 정착했다.[7]

이후 창의성이 중요하게 여겨지는 4차 산업 혁명의 시대가 도래하면서 '오래 일하는 것이 기업의 생산성을 담보하던 시대는 갔다'며 노동시

---

4 BBC 코리아. (18.7.2.). "주 52시간 근로: 한국 근로시간 어제와 오늘". BBC 코리아.

5 김우보. (20.9.5.). "법정 노동시간 단축의 역사…1953년 주6일서 89년 주44시간제". 서울경제.

6 BBC 코리아. (18.7.2.)."주 52시간 근로: 한국 근로시간 어제와 오늘". BBC 코리아.

7 김우보. (20.9.5.). "법정 노동시간 단축의 역사…1953년 주6일서 89년 주44시간제". 서울경제.

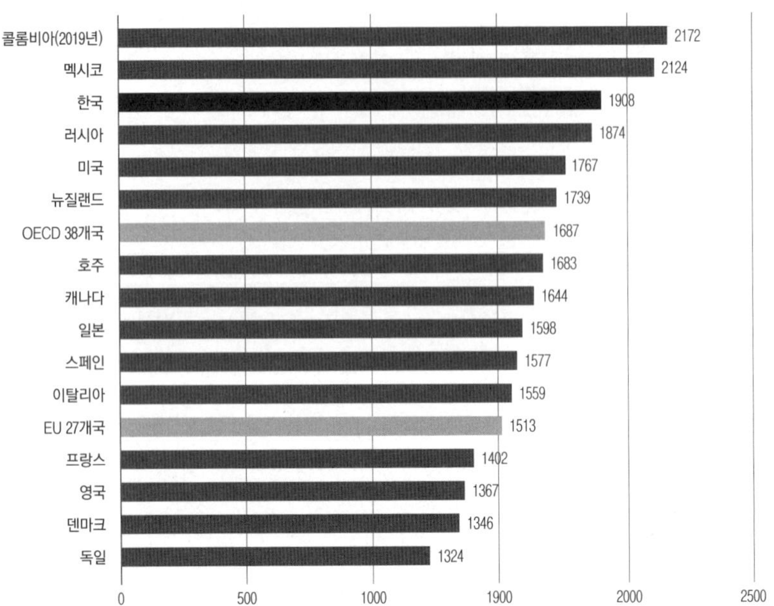

[그림 19-2] 국가별 연간 노동시간 비교(2020년)

간 단축을 두고 논의가 계속 이어졌다. 이런 상황에서, 2018년 7월 1일부터 공공기관과 300인 이상 기업에 법정 주당 최대 52시간 근무제도가 시행됐고 2020년부터는 50인 이상 사업장에도 적용되었다.[8]

여전히 한국인은 오래 일하는 축에 든다. 2020년 기준으로 한국 노동자 한 사람은 연평균 1908시간 일했다. 콜롬비아(2019년 2172시간), 멕시코(2020년 2124시간), 코스타리카(2020년 1913시간)의 뒤를 이어 OECD 38

8 BBC NEWS. (18.7.2.). "주 52시간 근로: 한국 근로시간 어제와 오늘". BBC NEWS 코리아.

개국 중 4위였다. OECD 38개국 가운데 연평균 노동시간이 1900시간을 넘은 건 이 4개국이 전부다. 1500시간이 안 되는 나라는 12개국이고, 그중 1400시간 미만인 나라도 독일(2020년 1332시간), 덴마크(2020년 1346시간), 영국(2020년 1367시간), 노르웨이(2020년 1369시간), 네덜란드(2020년 1399시간) 등 5개국이나 된다.[9]

"주당 25시간 근무가 가장 효율적"

호주 멜버른대학 [멜버른응용경제사회연구원]은 2016년 〈호주 가계, 소득, 노동 역학〉이라는 연구를 통해 "주당 25시간 근무가 가장 효율적"이라는 연구 결과를 내놨다.

호주에 사는 40세 이상 남성 약 3000명, 여성 약 3500명을 대상으로 한 연구에서 파트타임 근무가 피로와 스트레스를 최소화하면서 뇌를 긍정적으로 활성화하는 것으로 드러났다. 참가자의 경제력과 주관적 안녕, 가족 형태, 고용 형태를 파악한 뒤 참가자에게 주어진 단어를 소리 내 읽기, 숫자 목록 거꾸로 읽기, 제한 시간 안에 글자와 숫자 맞추기 등을 수행하도록 했다. 연구 결과 가장 높은 점수를 받은 건 주 25시간 일하는 사람들이었다.

연구에서는 주당 60시간 일하는 사람들의 인지 능력이 무직 상태의 사람들보다도 낮았다. 연구에 참여한 일본 게이오대학교 경제학과 콜린

9 근로자당 연평균 실제 근로시간(OECD). (21.9.30.). 통계청.

매켄지 교수는 "너무 긴 시간 일하는 것이 일을 아예 하지 않는 것보다도 뇌 기능에 해로운 것으로 보인다"고 말했다. 연구 보고서는 "일은 양날의 칼이다. 두뇌 활동을 촉진하지만, 긴 시간의 노동이나 어떤 작업은 피로와 스트레스를 유발해 인지 기능을 손상할 수도 있다"고 결론을 내렸다.

연구진은 인지 기능이 '주당 25시간'까지는 향상하였고, 그 뒤로 '주당 35시간'까지는 아주 완만하게 감소하다가 '주당 40시간'이 넘어가면 급격하게 떨어지는 현상을 확인했다. 주당 25시간이면 하루 8시간씩 주 3일 근무인 셈이다. 강제된 노동으로부터 해방을 맞이하는 시기에 인간에게 필요한 일의 절대량은 결국 일주일에 사흘 분량 언저리가 되지 않을까 짐작게 하는 연구다.[10, 11]

'짐작'은 워라밸(Work-Life Balance)을 중시하는 세대를 통해서도 간접적으로 확인된다. 2021년 5월 중소기업중앙회가 청년구직자 1000명을 대상으로 '2021 청년 일자리 인식 실태'를 조사한 결과 심각한 취업난 속에서도 구직 시 먼저 고려하는 사항으로 '일과 여가의 균형 보장(27.9%)'이라는 대답이 가장 많았다.[12]

2021년 6월에는 시장조사 전문기업 〔엠브레인 트렌드모니터〕가 전국 만 19~59세 직장인 남녀 1000명을 대상으로 '주4일 근무제도'의 도입과 관련한 인식을 조사했다. 전체 응답자의 67.1%가 연봉이 낮더라도 일과

---

10 BBC. (Apr. 18. 2016). "Three-day working week 'optimal for over-40s'". BBC.

11 Cosima Marrier. (Apr. 15. 2016). "Why you shouldn't work more than 25 hours a week." The Sydney Morning Herald.

12 김경준. (21. 5. 7.). "불안에 떠는 청년구직자…그래도 '워라밸'은 포기 못해". 한국일보.

삶의 균형(워라밸)이 가능한 회사에 다니고 싶다고 답했다. 연령대별로는 20대 61.2%, 30대 74%, 40대 66.8%, 50대 66.4%로 30대 직장인의 워라밸 욕구가 가장 강한 것으로 조사됐다.

직장에서 인정을 받는 것보다 개인적인 삶의 목표를 이루는 것이 더 중요하다는 응답은 64.9%였다. 야근이 많아도 연봉이 높은 회사에서 일하고 싶다는 응답은 28.4%에 그쳤다.[13]

주3일 근무제의 쟁점 '임금'

주3일 근무제의 가장 큰 쟁점은 '임금'이다. 이전과 같은 임금을 지급하며 노동시간을 획기적으로 단축하는 것은 언뜻 불가능에 가까워 보인다. 실제로 주3일 근무제는 노동시간을 줄이거나 임금피크제를 확대 적용하는 등 비용절감 대책으로 주로 논의됐다.[14] 1인당 임금 삭감을 통한 일자리를 나누는 방안으로 제시된 것이다.

하지만 절대 노동시간을 곧 성과로 치환하는 것은 지나치게 단순한 계산방식이라는 지적이 있다. 2018년 직원 240명의 근무 형태를 주4일제로 전환하고 기존 급여를 유지한 뉴질랜드 금융기업 〔퍼페추얼〕은 생산성 향상을 보였다. 뉴질랜드 오클랜드 대학과 오클랜드 공대의 연구팀이 주4일제 전환 이후 이 회사의 성과와 직원의 근무 전반을 분석한

13 엠브레인 트렌드모니터. (21.6.). "코로나 사태로 야기된 근무환경 변화, 조금씩 공론화되는 '주4일 근무제'". 엠브레인 트렌드모니터.

14 이인재. (15.05.15.). "청년 고용절벽 피하려면 주3일 근무제 등 특단대책 필요". 한경닷컴.

결과 주당 근무 일수가 줄었음에도 생산성이 20%가량 향상됐다. 통념과 달리 전체적인 성과가 전보다 줄지 않은 것이다.[15]

아이슬란드 수도 레이캬비크 시의회와 중앙 정부가 2015~2019년 약 2500명의 노동자를 대상으로 진행한 '주4일 근무제' 실험 결과도 크게 다르지 않다. 영국 싱크탱크 〔오토노미〕와 아이슬란드 〔지속가능민주주의협회의〕 분석에 따르면 근무시간이 줄어든 일터에서 업무 생산성이 그대로 유지되거나 오히려 높아졌다.[16]

노동시간이 길지만 생산성이 떨어지는 이유를 설명하는 개념으로 '공허 노동(Empty Labor)'이란 것이 있다. 공허노동은 노동자가 일과 무관한 업무 시간 잡담, 인터넷 서핑 등에 시간을 낭비하는 것을 뜻한다. 스웨덴 사회학자 로랜드 폴슨은 공허노동을 최소화하고 업무에 집중해야 근로시간 단축을 이뤄낼 수 있다고 주장했다.[17]

절대 노동시간이 아닌 생산성을 기준으로 임금을 책정한다면 주3일 근무 전환 시에 이전보다 임금을 삭감할 근거를 찾기 어렵다고 볼 수 있다. 다만 현실과 이상이 같을 것이라는 보장이 없고, 기업으로서도 임금의 척도로써 절대적인 노동시간을 포기하기란 쉽지 않다.

따라서 임금을 일정 부분 삭감하는 내용의 주3일 근무제도 고려해 볼 수 있다. 일본 게이오대 미디어 대학원 프로젝트 연구원인 와카신 유준

---

15 김승욱. (19.02.20.). "뉴질랜드 기업의 '주4일 근무' 실험…"생산성 20% 향상"". 연합뉴스.

16 이슬기. (21.7.7.). "건강·생산성 다 잡은 아이슬란드의 '주4일 근무' 실험". 조선비즈.

17 명순영. (21.12.10.). "'뜨거운 감자' 주4일제…'반대'할 이유 없지만 임금 깎으면 '반대' ". 매일경제.

(若新 雄純)은 취업 프로젝트로 '주3일 근무하고 월 15만 엔[18]을 받는 채용 방식'을 도입했는데, 의외로 고학력자가 많이 몰려 사회적으로 파문이 일었다.[19]

과제들

주3일 근무제 도입을 위해 해결해야 할 과제가 적지 않다. 먼저 주3일 근무제는 노동자의 소속감, 안정감 또는 조직 적응도의 하락을 불러일으킬 수 있다. 뉴욕타임스(NYT)는 주4일 근무제가 직원들의 소속감과 안정감이 떨어뜨릴 수 있다는 사실을 보도했다. 아이슬란드의 주4일제 실험 보고서에도 관리자가 직원 교육이나 회식 등 단체 활동을 꾸려나가는 것이 전보다 힘들어지고, 동료 사이에 소통이 줄어들어 정보 전달이 어려워진다는 내용이 담겨있다.[20] 단축된 노동시간 안에 업무를 처리하는 과정에서 동료의 유대감 형성이 상대적으로 약화하는 것이 사실이다.

업종에 따라 주3일 근무제의 실현 가능성이 달라진다는 의견이 있다. 절대 노동시간이 아니라 성과, 결과 중심으로 임금을 책정하여 주당 근무 일수/근무시간을 단축하자는 발상이 각 업종의 특성을 반영하지 못

---

18 "and the Yurui Shushoku program where members can earn a monthly salary of 150,000 yen while not working four days a week".

19 김경준. (16.1.15.). "관계 단절된 일본… '주3일 근무'로 활로 찾다". 한국일보.

20 박형수. (21.12.13.). "주4일제 실험, 결과 엄청났다… 美도 '월화수목일일일' 급물살". 중앙일보.

[그림 19-3] 경제적 불평등은 곧 여가의 불평등이다

한다는 지적이다. 즉 주3일 근무제를 통한 효율 증대는 창의력을 발휘해야 하는 직군에서 주로 나타날 것이고, 그 외 직군에서는 단순히 단시간-저임금 형태로 발전할 수밖에 없다는 설명이다.

더불어 주3일 근무제가 노동 시장의 양극화를 초래할 것이라는 우려가 있다. 현재도 주5일·주52시간이 지켜지지 않는 열악한 환경에서 일하는 노동자가 존재하는데, 공무원과 대기업을 중심으로 주3일 근무제가 시행된다면 노동 시장의 양극화가 불을 보듯 뻔하다. 법의 보호를 받지 못하는 열악한 환경의 노동자는 상대적 박탈감에 더욱 힘들어지고, 궁극적으로 노동 여건이 좋은 노동자에게만 이로운 정책이 될 수 있다

는 분석이다.[21]

가장 큰 문제는 시간당 급여 수준이 낮을 때 노동시간 단축으로 개인에 따라선 생계를 위협당하는 상황으로 내몰릴 수 있다는 점이다. 추가적인 일자리를 찾아야 생계유지가 가능하기에 주3일제의 취지가 무색해진다. 노동시간을 줄이는 정책이 시행되면 맞물려 '투잡(Two Job)'이 주목받는 상황이 벌어질 가능성을 배제하지 못한다.

한겨레신문에서 분석한 빅데이터에 따르면 주 52시간제 시행을 앞둔 2018년 2분기에 '투잡'을 언급한 수가 급증한 것으로 나타난다. 노동시간을 줄여 '저녁이 있는 삶'을 누리기는커녕 '저녁엔 투잡 뛰는 삶'으로 전락할 노동자 계층에 대한 배려가 주3일제(혹은 주4일제) 시행에 선행돼야 할 것으로 보인다.

첫 번째는 시간당 급여 수준을 강제적으로 끌어올리는 것이다. 최저임금 인상은 시간당 급여 수준이 낮은 노동자에게 노동시간 단축으로 발생할 수 있는 문제점을 해결하는 직접적인 방법이다. 관건은 임금 인상을 감당할 만큼의 수익 증가가 사업장에 일어나야 한다는 점이다. 모든 사업장에서 가능한 조건이 아니기에 최저임금 인상은 부가가치가 낮은 산업이나 소규모 사업장을 궁지로 몰 수 있다.

두 번째는 사업장이 부담을 느끼지 않도록 개인의 소득을 국가가 보전해주는 방법이다. 일정 소득 이하의 사람 또는 모든 사람에게 최소한의 소득을 보장해줌으로써 근로시간 단축이 개인의 삶에 미치는 부정적 영향을 상쇄하는 방식이다. 요즘 많이 언급되고 있는 기본소득이나 참

---

21 강윤주. (21.10.28.). "이재명이 띄운 '주4일제'… "불목 가즈아" VS "노동 양극화 심해질 것" ". 한국일보.

여소득이라는 개념이 대안이 될 수 있다.

세 번째로는 국가의 사업장 지원으로 노동자의 임금 수준을 보전하는 방법이다. 사업주는 지원 기간에 효과적으로 사업체를 운영할 수 있도록 노동자를 교육·훈련하여 지속가능한 일자리를 제공할 수 있는 사업체의 기틀을 마련하는 데 도움을 얻을 수 있다. (예비)사회적기업 등에 지원되는 일자리 지원과 같은 형태가 여기에 속한다.[22]

다만 세 가지 대안 모두 사업장 혹은 국가에 적지 않은 부담을 지울 수밖에 없으므로 시행까지는 오랜 시간이 걸릴 수밖에 없다.

〔한국노동사회연구소〕 김종진 선임연구위원에게 주3일 근무제 자체는 현재로서 '미션 임파서블'이다. 김 선임연구위원은 "국내에서 주4일 논의가 이제 막 나오기 시작한 시점에 주3일을 거론하는 것은 시기상조"라고 잘라 말했다. 그러나 동시에 근무일수보다 근무시간에 초점을 맞춘다면, 주 15~20시간 내외 시간제 일자리의 소득 안정성이나 복지제도 등을 보강하는 방향의 접근은 고민해볼 만하다고 덧붙였다. 김 선임연구위원은 "4차 산업혁명 시기 지속가능한 일자리는 세계적 화두이기에 예컨대 주 32시간 내지 35시간 근무가 정착된 유럽 국가, 특히 독일에서는 6~7년 전부터 노동시간을 주 24~25시간 정도로 줄이는 '가벼운 전일제(Light Full-Time)' 논의가 이뤄지고 있다"며 노동시간 단축의 여지가 주4일제 너머로도 뻗어 있음을 시사했다.

22 김지혜. (2018). [우리는 워라밸 하고 있는가?: 근로시간 단축과 워라밸]. 생협평론, (32) (p 145-146).

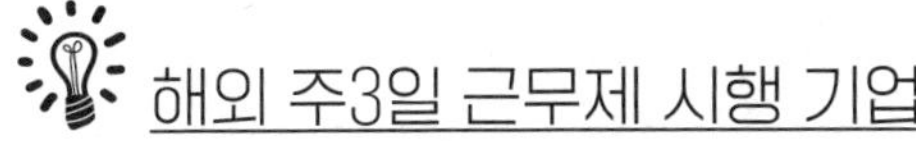

해외 주3일 근무제 시행 기업

여러 쟁점을 안고 있는 주3일 근무제지만 한발 앞서 시행하고 있는 기업이 있다. 인도의 핀테크 스타트업 〔슬라이스(Slice)〕는 주3일 근무제를 도입하여, 주3일 노동자의 급여를 시장 시세의 80%로 정하고, 복리후생도 지원한다. 회사의 설립자인 라잔 버자지(Rajan Bajaj)[23]는 "노동자들이 회사로부터 일정한 급여와 혜택을 받으면서도 다른 열정이나 관심사, 또는 다른 일을 추구할 수 있게 하는 윈-윈 접근법"이라고 말했다. 다만 인도 기업은 기술 인재의 부족으로 졸업생과 전문가를 두고 유치 경쟁하는 '인력난'의 상황에 처해 있으므로, 노동의 초과공급 상태에 있는 우리나라와 배경을 달리해 해석해야 한다는 의견이 있다.[24, 25]

미국 기업 〔타이슨 푸드(Tyson Foods)〕의 식품 공장은 2021년부터 일부 직원을 위해 주3일 근무제를 시행했다. 한 가지 눈여겨볼 점은 〔타이슨 푸드〕의 주3일제 노동자가 주 27시간을 일하고 36시간 일한 만큼의 임금을 받는다는 사실이다. 직원들은 월~수요일 또는 목~토요일 근무하며, 9시간 일하고 1시간의 유급 휴가와 2시간의 추가수당을 받는다. 회사는 주3일 근무하는 직원에게도 치과, 의료 등 회사의 모든 복리후생 자격을 부여했다.

---

23 ET NOW 유튜브 채널. (22.1.10.). " Implications of RBI's Fintech dept | Rajan Bajaj, Slice".

24 Saritha Rai. (Oct.04.2021). "A Three-Day Work Week? One Startup Experiments to Draw Talent". Bloomberg.

25 이석원. (21.10.27.). "주3일 근무제 전면에 내건 인도 핀테크 스타트업". Tech Recipe.

[그림 19-4] 세계적인 규모의 육류 가공 업체인 타이슨 푸드

〔타이슨 푸드〕의 주3일 근무제는 미국의 노동력 부족과 공급망 붕괴가 맞물려 기업이 인력을 고용하고 유지하는 것이 점점 더 어려워지는 상황에서, 인력 유인책으로서 활용된 것이다. 따라서 〔타이슨 푸드〕의 사례 또한 우리나라에 동일하게 적용하기에는 어려움이 있어 보인다.[26]

선택지 확장에서 '단시간-고임금'과 '탈노동'까지

따라서 당장 주3일 근무제를 모든 업종에 일괄 적용하는 것은 현실적

---

26 TIM MEKEEL. (DEC.6.2021). "New Holland's Tyson Foods' new recruiting pitch: work 27 hours, get paid for 36". LancasterOnline.

으로 불가능한 것이 사실이다. 지금의 단계에서 논의되는 주3일 근무제는 노동자에게 선택권을 주자는 발상에 가깝다. 주5일·주 52시간 근무제가 실행되고 있지만, 한국의 노동시간은 전술하였듯 OECD 38개국 가운데 4위로 여전히 세계 최장 수준이다.

우리나라의 '시간당 노동생산성(GDP를 노동시간으로 나눈 값)'은 2020년 기준으로 OECD 38개국 중 28위다.[27] 노동시간이 긴 만큼 노동생산성이 낮은 사회라고 해석할 수 있다. 노동생산성 향상과 노동시간 단축은 함께 갈 수밖에 없다. 그러므로 우리는 '워라밸을 향유하고 있는 시대를 살고 있다'라기보다 '워라밸을 갈망하는 시대를 살고 있다'라는 진단을 내릴 수 있다.[28]

따라서 일차적으로 주3일 근무제는 현 노동환경에서 노동자가 '워라밸·저임금'을 고려할 수 있는 선택지의 추가를 의미하는 수준이 된다. 와카신 유준(若新 雄純)의 취업 프로젝트에서 나타났듯이 '워라밸'은 이미 학력 등과 관계없이 중요한 가치로 자리 잡았다. 상대적으로 적은 임금이라도 '워라밸'이 보장되는 일터에서 근무하고 싶다는 소망은 더는 소수만이 공유하는 가치관이 아니다. [한국리서치]가 2021년 10월 성인 남녀 1000명을 대상으로 진행한 여론조사에서 '임금 삭감을 동반한 주4일제'를 찬성하는 비율이 29%를 차지했다. 대세 여론으로 볼 순 없지만, 30%에 가까운 수치는 '임금 삭감을 동반한 근로시간 단축'에 대한 적지 않은 요구를 반영한다.

---

27 OECD. "GDP per hour worked".

28 김지혜. (2018). [우리는 워라밸 하고 있는가?: 근로시간 단축과 워라밸]. 생협평론. (32) (2018), (p 140).

장기적으로 봤을 때 주3일 근무제는 4차 산업혁명과 기술발전 등을 통해 보편적으로 정착되어야 하며, 궁극적으로는 '단시간-고임금'과 인간의 '탈노동' 시대를 주도하는 방안으로서 이야기되어야 할 것이다.

코로나19 이후 기후위기와 4차 산업혁명이 본격화하고 포스트휴머니즘 현상이 두드러지면서 산업 및 사회 구조 전반이 빠르게 바뀔 것이기에 주3일 근무제와 같은 노동시간 단축 논의는 이제 인간 존재의 의미; 노동의 의의 등 근본적이고 철학적 성찰과 결부되어 해답을 찾아갈 수밖에 없다.

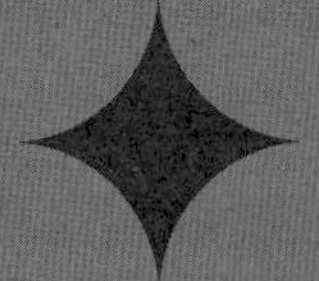

20장

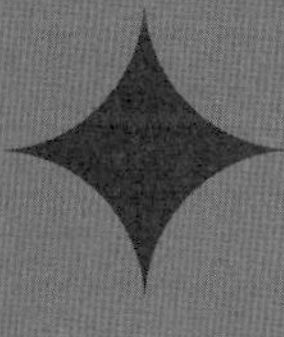

당하는 것이 아닌 '맞이하는 죽음', 적극적 안락사를 허용하라

2022년 1월부터 만 18세 이상의 말기 환자 등이 의료진의 도움으로 스스로 죽을 수 있는 '의사 조력 자살'을 합법화하면서 오스트리아는 유럽연합(EU)에서 조력 자살을 합법화한 5번째 국가가 되었다.[1, 2] 2016년 일명 〔웰다잉법〕 혹은 〔존엄사법〕으로 불리는 〔호스피스·완화의료 및 임종과정에 있는 환자의 연명의료결정에 관한 법률〕이 국회를 통과하며 우리나라에서도 존엄하게 죽을 권리를 헌법의 기본 권리로 인정하고, 환자의 자기결정권을 존중하게 되었다.[3] 1970년 62.3세였던 한국의 기대수명은 꾸준히 증가하여 2020년 83.5세가 되었다.[4]

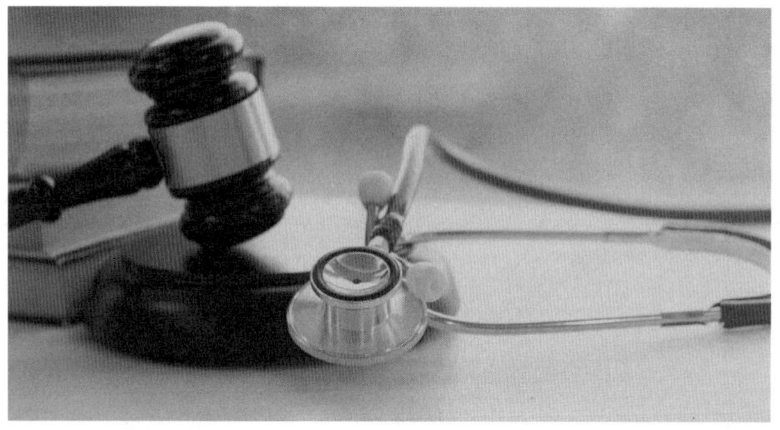

[그림 20-1] 법봉과 청진기

---

1 임소연. (21.10.26.). "너무 아프다… 그들이 스위스로 간 이유는 '조력 자살' 때문". 머니투데이.

2 박하얀. (22.01.02.). "오스트리아, 새해부터 '조력 자살' 합법화…" 말기 환자 등 조건 엄격". 경향신문.

3 장한철. (2018). [의사조력자살의 허용을 위한 법정책적 고찰]. 법과정책연구, 18(4), (p 54).

4 e-나라지표. 기대수명.

[연명의료결정법]의 문제점과 안락사의 필요성

대한민국 〔헌법〕 제10조는 “모든 국민은 인간으로서의 존엄과 가치를 가지며, 행복을 추구할 권리를 가진다”고 규정한다.[5] 행복추구권의 대표적인 게 자기결정권으로, 개인이 자신 삶의 중대한 사항에 대해 스스로 자유롭게 결정하고 행동할 수 있는 권리다. 헌법재판소는 “개인의 인격권 및 행복추구권의 본질적 내용은 개인이 자신의 신변이나 생활에 관한 사항은 스스로 선택·결정하는 데 있다”고 판시하였다. 스스로 삶을 결정할 수 있는 권리가 자기결정권이라면 스스로 삶을 종결하는 행

[그림 20-2] 대한민국헌법 제10조

5 대한민국헌법. [시행 1988. 2. 25.] [헌법 제10호, 1987. 10. 29., 전부개정].

위 역시 자기결정권에 의해 보장되어야 한다는 견해가 있다.[6] 이러한 견지에서 사회적 논의를 거쳐 2016년에 소극적 안락사의 형태로 〔연명의료결정법〕이 제정되어 2017년 시행되었다.[7]

현행 〔연명의료결정법〕은 촌각을 다투는 의료진과 환자를 포용하기에 부실한 것이 사실이다. 가톨릭대학교 은평성모병원 홍지형 교수는 "일단은 진료현장에서 연명결정중단을 논의할 만한 시간과 인력이 부족한 상황이다. 5분의 진료시간에 연명의료중단 결정의 의미를 공유하고, 그것을 결정하는 대화를 하기는 너무 어렵다. 자칫 환자를 방임하는 의사처럼 비칠까 봐 치료를 더 권해야 한다는 유혹을 받는 것이 사실이다"라고 말했다.

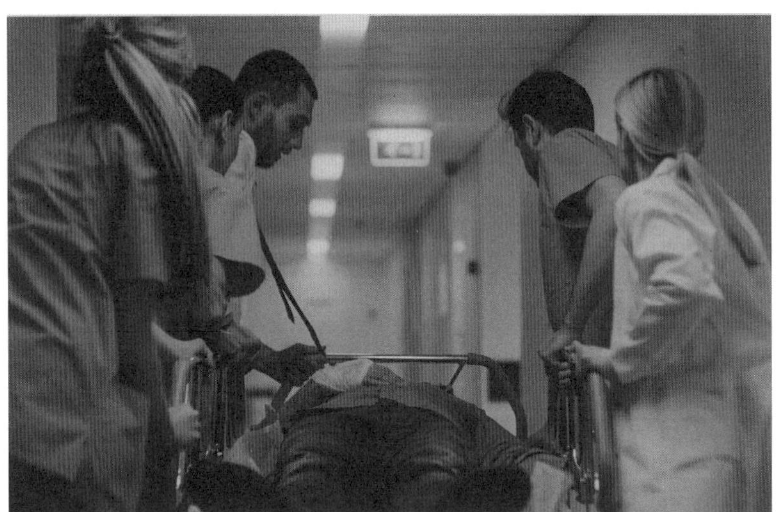

[그림 20-3] 응급실로 실려가는 환자

6 장한철. (2018). [의사조력자살의 허용을 위한 법정책적 고찰]. 법과정책연구, 18(4), (p 59-60).

7 [호스피스 · 완화의료 및 임종과정에 있는 환자의 연명의료결정에 관한 법률]. (약칭: 연명의료결정법) [시행 2020. 4. 7.] [법률 제17218호, 2020. 4. 7., 일부개정].

환자가 〈사전연명의료의향서(또는 연명의료중단서)〉를 이미 작성하였어도 문제는 발생한다. 환자가 〈사전연명의료의향서〉를 작성해둔 것을 의료기관이 미처 인지하지 못하여 연명의료를 시행해버리는 일이 종종 있기 때문이다. 홍 교수는 "〈사전연명의료의향서〉를 작성해 놓은 환자에게 미처 인지하지 못한 119구조대가 심폐소생술을 하고 병원에 후송하거나, 응급실에서 심폐소생술을 시행할 때가 간혹 있다. 연명의료결정에 관한 전국적인 연락이나 확인 체계가 미비하여 사전연명의료결정의 의미가 퇴색할 수 있다"고 밝혔다.

현 〔연명의료결정법〕은 안락사 대상자의 임종기 시간 범위를 지나치게 엄격히 제한하면서도 대상자의 동의 방식을 지나치게 느슨하게 규정해 환자의 편안한 죽음을 온전히 구현하지 못한다는 지적을 받는다.[8]

첫째로 〔연명의료결정법〕에서 논의하는 대상과 기간에 관한 개념은 의사의 판단에 지나치게 의존하며 모호하다.[9] 제2조(정의)에서는 '연명의료중단등결정'의 대상인 '임종과정에 있는 환자'를 "회생의 가능성이 없고, 치료에도 불구하고 회복되지 아니하며, 급속도로 증상이 악화되어 사망에 임박한 상태에 있는 자"라고 명시하며, '말기환자'는 "적극적인 치료에도 불구하고 근원적인 회복의 가능성이 없고 점차 증상이 악화되어 보건복지부령으로 정하는 절차와 기준에 따라 담당 의사와 해당 분야의 전문의 1명으로부터 수개월 이내에 사망할 것으로 예상되는 진

---

8 맹주만. (2016). [안락사와 존엄사, 그리고 웰다잉법]. 철학탐구, 44, (p 188).

9 김분선. (2020). [생명관리정치에서 죽음관리정치로 -존엄사의 현행법에 대한 문제화-]. 철학탐구, 57, (p 182).

단을 받은 환자"라 표현한다.[10]

정확히 언제부터 임종환자라고 판단할 것인지, 환자가 악화와 호전을 반복하고 있거나 급속도로 악화하지 않는 장기환자를 임종환자로 판단할 것인지 불명확하다.[11] 의료 실무에서 더는 회복 불가능한 환자의 무의미한 연명치료를 중단하는 것을 당연시하여 의사의 판단에 따라 시행하였으나[12] 이 법률에 따라 오히려 연명의료 중단 대상의 환자 범위가 축소되었다는 비판이 있다.[13]

두 번째 문제는 연명의료중단결정에서 미성년과 무연고자의 대리 결정이다.[14] 환자의 의사를 확인할 수 있을 때는 문제가 없으나 확인할 수 없는 때 〔연명의료결정법〕 제18조는 타인의 대리 결정을 명시한다. 미성년자인 환자는 "법정대리인(친권자에 한정한다)이 연명의료중단 등 결정의 의사표시를 하고 담당의사와 해당 분야 전문의 1명이 확인한 경우"나 "환자가족 전원의 합의로 연명의료중단 등 결정의 의사표시를 하고 담당의사와 해당 분야 전문의 1명이 확인한 경우"에 해당하면 연명의료를 중단할 수 있다.[15]

---

10 호스피스 · 완화의료 및 임종과정에 있는 환자의 연명의료결정에 관한 법률(약칭: 연명의료결정법) [시행 2020. 4. 7.] [법률 제17218호, 2020. 4. 7., 일부개정] 제2조(정의).

11 이석배. (2017). [소위 연명의료결정법의 주요 내용과 현실적용에서 쟁점과 과제]. 법학논총, 29(3), (p 319).

12 장한철. (2018). [의사조력자살의 허용을 위한 법정책적 고찰]. 법과정책연구, 18(4), (p 55).

13 이석배. (2017). [소위 연명의료결정법의 주요 내용과 현실적용에서 쟁점과 과제]. 법학논총, 29(3), (p 321).

14 김분선. (2020). [생명관리정치에서 죽음관리정치로 -존엄사의 현행법에 대한 문제화-]. 철학탐구, 57, (p 183).

15 호스피스 · 완화의료 및 임종과정에 있는 환자의 연명의료결정에 관한 법률(약칭: 연명의료결

생명은 타인이 처분할 수 없는 법익으로 일신전속적 권리인 생명권을 자신의 의사가 아닌 타인이 대리하는 것은 불가능하다는 데서 논란이 생긴다.[16] 자기결정권을 진정으로 존중한다면 가족의 역할은 환자 본인의 평소 언행을 진술하는 것에서 그쳐야 한다. 특히 나이를 기준으로 획일적인 판단을 하기보다는 충분한 정보를 토대로 오로지 자기 결정권에 따른 결정을 존중하는 것이 중요하다는 입장이다.[17]

2018년 이후 2022년 1월까지 누적 8만2064명의 말기환자 또는 임종과정에 있는 환자가 〈연명의료계획서〉를 등록했고 '연명의료중단등결정'의 이행이 통보된 수는 19만7237명이었다. 향후 임종과정의 환자가 되었을 때를 대비한 〈사전연명의료의향서〉도 2022년 1월까지 총 118만6697명이 등록했다.[18] '좋은 죽음'을 준비하는 사람이 점점 증가하고 있는 상황에서 환자의 자기결정권은 의료 서비스를 '거부'하는 현재의 연명의료중단을 넘어서 죽음의 시기와 방법을 결정하고 죽음을 '요구'할 수 있는 권리로 진전하고 있다.[19, 20] 죽음이 더는 사적 영역과 운명에 종속되지 않고 법적으로 요구할 수 있는 권리가 됨에 따라 우리 사회는 안

정법) [시행 2020. 4. 7.] [법률 제17218호, 2020. 4. 7., 일부개정] 제18조.

16 이석배. (2017). [소위 연명의료결정법의 주요 내용과 현실적용에서 쟁점과 과제]. 법학논총, 29(3), (p 327).

17 김분선. (2020). [생명관리정치에서 죽음관리정치로 -존엄사의 현행법에 대한 문제화-]. 철학탐구, 57, (p 183).

18 국립연명의료관리기관. 월별통계, 사전연명의료의향서 등록자, 연명의료계획서 등록자. 연명의료중단결정 이행 현황.

19 최다혜. (2020). [헌법상 온전성의 권리에 관한 연구]. 국내박사학위논문 성균관대학교 법학전문대학원, 서울. (p 265).

20 장한철. (2018). [의사조력자살의 허용을 위한 법정책적 고찰]. 법과정책연구, 18(4), (p 66).

락사 및 의사조력자살에 대해서 진지한 논의를 거쳐 합의에 도달해야 한다.[21]

존엄사, 안락사, 조력자살, 그 차이는

존엄사, 안락사, 조력자살은 많이 혼용하지만, 엄연히 구분되는 개념이다.

존엄사는 일반적으로 회복의 가망이 없는 말기상태의 환자에 대해서 연명(延命)치료를 중지하여 인간으로서 존엄을 유지하면서 죽음을 맞이하게 하는 것이다. 존엄사에서 말하는 '존엄'이라는 개념은 환자에게 적

[그림 20-4] 조력자살 허용 찬성

21 김분선. (2020). [생명관리정치에서 죽음관리정치로 -존엄사의 현행법에 대한 문제화-]. 철학탐구, 57, (p 168-169).

용되는 개념이며 연명치료를 중지함으로써 인간적으로 존엄한 죽음을 맞이하고자 하는 주체성이 중심이 된다.[22]

안락사는 크게 '진정안락사'와 '부진정안락사'로 나뉜다. 생명의 단축을 가져오지 않는 안락사, 즉 진정안락사는 살해 행위의 개념에 해당하지 않으므로 형법상 처음부터 아무런 문제가 되지 않는다. 따라서 생명의 단축을 가져와 살인죄의 성립 여부가 문제되는 부진정안락사가 쟁점이 된다. 형법학자들은 생명의 단축을 가져오는 부진정안락사를 다시금 ① 적극적 안락사와 소극적 안락사 ② 직접적 안락사와 간접적 안락사로 구별하고 있다.

소극적 안락사(Passive Euthanasia)란 죽음이 임박하고 현대의학의 견지에서 불치의 환자, 특히 식물인간의 상태에 있는 환자에 대해 의사가 생명유지에 필요한 의료적인 처치를 취하지 않거나 이미 부착된 인공생명유지장치를 제거하는 경우를 말한다. 고통 완화를 목적으로 하지만 그 시술 방식이 '적극적인 처치'에 의하여 행해지는 안락사를 적극적 안락사(Active Euthanasia)라고 한다. 또한 적극적 안락사는 ① 고통 제거를 위하여 행해지는 안락사가 환자의 생명 단축을 직접적인 목적으로 해서 시술되는 직접적 안락사와 ② 환자의 생명단축을 직접적 목적으로 하는 것은 아니고 다만 환자의 고통을 완화하기 위한 적극적 처치가 불가피하게 부작용으로 환자의 생명단축을 초래하는 간접적 안락사로 나누어진다.[23]

---

22 이용식. (2007). [존엄사에 관한 최근의 논의와 형법적 문제점]. 경찰학논총, 2(2), (p 269).

23 이문호. (2019). [적극적 안락사 및 의사조력자살 허용 입법의 필요성 - 실존적 사실 및 통계적 근거를 중심으로 -]. 인권과 정의, (p 145).

존엄사는 말기 환자가 돌이킬 수 없는 죽음이 임박했을 때 생명을 연장하거나 환자의 삶의 질을 향상하지 못하는 등 의학적으로 무의미하다고 판단된 연명치료를 중단하는 것이고, '소극적 안락사'란 생명 유지에 필수적인 치료, 영양공급, 약물투여 등을 중단함으로써 환자의 생명을 단축하는 행위다. 여기서 존엄사에 의한 죽음은 치료의 중단으로 생명이 단축되는 것이 아니라 치료할 수 없는 질병에 의한 자연적인 결과라는 것이다.[24] 환자의 자기결정권에 기초한다는 점, 살 권리 내지 살 의무를 전제로 자연적인 죽음을 구한다는 존엄사와 달리 '소극적 안락사'는 죽을 권리를 전제로 한다는 점, 환자가 불가역적 의식 상실 상태에 있을 때에는 환자의 의사표시 및 그 범위와 관련한 문제가 발생할 수 있다는 점을 이유로 양자를 구분한다.[25]

의료관계인의 조력에 의한 '의사조력자살(PAS, Physician-Assisted Suicide)' 혹은 '의사조력사(PAS, Physician-Assisted Death)'는 안락사와는 외형적으로 다른 형태지만 적극적 안락사 문제와 동반하여 많이 논의되고 있다. 주로 의사가 처방하고 지급하는 약물 혹은 주사제의 도움을 받아 실제 죽음의 실행은 안락사를 원하는 본인이 직접 시행하는 방식이다. 즉 외형적으로 의사조력자살은 안락사하는 본인에 의한 자살의 형태를 취하고 적극적 안락사는 의사에 의한 타살의 형태를 취하지만 적극적인 방식으로 안락사를 지향한다는 점에서는 같다.

---

24 윤영호. (2008). [품위 있는 죽음(존엄사)을 위한 법적, 제도적 장치 마련], 「의료정책포럼」 제6권 제3호, (p 103).

25 문성제. (2009). [무의미한 연명치료 중단과 존엄사 의제 문제]. 법조, 6(633), (p 22-23).

적극적 안락사, 당하는 것이 아닌 '맞이하는 죽음'

적극적 안락사 금지론의 주된 법적 논거는 ① 생명보호 원칙 위반 ② 남용의 위험성이다. 절대적 생명보호 원칙에 위반한다는 주장은, 실정법상 사형제도가 아직 남아있고, 전시에 적군을 사살하는 정당행위, 정당방위 등에서 위법성이 인정되지 않으며, 긴급피난 과정에서 일어난 생명 침해에 대해서도 책임을 묻지 않으므로 이론적 근거가 미약해 보인다.[26]

금지론의 주된 이유인 남용의 위험성에 대해서는, 자격을 갖춘 변호사, 의사, 심리 및 가족윤리 전문가 등이 심사위원으로 참여하는 가칭 '심사원'에서, 안락사를 원하는 본인이 정상적인 정신 상태에서 일정 기간 거듭되고 확고한 의사표시를 하였는지를 제일의 판단 기준으로 삼아 신중하고 엄숙하게 적합성 여부를 판단함으로써 가족에 의한 남용 위험성은 물론이고 본인에 의한 잘못된 판단의 위험성까지 사전에 방지할 수 있을 것이다.[27]

가장 문제가 되는 것이 그 생명권 주체의 촉탁을 승낙하여 안락사 시술을 한 제삼자(의사 등)를 크게 보아 적극적 자살권 행사의 부수적 내용으로 판단해 처벌하지 아니할 것인가다. 안락사의 허용 요건에 해당한다면, 일반적 상황이 아닌 예외적 특수 상황으로서 형법상의 위법성 조

---

26 임웅. (2001). [안락사 허용론]. 형사법연구 제16호 특집호, 한국형사법학회, (p 10).

27 이문호. (2019). [적극적 안락사 및 의사조력자살 허용 입법의 필요성 - 실존적 사실 및 통계적 근거를 중심으로 -]. 인권과 정의, (p 482, 152).

각 사유 원리(주관적 정당화 요소와 객관적 정당화 사정)를 충족시키는 구조와 요건을 갖추었다고 생각되므로 위법성이 부정된다. 형사 처벌을 하기 위해서는 안락사 요청자 본인 이외에 사회 또는 타인에 해악을 줄 가능성, 즉 처벌 이익이 있어야 한다. 안락사에서 이러한 처벌 이익이 존재하지 아니하므로 형사 처벌의 대상이 될 수 없다고 본다.

다만 개인 소유의 재산에 사회적으로 일정한 제한을 가하듯이, 자기의 신체·생명에 대해서도 그것이 타인과 사회에 일정한 해악(법익 침해의 가능성)을 끼칠 수 있다면 자기의 신체·생명의 처분권이 제한될 수 있다. 따라서 적극적 안락사 및 조력자살은 그것이 남용되지 못하도록 하는 엄격한 허용 요건과 절차 등을 정하여 허용하는 것이 타당하다.[28]

안락사를 지지하는 통계적 근거는 2018년 〔한국보건사회연구원〕이 만 40세 이상~79세 이하 남녀 국민 1500명을 대상으로 죽음에 대한 태

[그림 20-5] 안락사 허용

---

28 김종덕. (2010). [안락사 허용여부에 대한 기초론적 고찰]. 법학연구, 37, (p 143-144).

도 등을 조사한 결과에서 찾아볼 수 있다. 응답자의 75.7%가 목숨만 유지하는 연명치료를 반대했다. 연명치료를 포함해 죽음과 관련하여 필요한 결정의 주체로는 본인 74.5%, 가족 18.1%, 전문가 7.4%의 순으로 답했다. "가능한 한 오래 살다 죽는 것이 좋은 죽음이 아닌 것"에 63.3%가 동의했다. 또 "좋은 죽음이 되려면 생사와 관련된 결정을 본인이 해야 한다"에 90.2%가 동의했다.[29]

선진국 중심의 뜨거운 감자 '안락사'

전세계적으로 적극적 안락사 및 조력자살 허용 논의는 뜨거운 감자다. 의사조력 자살을 법제화하는 나라가 점차 증가하는 추세다. 미국에서는 오리건주(1994년 입법, 1997년 시행)를 필두로, 워싱턴주, 콜로라도주, 캘리포니아주, 몬태나주, 버몬트주, 뉴저지주, 메인주, 하와이주 등이 의사조력 자살을 입법하였다. 유럽에서는 네델란드, 벨기에, 스위스가 일찌감치 시행하고 있다. 캐나다와 호주 빅토리아주에서도 법제화한데 이어 스페인이 2021년에 불치병 환자의 조력사망을 허용하는 내용을 담은 법안을 제정해 조력사망이 가능한 유럽국가 중 하나가 되었다.[30]

절대 숫자로는 적어 보이지만 선진국을 중심으로 허용하는 국가가 증가하는 상황을 볼 때 한국에서도 본격적인 논의가 곧 시작될 전망이다.

---

29 한국보건사회연구원. (2018). [죽음의 질 제고를 통한 노년기 존엄성 확보 방안].

30 엄주희. (2021). [의사조력자살에 대한 헌법적 고찰]. 헌법학연구, 27(2), (p 92-93).

미국은 미국법이 적용되는 관할구역 가운데 2021년 9월 기준 12개 주에서 안락사가 합법이고, 14개 주에서 입법 논의가 진행되고 있다.[31]

미국의 다른 주와 다른 국가의 모범이 된 오리건주 〔존엄사법〕에 따르면 의사조력 자살에 참여한 의사의 행위가 법적 책임을 면하기 위해서는 약물 처방을 요청한 환자가 다음의 조건을 충족하여야 한다. 의사능력이 있고, 오리건주 주민이며, 담당 의사와 자문 의사로부터 말기질환을 앓고 있다는 진단을 받았으며, 죽기를 원한다고 자발적으로 의사를 표현한 만 18세 이상의 성인이 서면으로 약물을 요청하여야 한다. 여기에서 말기질환이란 합리적인 의학적 판단으로, 6개월 이내에 사망할 것으로 의학적으로 확인된, 치유될 수 없고 회복 불가능한 질병을 의미한다.

환자를 사망케 할 의도를 가지거나 그러한 결과를 초래하기 위하여 환자의 허가 없이 약물요청서를 고의로 변조 또는 위조하거나 요청 철회서를 은닉하거나 파기한 자, 환자를 사망케 할 목적으로 투약요청을 하도록 강요하거나 부당한 영향력을 행사한 자는 A급 중범죄자로 처벌된다는 형사책임 조항을 두어 이 절차의 남용을 방지하고 있다.[32]

네덜란드는 2002년 4월 세계 최초로 〔요청에 의한 생명단절과 조력자살의 심리절차 및 형법과 장례법 개정법률〕이라는 제목의 안락사법을 시행하였다. 이 법은 의사가 적극적 안락사 또는 조력자살을 수행하는

---

31 서영아. (21.9.26.) "살아온 날들의 아름다운 마무리, 준비가 필요하다[서영아의 100세 카페]". 동아일보.

32 이문호. (2019). [적극적 안락사 및 의사조력자살 허용 입법의 필요성 - 실존적 사실 및 통계적 근거를 중심으로 -]. 인권과 정의, 482, (p 148-149).

것을 허용한다. 그러나 의사가 아니거나, 의사라 하더라도 이 법에 규정된 요건을 준수치 않으면 범죄로 처벌된다. 안락사의 요건으로, 환자가 개선될 전망이 없고, 고통이 극심하고, 건강한 정신 상태에서 (안락사에) 동의하고, 의사는 환자에게 그의 상황과 전망에 대하여 정보를 제공하고, 최소 1인 이상의 다른 의사와 협의하고, 그 다른 의사(들)는 환자를 직접 문진하여 이 요건에 관한 서면의견서를 작성하는 등을 충족하도록 했다.[33]

벨기에는 〔적극적 안락사와 의사조력 자살을 허용하는 법〕을 2002년 9월에, 2009년 3월에 〔안락사 및 조력자살 법〕을 도입했다.[34]

독일 연방헌법재판소는 2020년 2월 생명을 종결하려고 하는 사람을 업무상 조력하는 행위를 금지하는 형법 조항에 대해서 위헌 결정을 내렸다. 조력자살을 업무상 제공하면 3년 이하의 징역이나 벌금을 물리도록 하는 독일 〔형법〕 제217조는 2015년에 제정된 것으로 스위스의 〔디

[그림 20-6] 스위스 디그니타스(DIGNITAS)

---

33 이문호. (2019). [적극적 안락사 및 의사조력자살 허용 입법의 필요성 - 실존적 사실 및 통계적 근거를 중심으로 -]. 인권과 정의, 482, (p 147).

34 김선택. (2018). [의사조력자살의 합법화 : 세계적 동향]. 한국의료법학회지, 26(1), (p 56). 이문호. (2019). [적극적 안락사 및 의사조력자살 허용 입법의 필요성 - 실존적 사실 및 통계적 근거를 중심으로 -]. 인권과 정의, 482, (p 147).

그니타스(DIGNITAS)〕 같은 안락사 지원 전문병원에 찾아가 조력자살을 실행하는 것을 금지하려는 취지였다.[35] 물론 위헌 결정은 조력자살에만 해당하기 때문에 안락사 합법화는 아니지만, 스위스 〔디그니타스〕 등을 통해 실행되는 독일인의 조력자살이 가능해졌다는 것에 의의가 있다.

안락사를 합법화한 대부분 국가가 기독교 국가로서 자살을 금기시하는 전통이 있음에도 사회적 요청에 부응하여 의사 조력사 내지 적극적 안락사 제도를 일찌감치 시행했고, 제도 운영기간에 비례하여 이 제도를 이용하여 웰다잉의 권리를 실현하는 사람이 늘어나고 있다. 사전 및 사후의 철저한 확인과 통제로써 반대론에서 제기하는 부작용 및 위험성을 최소화하였다. 예방 및 방지를 통해 부작용과 위험이 특별한 사회 문제로 현실화하지는 않는 것으로 보인다.[36]

한국도 적극 검토해야

한국에서 2016년 1월 8일 연명치료 중단 결정을 허용하는 〔존엄사법〕인 〔호스피스·완화의료 및 임종과정에 있는 환자의 연명의료 결정에 관한 법률〕, 일명 〔웰다잉법〕이 국회를 통과하였다. 뇌수술 환자의 연명의료를 중단한 의사에게 살인방조죄 판결이 내려진 일명 '보라매병원 사건' 이후 7년 만이다. 현 〔존엄사법〕은 연명치료 중단 방식을 ① 환자

35 엄주희. (2021). [의사조력자살에 대한 헌법적 고찰]. 헌법학연구, 27(2), 119-120.

36 이문호. (2019). [적극적 안락사 및 의사조력자살 허용 입법의 필요성 - 실존적 사실 및 통계적 근거를 중심으로 -]. 인권과 정의, 482, (p 150).

의 분명한 의사(意思) 표시가 있을 때 ② 환자의 의사를 추정할 수 있을 때 ③ 환자의 의사를 추정할 근거가 없을 때의 세 가지로 구분한다.

①은 환자가 의식이 있을 때 연명치료를 받지 않겠다는 명확한 의사를 표시하여 환자의 자기 결정권을 존중하는 방식이라 할 수 있다. 본인의 뜻에 따라 환자가 담당 의사와 함께 〈연명의료계획서(POLST)〉나 〈사전의료의향서(AD)〉를 명확한 의사표시로 작성했을 때이다.

②의 방식은 이미 임종 과정에 있는 말기 환자가 의식이 없을 때에 해당하는데, 평소에 연명치료를 받지 않겠다는 환자의 의사가 있었으며, 환자의 가족 2명이 같은 진술을 하고, 의사 2명이 확인하면 연명치료를 중단할 수 있다.

③의 방식은 임종 과정에 있는 환자가 의식이 없을 뿐 아니라 어떤 의사(意思) 추정이 불가능한 상황에서, 환자가 미성년자이면 친권자인 법정대리인의 의사 확인으로, 환자가 성인일 때에는 환자 가족 전원의 합의와 의사 두 명의 확인으로 결정할 수 있다.

이 법은 연명치료 중단의 대상을 기대 생존 기간이 수개월 이내로 진단을 받은 말기 환자로 제한함으로써 상당히 엄격한 편이다. 말기 암 환자, 에이즈, 만성 폐쇄성 호흡기질환, 만성 간질환 같은 말기질환에 적용된다. 한국의 존엄사법은 생명만 연장할 뿐 치료 효과가 없는 연명의료 중단을 허용하기 때문에 소극적 안락사 범주의 존엄사만을 인정한다. 따라서 현행 존엄사법이 '인간다운 죽음'을 온전히 구현하는지 의문이다.[37]

---

37 맹주만. (2016). [안락사와 존엄사, 그리고 웰다잉법]. 철학탐구, 44, (p 186-188).

[그림 20-7] 노인과 맞잡은 손

이미 이루어진 다른 나라의 주요 안락사 입법을 충분히 참조하여 우리의 기존 연명의료결정법을 바탕으로 의사조력 자살 및 적극적 안락사 관련 규정을 신설, 삽입하는 것이 바람직하다. 경북대 이문호 교수의 〈적극적 안락사 및 의사조력자살 허용 입법의 필요성〉 논문에서 제안한 안락사의 최소한의 요건은, 성년자 본인의 건강한 정신 상태에서 의사표시, 육체적·정신적 고통의 극심, 변호사·의사·윤리전문가·심리전문가 등으로 구성된 '심사원(가칭)'에서 3개월 전후 기간 3차례 이상에 걸친 본인의 의사표시와 그 의사표시에 대한 재확인, 그리고 이 요건들에 대한 신중한 심사의 이행으로 정하고, 당사자가 미성년자면 직계존속 및 법정대리인(직계존속과 법정대리인이 다를 때) 전원의 동의다. 심사위원 등의 위법과 비위에 대해서는 엄중한 법정형을 정하여 판단의 윤리성과

신중성을 제고할 필요가 있다.[38]

'잘 죽는' 방법, 즉 웰다잉 교육이 필요하다. 누구에게나 죽음이 찾아옴에도 죽음에 대한 올바른 인식을 기를 수 있는 교육은 거의 찾아볼 수 없다.[39] 사적, 공적인 차원에서 죽음을 어떻게 받아들여야 하고 마지막으로 무엇을 해야 할지, 지금까지 살아오고 앞으로 살아갈 삶을 고민할 필요가 있다. 생애주기에 따라 죽음에 대한 교육 프로그램을 개발하고 연구하여 죽음에 대해 좀 더 자유롭게 이야기하는 사회적 문화를 조성해야 한다.[40] 죽음의 범주에는 단순한 신체 기능의 상실만이 아닌 삶의 흔적을 정리하고 사랑하는 이들과 헤어짐을 어떻게 받아들일 것인지도 포함돼야 한다.[41]

웰다잉 교육에는 〈사전연명의료의향서〉에 관한 정확한 이해를 포함할 필요가 있다. 〈사전연명의료의향서〉는 죽음이 임박하였을 때 환자 본인에게 시행될 치료 행위를 받아들일 것인가 아니면 거절할 것인가를, 의사표시 능력이 있는 사전에 표현한 것이다. 법적인 지위를 갖기 때문에 국가 지정 기관에 등록되며 품위 있는 죽음을 실천하기 위한 중요한 서류이므로 안락사 도입 시 이에 대한 정확한 이해와 지속적인 홍

---

38 이문호. (2019). [적극적 안락사 및 의사조력자살 허용 입법의 필요성 - 실존적 사실 및 통계적 근거를 중심으로 -]. 인권과 정의, 482, (p 158).

39 박은숙. (2011). [안락사의 윤리적 고찰]. 국내석사학위논문 인하대학교 교육대학원, 인천. (p 92).

40 이미라. (2021). [중·노년의 사전연명의료의향서 태도에 관한 연구 중·노년 남성과 여성을 대상으로]. 한서대학교 건강증진대학원 석사학위논문. (p 47).

41 박은숙. (2011). [안락사의 윤리적 고찰]. 국내석사학위논문 인하대학교 교육대학원, 인천. (p 92).

보가 필요하다.[42] 죽음을 경험한 사람이 말할 수 없어 죽음의 실체가 종국엔 미궁이라 하여도, 산 사람이 죽음을 말함으로써 삶의 마지막 순간의 미궁은 피할 수 있지 않을까.

42 이미라. (2021). [중·노년의 사전연명의료의향서 태도에 관한 연구]. 국내석사학위논문 한서대학교 대학원, 한서대학교 건강증진대학원, 충청남도. (p 6).

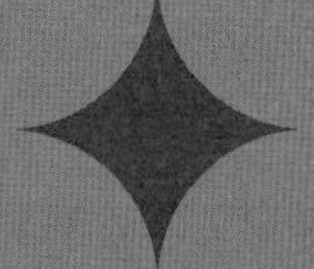

21장

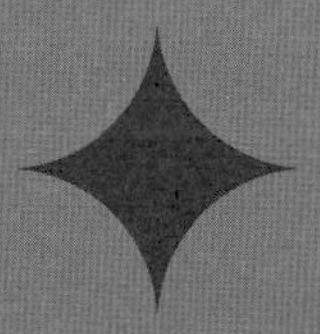

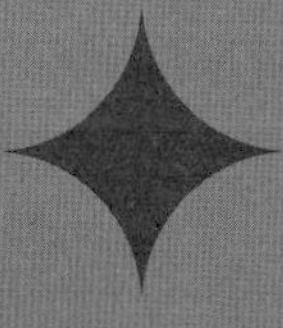

대안 민주주의 제도로 대의제를 보완하고, 민주주의 위기를 극복하자

우리나라를 포함한 대부분의 자유민주주의 국가는 대의민주주의에 기초한다. 대의민주주의에서 대표는 사회학적 개념으로서 '신탁(信託)'과 '대리'의 의미를 가진다.[1] 신탁으로서 대표 개념에 든 '지적으로 또 관리 능력이 뛰어난 대표자'가 필요하다는 생각은, 다른 말로는 엘리트주의라고 표현할 수 있다. 대의민주주의에서 시민의 활동은 정치에 '참여'하는 것이 아닌, 그들만의 정치에 '동의'하는 선거로 제한되었다.[2] "민주주의는 인민의 지배자가 되고자 하는 사람들을 부인하거나 승인할 기회를 가지고 있음을 의미한다"라고 지적한 조지프 슘페터를 비롯하여 많은 선각이 통찰하였듯이 말이다.

〔한국행정연구원〕에서 매년 진행하는 군, 검·경, 정부부처 등 16개 기관 신뢰도 조사에서 2013년 이후 2020년까지 압도적 꼴등은 국회다. 2020년 조사에서 1등인 '의료계'의 신뢰도가 71.7%였지만 '국회'는 21.1%에 불과했다.[3] 우리나라를 포함해 많은 나라에서 정치인이 국민의 이익을 대변하지 못하거나 배신한 상황과 무관하지 않다.

이들에게 권위를 부여한 국민이 잘못을 바로잡기 위해 할 수 있는 조치로는 국민소환제나 국민발안 등의 제도가 있지만 유명무실하다. 지방차원에서 이뤄지는 지방의회 의원이나 지방자치단체장에 주민소환제도를 실시하고 있는 나라는 우리나라를 비롯해 상당히 많지만, 민주주의 역사가 오래 된 프랑스나 미국, 독일 등에서도 국회의원을 비롯한 국가

---

1 김비환. (2013). 『이것이 민주주의다』. 개마고원, 2013, (p 155).

2 안치용. (2016). 『선거파업』. 영림카디널, 2016, (p 162).

3 한국행정연구원. [사회통합실태조사].

차원의 국민소환제도는 시행되지 않고 있다.[4] 영국에서 2015년 하원의원을 대상으로 의회 의원 소환제가 제정되었지만, 이마저 정책 활동이 아닌 범죄 행위에 대한 것이라 대의민주주의를 보완하는 장치로 보기가 어렵다. 대통령이 헌법·법률상 위법행위를 심하게 저지르면 탄핵의 대상이 되지만, 국민의 대리인인 국회의원은 소환제와 탄핵 어디에도 대상이 되지 않는다.[5,6]

국민소환제가 악용될 가능성이 크다는 지적 또한 일리가 있지만 우리의 대의민주주의가 신뢰할 수 없는 대표자에게 너무 많이 의존하고 있음을 부인할 수 없기에 대안을 찾아볼 이유는 충분하다.[7]

대의 민주주의를 보완할 새로운 민주주의를 모색할 때

2009년 헌법재판소는 직접민주제의 도입에 관한 가이드라인으로 대의제와 직접민주제의 이념적 차이를 인정하나 대의제의 본질을 훼손하지 않는 범위 내에서 직접민주제를 도입할 수 있다고 제안했다.[8]

학계에서도 이 둘의 조화에 관한 논의가 활발하다. 미국 캘리포니아대학 정치학과 교수 러셀 J. 달톤을 위시한 여러 학자는 대의제와 직접

4 김현정. (2018). [국회의원 국민소환제와 민주주의 실질화. 저스티스], (167), (p 16).

5 법률 제17893호. [주민소환법].

6 김정률. (19.7.6.). "국민소환제 외국사례는?… 민주주의 정착 안된 나라가 대부분". 뉴스1.

7 김현정. (2018). [국회의원 국민소환제와 민주주의 실질화. 저스티스], (167), (p 8).

8 헌법재판소. (09.3.26.). 선고 2007헌마843 전원재판부 [주민소환에관한법률제1조등위헌확인].

[그림 21-1] 우리나라 국회

민주제의 병존과 상호보완 관계를 낙관한다. 달톤은 직접민주주의가 대의민주주의의 아킬레스건인 정통성 문제를 건드려 정치권력으로 하여금 긴장감을 유지하게 하고, 시민의 정치적 대화를 확대할 수 있다고 주장한다.[9]

국민발안제

국민발안제란 국민(일정 수의 유권자)이 법률의 제정이나 헌법의 개정 등을 주창하고 발의할 수 있는 제도를 뜻한다.[10] 국민이 법률 절차에 의

9 류홍채. (2018.2). [민주주의 원리로서 국민발안제 도입의 필요성]. (p 148).

10 정재황. (2017). 『신헌법입문』. 박영사, (p 602).

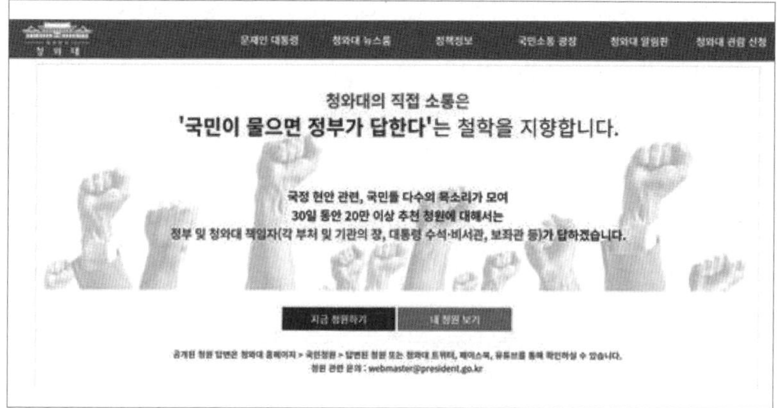

[그림 21-2] 청와대 국민청원

해 의제설정권 및 의사결정권을 행사할 수 있어야 진정한 주권재민의 민주주의라는 원칙에 입각한 제도다.[11] 나아가 주권자와 통치자가 동일체이어야 한다는 자기통치 원리를 충족하는 이상적인 제도로 평가된다.[12]

청와대 국민청원은 2017년 8월 17일 문재인 정부 출범 100일을 맞이하여 청와대 홈페이지를 '국민소통플랫폼'으로 개편하면서 시행됐다. 국민 누구나 100명의 사전동의를 받으면 청원을 등록할 수 있고, 30일 내에 20만 명 이상의 동의를 얻으면 정부나 청와대 관계자가 답변하는 식으로 진행된다. '시민참여' 창구로 주목받았지만 정작 법을 제정하고

11 류홍채. (2018). [민주주의 원리로서 국민발안제 도입의 필요성]. 정치정보연구, 21(1), (p 138).

12 루소(Rousseau)는 '통치자와 피치자의 동일성'을 정치공동체의 진정한 민주적 통치형태로 이해하며, 국민의 직접적인 자기 지배가 진정한 민주주의라고 주장한다.

개정하는 권한은 입법부에 있기 때문에, 청와대와 관계자의 답변은 "검토하겠다"에 그칠 뿐이었다.[13]

입법부·사법부 관할 사안조차 청와대를 향하는 구조라는 점에서 한계가 명확해 보인다.[14] 결국 국민청원은 국민과 대표자 간의 의사소통을 효율적으로 촉진하지 못한다는 비판을 받으며 제도의 실효성이 도마 위에 올랐다(문재인 정부 청와대가 만들었던 〔국민청원〕은 폐지되고(2022년 6월) 윤석열 정부가 〔국민제안〕 게시판을 만들었다. 〔국민제안〕은 100% 실명제와 내용 비공개 원칙을 주로 한다. 대통령실은 국민이 제안이나 청원을 하면 30일에서 150일까지, 각각 법이 정한 기한 안에 답을 받을 수 있도록 보장하겠다고 밝혔다. 전 정부 지우기의 하나라는 논란 속에 실명제, 비공개 운영이 국민참여를 제한할 수 있다는 지적도 나오고 있다.[15]).

2018년 3월 26일 문재인 대통령이 헌법 개정안을 국회에 발의했다. 문 대통령은 개헌안 56조를 신설하여 "국민은 법률안을 발의할 수 있다. 발의의 요건과 절차 등 구체적인 사항은 법률로 정한다"는 내용을 명시적으로 규정했다. 국민발안제 도입 의도와 관련해선 주권자인 국민의 권한을 강화하여 직접민주제를 대폭 확대하기 위함이라고 밝혔다.[16]

국민발안은 크게 두 갈래로 나누어 볼 수 있다. 하나는 대통령과 국회에 귀속된 헌법 개정 권한을 국민에게 돌려주는 것이고, 다른 하나는 법

---

13 강효백. (20.3.18.), "[강효백의 新경세유표23] 청와대 국민청원을 국민발안제로 '버전업'하자". 아주경제.

14 유홍림. (22.1.10.), "시민 주도로 공론 만들어 정치인들이 수용하게 해야". 중앙일보.

15 이정은.(22.6.23.), 대통령 직접 답하던 국민청원 폐지.... 실명제 국민제안 신설, MBC NEWS.

16 대통령. (18.3.26.). 大韓民國憲法 개정안. 의안정보시스템, (p 2).

률에 대한 국민발안 제도다.[17] 문 정부의 개헌안에는 두 가지를 모두 포함했는데, 1954년 헌법에서 헌법의 국민발안제만 규정한 적이 있었기에 헌정사상 처음 국민의 포괄적인 입법권을 인정한 시도였다. 그럼에도 국민발안제 반대 의견이 55.7%에 달했다.[18] 소위 가짜뉴스가 범람하고 선동적인 뉴스가 시선을 끄는 미디어 행태, 정치적 양극화의 심화 등의 사회상황을 고려할 때 특정 집단의 정치적 선전수단으로 오·남용될 가능성이 지적되었기 때문이다.[19]

국민발안제가 도입되기 위해선 다음과 같은 요건을 명확히 설정하여 보완해야 한다는 의견이 있다.

먼저, 국민이 발안할 수 있도록 하되 국회가 수정의결할 수 있도록 해야 한다. 국민발안제의 오·남용 문제를 해소할 방안이다. 국민의 법률 제정, 개정, 폐지 요구권을 보장하되, 국회의 검수와 숙의 과정을 통해 제도의 부정 사용 및 과잉대표의 가능성을 차단할 수 있다.

둘째로, 연 2회 등 정기적으로 국민발안제가 운영될 수 있도록 제도화해야 한다. 정기적 발안은 국민의 참여를 보장하여 제도적 안정성과 충분한 숙의 시간을 확보한다. 합리적인 의사 판단에 의한 국민의 정책 결정이 가능해지며, 동시에 특정 이념이나 집단의 선전 도구로 남용되는 것을 숙의 과정을 통해 차단할 수 있다.

셋째로 국민발안과 국민투표를 연계해야 한다. 현행 국민투표 제도는

---

17 정상호. (2018). [직접민주주의 국제 현황과 이론적 쟁점에 대한 연구: 국민투표·국민발안·국민소환을 중심으로]. (p 34).

18 이윤식. (2019). "제왕적 대통령은 손 안 대고 '백화점식 개헌'…'갈등 개헌' 될라". 매일경제.

19 김선화. (2020). [헌법개정 국민발안제 도입의 쟁점]. 국회입법조사처.

대통령 또는 국회가 회부한 헌법 개정안과 정책에 대한 찬반투표만 하게 되어 있다. 국민에 의한 표결은 표면적으로 직접민주제의 하나라고는 하나, 국민 스스로가 추구하는 정책과 법률안을 두고 스스로 결정할 수 없다는 점에서 진정한 의미의 직접민주주의라고 보기 어렵다.[20] 따라서 국민투표와 국민발안이 동시에 보장될 수 있도록 보완 입법이 이루어져야 하며, 이러한 개정을 거쳐 온전한 국민발안제 시행이 가능할 것이다.[21]

추첨제

추첨제는 참여 대표성과 객관성을 기하고자 대표자를 무작위로 선발하는 방식이다. 의사결정 및 정책추진 과정에 직접 참여할 기회를 국민 모두에게 보장한다는 점이 추첨이 가지는 민주적 성격의 핵심이다. 또한 누구나 동일한 수학적 확률을 가지면서도, 전체 모집단을 가장 편견 없이 집락(cluster)할 수 있는 특징을 띤다.[22] 성, 연령, 지역, 학력, 계층별로 선발이 가능하여 비례성과 대표성을 담보할 수 있다는 장점이 있다.

우리 사회에선 국민참여재판제도(배심제)라는 이름으로 추첨제가 활용되고 있다. 이 제도는 2008년 사법 영역에 민주적 정당성과 투명성을

---

20 류홍채. (2018). [민주주의 원리로서 국민발안제 도입의 필요성]. 정치정보연구. 21(1), (p 136).

21 정상호. (2018). [직접민주주의 국제 현황과 이론적 쟁점에 대한 연구: 국민투표·국민발안·국민소환을 중심으로]. (p 36.)

22 손우정. (2012). [추첨, 선거민주주의의 대안이 될 수 있는가?]. 경제와 사회, 95, (p 378).

강화하고, 국민으로부터 신뢰받는 사법제도를 확립하고자 시행되었다. 추첨을 통해 무작위로 선발된 배심원이 재판과정에 참여하여 재판의 투명성과 공정성이 제고된다.[23] 또한 일반 시민에게 공공 사안의 결정 과정에 참여할 기회를 동등하게 부여하여 참여의식과 책임감을 고취한다는 순기능으로 주목받는다.

'민주주의=선거'라는 대의민주주의가 기획한 고정관념을 탈피하여 더 많은 정치적 상상력을 발휘할 필요가 있다. 추첨제는 우리가 직면한 대의제의 문제를 해결하는 직접민주주의 제도로서 연구가 진행됐다. 학자들은 추첨제의 기원에 집중하여, 아테네 민주주의 사례 연구를 통해 민주주의의 본질을 확인할 수 있다고 주장한다.

[그림 21-3] 추첨 민주주의

23 한국민족문화대백과, 국민참여재판.

고대 그리스 아테네의 추첨제는 관직을 원하는 사람이 통치자의 일원이 될 수 있는 동일한 확률을 보장했다.[24] 아테네의 민주주의는 공직자의 성격에 따라 선출 방식으로 선거와 추첨을 병행하였다. 공직자는 임기 중 민회와 민중법원의 감시를 받았으며, 유사 시 시민들은 그들에게 책임을 물어 탄핵할 수 있도록 했다. 그리고 임기가 종료되면 결산 보고서를 필수로 제출토록 했다. 이러한 요건을 마련한 것은 지원하기 전에 자기 검열과정을 갖도록 하며, 대표자로서의 책임감 있는 업무 수행을 요구한 것으로 풀이된다.[25]

역사적 경험으로 증명된 추첨제는 현대에도 민주주의 이념에 가장 가까운 제도로 평가받는다. 최근 학계에서는 행정적으로 가능한 최소 단위(마을)에서 추첨제를 시범 적용하자는 의견이 나오고 있다. 또한 주민의 일상과 관련된 문제를 자주적으로 해결할 수 있도록 지방자치의 방안으로서 지방분권이 논의되고 있다.[26] 추첨을 통해 대표로 선택된 일반 주민이 해당 공동체의 업무를 효율적으로 수행하기 위해선 대표하는 공동체의 공간적 범위와 본인의 삶의 공간이 일치하는 것이 타당하다. 나아가 추첨제 활용의 단위가 확대될수록 대표자의 임기 설정의 중요성이 커진다. 기초의회 의원을 추첨으로 뽑는다면, 임기를 2년 내지 3년으로 해야 한다. 많은 시민이 대표를 경험할 기회를 제공하여 정치적 다양성

---

24 서경석. (2018.3). [선거형 대의제의 대안으로서 추첨형 대의제]. 민주법학 제66호. (p 90-91).

25 임정관. (2018.5). [지역정치와 다양성 직접민주주의 제도로서 추첨제의 활용 가능성 연구]. GRI 연구논총 20(2). (p 147).

26 임정관. (2018.5). [지역정치와 다양성 직접민주주의 제도로서 추첨제의 활용 가능성 연구]. GRI 연구논총 20(2). (p 139).

을 꾀하고 정치권력의 독점을 차단하기 위함이다.[27]

국회의원의 일정비율을 추첨제로 충원하거나 양원제를 채택해 하원을 아예 추첨제 의원으로 구성하는 등 전면적 정치개혁이 불가능하란 법이 없다. 금권세력과 결합한 정치엘리트 집단의 기득권 수호 논리가 소위 정치학자라는 사람들을 통해 추첨제를 조롱하는 방식으로 나타나고 있을 뿐이고 기술발전에 따라 대리의 근거로 지적된 규모의 문제가 극복할 가능성이 점점 커지고 있다.

전자 민주주의

전자민주주의는 정보통신기술(ICT)를 활용한 민주주의 정체의 혁신을 말한다.[28] 최근 ICT의 급속한 발전과 더불어 4차 산업혁명 기술인 인공지능(AI), 빅데이터, 블록체인, 사물인터넷(Iot)이 보편화함에 따라 전자민주주의는 새로운 민주주의 기술로 주목받고 있다.[29] 인터넷 환경의 상호작용성·개방성·접근성을 고려할 때 공론장의 활성화, 정부 투명성 제고, 시민의 정책참여를 실현할 수 있는 민주적 기술로 평가받는다.[30]

---

27 임정관. (2018.5). [지역정치와 다양성 직접민주주의 제도로서 추첨제의 활용 가능성 연구]. GRI 연구논총 20(2). (p 156).

28 송경재. (2019). [D.NA 플러스 2019-3 민주주의 기술의 현실과 미래-직접·참여·심의민주주의 플랫폼]. (대구 : 한국정보화진흥원). (p 57).

29 송경재. (2021). [4차 산업혁명과 민주주의의 기술(ICT for Democracy): 전자민주주의 논의의 성찰과 재인식]. 한국정치연구, 30(2), (p 160).

30 Andrew Chadwick. (2006). [Internet Politics: States, Citizens and New Communication Technologies]. New York: Oxford University Press.

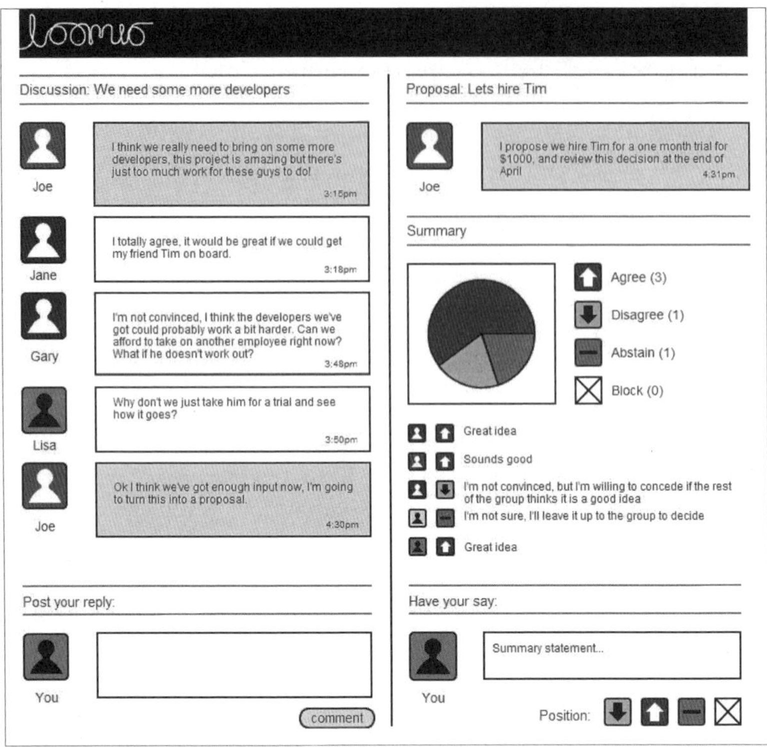

[그림 21-4] 루미오 토론 참여 예시

[그림 21-5] 프랑스 파리 참여 예산 사이트

그렇다고 현행 민주주의에 기술만 접목한다고 하여 대의제의 문제를 해결할 수 있는 것은 아니다. 진정한 민주주의 가치를 실현하고 시민의 역량을 발휘할 수 있도록 기술을 설계하여 실질적인 정치과정에서 혁신을 주도했을 때 비로소 기술이 유익하다고 하겠다.[31]

직접민주주의 실현을 위한 수단으로써 기술을 활용한 대표적인 사례로는 뉴질랜드의 〔루미오(Loomio)〕, 프랑스 파리의 〔시민참여 예산 플랫폼(Budgetparticipatif.paris.fr)〕, 그리고 스페인의 〔엔보트(nVotes)〕가 있다. 루미오는 협력적 의사결정 플랫폼으로 토론 발제자가 의안을 설정하면, 오픈소스를 통해 토론 참여자 누구나 직접 참여 가능하고 누구나 데이터를 개량할 수 있다.[32] 또한 이 플랫폼의 참여자들은 그래프와 도표 등을 통해 토론을 시각화할 수 있다. 명확한 표현을 가능케 하여 민주적 의지 형성 과정을 용이하게 할 뿐만 아니라 심의에 참여할 수 있는 참가자의 수를 증가시킨다.[33] 의견 조율 과정을 거친 후 투표를 진행하여 가장 합리적인 결정을 도출한다. 플랫폼이 개개인의 의견을 집단적 결정으로 이어질 수 있도록 징검다리 역할을 하는 셈이다.[34]

프랑스 파리는 2014년 9월 〔시민참여 예산제〕를 도입해 시민들이 시의 예산 중 5%의 용도를 직접 결정할 수 있도록 했다. 주요 정책 과정과

---

31 송경재. (2019). [D.NA 플러스 2019-3 민주주의 기술의 현실과 미래-직접·참여·심의민주주의 플랫폼]. (대구 : 한국정보화진흥원), (p 61).

32 루미오 웹사이트 (www.loomio.com/about).

33 Hilbert Martin. (2009). [The Maturing Concept of E-Democracy: From E Voting and Online Consultations to Democratic Value Out of Jumbled Online Chatter], Journal of Information Technology & Politics, 6(2), (p 96-97).

34 이상요. (16.4.8.). "디지털 직접민주주의를 꿈꾸며". 오피니언 타임스.

[그림 21-6] 전자 민주주의

정치적 선택에서 시민이 소외되는 문제를 해소하고, 공공에 대한 신뢰를 회복하고자 직접민주주의를 장려한 것이다.[35]

〔엔보트〕는 블록체인 기반 디지털 투표 시스템으로, 스페인의 〔포데모스(Podemos)〕 정당 등에서 활발히 사용하고 있다. 이 시스템의 가장 큰 장점은 시민의 의사를 선호(preference)별로 파악·결정할 수 있다는 점이다. 가령 다중투표, 선호반영(순서 매김), 선택사항 위임 등 각기 상황에 따라 섬세하게 투표 방식을 설계할 수 있다.[36] 이로써 사장되는 소수의 의견을 재고할 수 있으며, 단순 찬성 반대가 아닌 별개의 다양한 의견까지 취합하여 심의민주주의로 나아갈 수 있다.

35 서울연구원. (14.7.23.). "시민의 시정참여 강화를 위해 '시민참여예산제' 도입". 서울연구원.

36 강유빈. (18.8.13.). "아고라 보팅, 간단한 조작으로 모든 투표 적용". 한국일보.

상지대학교 송경재 교수는 "다양한 시민참여 공간이 더욱 확대되어야 하고, 시민이 직접 참여하고 결정할 수 있는 권능을 강화해야 한다. 정보를 가진(informed) 시민 단계를 넘어 통찰력(insightful) 있는 시민 단계로 나아가야 한다"며 전자민주주의 주체로서 시민의 역량이 성장해야 한다고 강조했다. 전자민주주의를 뜻하는 단어 'e-Democracy'중 'e'는 대의제의 한계를 극복하고 직접민주제를 실현하고자 하는 도구에 불과할 뿐, 본질은 'Democracy'다. 민주주의의 혁신을 외치는 것은 민주주의의 발전을 목적으로 한다.[37]

민주주의의 기본은 시민이다. 다른 행동, 다른 말, 다른 생각이 보장돼야 하며, 개인의 기본적 권리가 보장되는 사회여야 한다. 그렇게 만들 수 있는 유일한 힘은 시민사회에 있다. 우리에겐 새로운 민주화가 필요한데, 그것은 종국에 민주를 다시 확인하는 것일 수밖에 없다.

---

37 김범수, 조화순. (2021). [시민참여형 전자입법을 통해 본 민주주의 제도 혁신]. 21세기정치학회보, 31(2), (p 110).

✦ 그림 목록 및 출처

1장

[그림 1-1] Barrier free
픽사베이.
[그림 1-2] 사회적 약자 접근 불가능
픽사베이.
[그림 1-3] 서울시 유니버설디자인 통합 가이드라인
서울특별시청.
[그림 1-4] 닷 팻드
픽커.
[그림 1-5] 꿈틀꿈틀 놀이터
위키피디아.
[그림 1-6] 유니버설 디자인 예
픽사베이.

2장

[그림 2-1] 다양한 화장품 용기
픽사베이.
[그림 2-2] 플라스틱 대한민국, 일회용의 유혹 보고서
그린피스 홈페이지.
[그림 2-3] 폴리머 수지, 합성 섬유 및 첨가제의 글로벌 생산, 사용 및 운명(1950 to 2015; in million metric tons)
Plastics: Polluter can become Protector with Circular Economy Solutions. Devalt.org. https://www.devalt.org/newsletter/jun21/lead.htm.
[그림 2-4] 2013년~2017년도 플라스틱 폐기물 발생량(단위: 천 톤/년)
그린피스 서울사무소. (2019.12.31). [보고서] 일회용의 유혹, 플라스틱 대한민국. 그린피스 코리아.
[그림 2-5] 연도별 전 세계 플라스틱 폐기물 처리방식별 발생량 추이
Ritchie, H., & Roser, M. (2018. 9). Plastic Pollution. Our World in Data. https://ourworldindata.org/plastic-pollution.
[그림 2-6] 플라스틱의 저항
중앙일보(2021년 7월 20일자).

3장

[그림 3-1] 미국 체사피크 만 부근에서 발견된 미세플라스틱
Parson, W. (2013). Microplastics in the Chesapeake Bay Watershed. Flickr.
[그림 3-2] 우리에게 돌아오는 미세플라스틱
경향신문 김상민 기자 제공.
[그림 3-3] 손가락과 비교한 미세플라스틱의 크기
우드홀해양연구소 제공.
[그림 3-4] 아동용 치약에서 발견된 사람의 눈에는 보이지 않는 미세플라스틱
Costantina C. Microplastic in cosmetics. (2018. 1. 29).

4장

[그림 4-1] 스톨 안의 돼지
위키백과.
[그림 4-2] 배터리 케이지 안의 닭
셔터스톡.
[그림 4-3] 가축 항생제 남용
셔터스톡.
[그림 4-4] 소에게 부과하는 방귀세
셔터스톡.
[그림 4-5] 자유롭게 뛰노는 동물복지 농장의 소
셔터스톡.
[그림 4-6] 동물보호단체의 목소리
셔터스톡.
[그림 4-7] 대체육
셔터스톡.

5장

[그림 5-1] 연도별 지구 이산화탄소 농도
세계기상기구.
[그림 5-2] 돌고래 안전 라벨
NOAA Fisheries.
[그림 5-3] 환경성적 표지 인증
한국환경산업기술원.
[그림 5-4] 카본트러스트 탄소 저감 라벨
https://www.campaignlive.co.uk/.

[그림 5-5] 카본 펀드의 탄소 프리 인증 라벨(좌), 팀버랜드 그린 지수(중), Climate Conscious Product label(우)
Carbonfund.org.
[그림 5-6] 태국의 탄소감축 라벨
Thailand Greenhouse Gas Management Organization.
[그림 5-7] 에너지효율등급
에너지 신문.

7장

[그림 7-1] 체외임신의 찬성 여부 조사 결과
20대 100명 대상 설문조사. (2021.9). 서면 설문조사.
[그림 7-2] 체외임신 활용 의사 여부 조사 결과
20대 100명 대상 설문조사. (2021.9). 서면 설문조사.
[그림 7-3] 아이를 가질 생각이 있는지의 조사
20대 100명 대상 설문조사. (2021.9). 서면 설문조사.
[그림 7-4] 출생아 수와 합계출산율 추이
통계청 자료 바탕으로 재구성.
[그림 7-5] 엠마누엘 그린버그의 인공 자궁에 대한 특허
US2723660A - Artificial uterus. (1954. 6. 22). Google Patents. https://patents.google.com/patent/US2723660A/en.

8장

[그림 8-1] ESD 인증 건수
유네스코 홈페이지.
[그림 8-2] 'OECD 교육 2030'에서 제시한 학습 개념틀인 'OECD 학습 나침반 2030'
황은희, 최수진, 임종헌, 박희진, & 이재덕. (2019). [교육 혁신 사례 분석을 통한 미래교육 실천과제]. 한국교육개발원.
[그림 8-3] 에코스쿨 참여 학생들(위)과 실행흐름도(아래)
위키피디아.

9장

[그림 9-1] 가족 체계
픽사베이.
[그림 9-2] 동성결혼 유럽지도(동그라미 친 국가에서 합법)
greenblog.co.kr.
[그림 9-3] 다양한 가족 형태 고려
픽사베이.

10장

[그림 10-1] 독일의 세인트 메리 성당
Jarvis, D. (2016. 9. 19). Germany-00068 - St. Mary's Church (30326350785). Wikimedia Commons.
[그림 10-2] 서울의 대한불교조계종 조계사
위키백과.
[그림 10-3] 마크로밀엠브레인에서 시행한 종교인 과세에 대한 찬성/반대 설문조사 결과
마크로밀엠브레인 트렌드모니터. (2020). 종교(인) 및 종교인 과세 관련 인식조사 리서치보고서를 바탕으로 재구성.
[그림 10-4] 미국에서 교인 수가 가장 많은 텍사스의 레이크우드 교회
뉴스앤조이.

11장

[그림 11-1] ESG투자 규모
GSIA.
[그림 11-2] 지속가능성장
픽사베이.
[그림 11-3] 올바른 투자에는 올바른 나침반이 필요하다
픽사베이.

12장

[그림 12-1] 교구를 가지고 노는 아이
Unsplash.
[그림 12-2] 아버지와 아이
픽사베이.

[그림 12-3] 공부하는 어린이
픽사베이.
[그림 12-4] 세종시에 위치한 교육부 건물
위키백과.

13장

[그림 13-1] 성노동자 인권 운동가가 하는 일
〈First Global Report on Sex Worker Rights Defenders at Risk〉보고서(FRONT LINE DEFENDERS 재단 홈페이지(www.frontlinedefenders.org)).
[그림 13-2] 성노동자 인권 운동가가 받는 외부 공격
〈First Global Report on Sex Worker Rights Defenders at Risk〉보고서(FRONT LINE DEFENDERS 재단 홈페이지(www.frontlinedefenders.org)).
[그림 13-3] 성노동자 권리 주장과 관련한 그림
Sex Worker Film & Arts Festival(2021) 홈페이지(sexworkerfest.com).
[그림 13-4] 성노동자들의 권리 보장을 주장하는 시위 모습
PICUM 네트워크 홈페이지.
[그림 13-5] 영화 〈레드 마리아〉 포스터
광주국제영화제 홈페이지(wffig.com).

14장

[그림 14-1] 구조된 새벽이
King, A. (2021. 11. 16). 3 piglets feeding from their mother. Unsplash. https://unsplash.com/photos/NQA1Q_zDPy8.
[그림 14-2] 종차별 철폐를 위한 [동해물]의 시위
McArthur, J.-A. (2020. 8. 15). white and brown chicken in cage. Unsplash. https://unsplash.com/photos/Dcb2tbcsUXM.
[그림 14-3] 동물의 정치적 권리 선언
McArthur, J.-A. (2020. 8. 15). black and white cow on green grass field during daytime. Unsplash. https://unsplash.com/photos/TlVNZvr_lf0.
[그림 14-4] 동물의 권리 선언
Maya, J. (2021. 1. 13). Gavin Newsom declares moratorium, banning the construction of new factory farms or slaughterhouses in California. Unsplash. https://unsplash.com/photos/BY45cWii_tY.
[그림 14-5] I Am You, Only Different
Maya, J. (2021. 1. 13). Gavin Newsom declares moratorium, banning the construction of new factory farms or slaughterhouses in California. Unsplash. https://unsplash.com/photos/BY45cWii_tY.
[그림 14-6] 공장식 축산 농장에 반대하는 시위
앨러스데어 코크런 (2021). 『동물의 정치적 권리 선언』. 창비. (p 161).

15장

[그림 15-1] 금지하는 것을 금지한다
셔터스톡.
[그림 15-2] 프랑스 파리의 소르본 대학교
픽사베이.
[그림 15-3] UCLA
UCLA 홈페이지.
[그림 15-4] 한국 거점 국립대학교 10개
한국대학신문.

16장

[그림 16-1] 제20대, 21대 국회의원선거 당선자 연령별 비율 차트
중앙선거관리위원회 선거통계시스템(http://info.nec.go.kr/) .
[그림 16-2] 서울시 [청년기본법] 홍보 이미지
서울청년포털 제공.
[그림 16-3] 청년비례대표 도입을 위한 국회 기자회견
https://www.kukinews.com/newsView/kuk201912270308.
[그림 16-4] 청년정치후보 할당제 도입 국가

자료: 기사 내용 재구성. Inter-Parliamentary Union (2018). Youth participation in national parliaments: 2018, 26.

17장

[그림 17-1] well being과 관련된 워드 클라우드
셔터스톡.
[그림 17-2] 국민 삶의 질 지표 영역
국가지표체계.
[그림 17-3] 사회적 가치의 계량화
셔터스톡.
[그림 17-4] 세계 1인당 GDP와 세계 1인당 GPI
https://www.nature.com/articles/505283a).

18장

[그림 18-1] 공공기관 경영정보 공개시스템(ALIO)
ALIO 홈페이지.
[그림 18-2] k-esg 가이드라인
산업통상자원부 홈페이지.

19장

[그림 19-1] 전태일 흉상
위키백과.
[그림 19-2] 국가별 연간 노동시간 비교(2020년)
OECD 통계를 바탕으로 제작.
[그림 19-3] 경제적 불평등은 곧 여가의 불평등이다
셔터스톡.
[그림 19-4] 세계적인 규모의 육류 가공 업체인 타이슨 푸드
Openfoodfacts.

20장

[그림 20-1] 법봉과 청진기
셔터스톡.
[그림 20-2] 대한민국헌법 제10조
픽사베이.
[그림 20-3] 응급실로 실려가는 환자
셔터스톡.
[그림 20-4] 조력자살 허용 찬성
셔터스톡.
[그림 20-5] 안락사 허용
셔터스톡.
[그림 20-6] 스위스 디그니타스(DIGNITAS)
위키백과.
[그림 20-7] 노인과 맞잡은 손
셔터스톡.

21장

[그림 21-1] 우리나라 국회
셔터스톡.
[그림 21-2] 청와대 국민청원
https://www1.president.go.kr/petitions
[그림 21-3] 추첨 민주주의
셔터스톡.
[그림 21-4] 루미오 토론 참여 예시
루미오 홈페이지.
(https://www.loomio.com/).
[그림 21-5] 프랑스 파리 참여 예산 사이트
https://budgetparticipatif.paris.fr/bp/.
[그림 21-6] 전자 민주주의
픽사베이.

✦ 찾아보기

ㅇ

ㅈ

ㅍ

ㅎ

A

C

ESG 세상을 위한 신박한 아이디어 21

불온한 발상, 흥미로운 상상, 도전적 과제

지은이 | 안치용, 현예린, 이윤진

펴낸곳 | 마인드큐브
펴낸이 | 이상용
책임편집 | 홍원규
디자인 | SNAcommunications

출판등록 | 제2018-000063호
이메일 | viewpoint300@naver.com
전화 | 031-945-8046
팩스 | 031-945-8047

초판 1쇄 발행 | 2023년 5월 8일

ISBN | 979-11-88434-67-1 03320